PM의 변辯

능력 없는
프로젝트 관리자의
변명

저자 | 나피엠

비팬북스

PM의 변辯
능력 없는 프로젝트 관리자의 변명

저　자 ｜ 나피엠
디자인 ｜ 이경숙
펴낸이 ｜ 최용호

펴낸곳 ｜ (주)러닝스페이스
주　소 ｜ 서울시 마포구 서교동 460-27번지 3층
전　화 ｜ 02-857-4877
팩　스 ｜ 02-857-4871

초판발행 ｜ 2010년 4월 30일
등록번호 ｜ 제 12-609 호
등록일자 ｜ 2008년 11월 14일
홈페이지 ｜ www.bpanbooks.com
전자우편 ｜ book@bpanbooks.com

이 도서의 저작권은 (주)러닝스페이스에 있으며 일부 혹은 전체 내용을
무단복제하는 것은 저작권법에 저촉됩니다.

값 16,000원
ISBN 978-89-962045-7-2
비팬북스는 (주)러닝스페이스의 출판부문 사업부입니다.

이 도서의 국립중앙도서관 출판시도서목록 CIP는 e-CIP 홈페이지
(http://www.nl.go.kr)에서 이용하실 수 있습니다.
CIP 제어번호 : CIP2010001538

PM의 변辯

능력 없는 프로젝트 관리자의 변명

비팬북스

들어가기 전에

본 프로젝트는 가상이다. 하지만 본인이 경험하거나 다른 프로젝트를 보면서, 실제로 대한민국에서 수행되고 있는 수 많은 소프트웨어 개발 프로젝트를 있는 그대로 보여주고 싶어 이 글을 적는다.

나는 소위 말하는 스펙을 따지면 경험 외에는 내 세울 것이 하나도 없는 사람이다. 지방 3류 대학을 졸업하고 지금까지 PM으로 일하면서, 할 수 있는 것은 몸으로 부딪히고, 계속 공부하는 방법밖에 없었다. 프로젝트 관리자는 야전 사령관이다. 이론으로 중무장한다고 해서 프로젝트 관리가 잘 수행되는 경우보다는 실제 현장 경험을 통해 프로젝트에 대한 성공 요소들을 가지게 되고, 프로젝트 성공에 대한 실전 경험을 쌓은 관리자가 성공적인 프로젝트를 수행하게 되는 경우가 경험상 많았다. 또한 「뉴욕의 프로그래머」, 「대한민국에는 소프트웨어가 없다」 등 외국에서 일을 하고 있는 한국인 프로그래머들이나 「조엘 온 소프트웨어」, 「소프트웨어 컨플릭트 2.0」 등 국내와 전혀 다른 환경에서 일하고 있는 분들의 의견에 대해 약간 질투의 눈으로만 볼 수 없어, 실제 한국땅에서 한국 프로젝트를 수행하는 관리자 눈에 비친 현실을 있는 그대로 보여주고 싶었다. 또한 능력 없는 프로젝트 관리자가 결국 처음부터 실패인 프로젝트를 수행하면서 결국 실패로 마무리하는 과정에 대한 변명을 하고 싶었다.

매일 매일, 다양한 환경에서 어렵고 힘든 프로젝트를 수행하고 있을 모든 대한민국 소프트웨어 개발자, 특히 '을'도 아닌 '병'과 '정'으로 일하고 있는 소프트웨어 개발자들과 프로젝트 관리자들 그리고 그들의 가족들에게 박수를 보낸다.

매일경제에서 CNN 머니 인터넷 판 기사를 인용하여 보도한 글을 보면(2009년 10월 13일) 미국에서 가장 연봉이 높은 직업 중 5번째가 소프트웨어 설계자(11만 7천 달러)이고, 종합 순위 1위는 소프트웨어 엔지니어이고, IT 프로젝트 매니저는 5위라고 한다. 성장 전망이 가장 높은 직업 중 시스템 엔지니어가 2위를, 삶의 질 분야에서는 소프트웨어 개발자가 4번째를 차지했다고 보도했다 (http://news.mk.co.kr/newsRead.php?year=2009&no=532275).

대한민국의 소프트웨어 엔지니어, 소프트웨어 설계자, 시스템 엔지니어, IT 프로젝트 매니저의 현실은 어떤가?

2010년 4월 나피엠

목차

들어가기 전에 ··· 2

목차 ··· 4

등장 회사와 인물 소개 ··· 13

M-1, W1 사전 준비: RFP 검토 및 계획 수립 ························ 18
    나피엠, 신규 프로젝트 PM 선정 ··· 18
    영업 히스토리 = 영업 회의록 ·· 19
    6억 5천과 5억 5천 ·· 19
    본, MM, 최소 금액 계산: 복병 '등'과 '각종' ··························· 20

M-1, W2 사전 준비: 제안서 작성 ··· 24
    제안 룸 ··· 24
    보안 프로그램 설치 ·· 25
    제안 요약서와 제안서 ··· 25
    제안서 작성 기간: 1주일, 길다! ·· 26
    제안서 분량 목표: 40->37(20->25->32->36->37) ················ 26
    제안 요약서 분량 목표: 2 ··· 29
    보안 프로그램 삭제 포기. 노트북 포맷 ································· 30

M-1, W3 사전 준비: 제안서 PT와 프로젝트 팀 구성 ············· 31
    제안서 PT 시작 ··· 31
    RFP의 목적, 목표, 결과 ·· 32
    고객이 원하는 특장점은? ··· 32
    제안서 PT 룸의 풍경 ··· 33

제안서 PT 결과: 기술 < 가격 ··· 34
프로젝트 팀 구성: PL과 개발자 확보하기 ································· 35

M-1, W4 사전 준비: 본사 착수 보고 ·· 37
본사 착수 보고 준비 ·· 37
프로젝트 비용, DC 된다! ··· 38
10% 이익 내기, 궁리 끝에 ··· 39
본사 보고용 프로젝트 관리 계획서 결제 받기 ······························ 42

M+1, W5 준비: 개발자 환경 준비와 개발 환경 설정 ······················· 46
착수 보고용 프로젝트 관리 계획서 작성 ······································ 46
방법론과 산출물 양식 ·· 47
프로젝트 룸과 환경 구축 ··· 48
나피엠의 소고: 방법론 ··· 48
사무실 환경 설정 시 확인 사항 ·· 50
착수 보고 준비 ·· 51
착수 보고 ·· 52
착수 보고 회식 ·· 53
업무 별 주간 보고와 수행 팀 주간 보고 ···································· 54

M+1, W6 분석: 요구 분석 - 요구 분석 준비, 고객 1차 면담 ·········· 56
박피엘 투입 ·· 56
고객 패키지 교육 ·· 56
요구 분석을 위한 고객 면담 ·· 58
나피엠의 소고: 고객 면담 ·· 59
고객 면담에는 인내와 설득이 필요 ··· 61

M+1, W7 분석: 요구 분석 - 고객 1차 면담, 고객 2차 면담, 업무 흐름 정의 ········ 64
'등' 지뢰 터짐 ··· 64
추가 개발 비용 계산 ·· 65
사용하지 않을 기능의 시스템화가 능사? ···································· 67
2차 면담 완료 ··· 69
사기업 고객과 공기업 고객 ··· 69
프로젝트는 정치 ··· 71

M+1, W8 분석: 요구 분석 - 고객 1차 면담, 고객 2차 면담, 요구 사항 정의 ········ 72
3차 면담 종료, 추가 개발 건 협상 난항 ····································· 72

추가 개발 건 확정: 5억 프로젝트에서 순이익 39백 만원으로 감소 73
　　　워크샵 예정 75
　　　워크샵에서 고객 사인 받기 75
　　　고객 사인 받기 일부 실패 79

M+2, W9 분석: 요구 분석 - 인터페이스 계획, 데이터 이행 계획 / 설계: 화면 설계 ⋯⋯ 82
　　　최피엘 투입 82
　　　별다른 이유 없이 사인해 주지 않는 고객: 사인할 핑계 만들어 주기 82
　　　고객은 검토 중 84
　　　지연된 화면 설계 따라잡기. 방법은? 휴무 근무 84

M+2, W10 설계: 화면 설계 ⋯⋯⋯⋯⋯⋯⋯⋯⋯⋯⋯⋯⋯⋯⋯⋯⋯⋯⋯⋯⋯⋯⋯⋯⋯⋯⋯⋯⋯ 87
　　　초보 최피엘, 강한 피엘 만들기 87
　　　최피엘 구하기: rolling wave 방식 91

M+2, W11 설계: 화면 설계, 화면 설계 리뷰 ⋯⋯⋯⋯⋯⋯⋯⋯⋯⋯⋯⋯⋯⋯⋯⋯⋯⋯⋯⋯ 92
　　　개발자 1명 투입, 1명 지연 92
　　　개발자 투입 지연 대비 위험 관리 93
　　　프로젝트 시작 2개월; 가격 협상 지연 93
　　　내려갑니다: 6.5억->5.5억->5억->4억9천. '올라갑니다'는? 94
　　　가격 협상 타결 기념(?) 회식 94
　　　프로젝트 가격은 떨어지고, 레퍼런스는 쌓이고... 95
　　　회식 후유증, 강개발 지각 95
　　　화가 나도 우리가 잘못했으면 어쩔 수 없다 97
　　　패키지인데 투입 인력에 따라 결정되는 계약금 금액 98
　　　개발자는 피엠이 혼난다는 것을 아는가? 99

M+2, W12 설계: 화면 설계 리뷰, 상세 설계, 인터페이스 설계, 데이터 이행 설계⋯ 100
　　　소환당한 부사장님 100
　　　고객이 잘못 했다고 하면 잘못 한 것이다 101
　　　상습 지연, 공정 준수율 84% 101
　　　은개발 투입 102
　　　개발 부서를 조직별이 아니라 업무별로 102
　　　공정 준수율 71.68%: 휴일 반납, 야근 104

M+3, W13 설계: 상세 설계, 인터페이스 설계, 데이터 이행 설계, 테스트 계획 ⋯⋯ 108
　　　원피엠 하차 108

총괄 이사가 원피엠 대행: 회의 시간 1/3로 줄어듦 110
중간 보고 연기 111
총괄 이사의 Force 112
중간 보고 주체가 수행 팀에서 고객으로 변경 112
중간 보고까지는 무조건 100% 113

M+3, W14 설계: 상세 설계 리뷰 115

새로 온 허피엠 115
중간 보고를 위한 철야 행진 115
감리 준비 116
나피엠은 파워포인트 디자이너 117
공정 준수율 98%. 100%를 향해서 야근, 철야, 휴일 근무 118
결과에 대한 팀원 격려와 보상 약속 119

M+3, W15 설계: 상세 설계 리뷰 121

감리 착수 보고 121
나피엠의 소고: 프로젝트 품질과 소프트웨어 품질 121
감리: 5일? 3일? 123
감리: 부적정과 미흡 없애기 124
일방적인 감리 126
ISP의 유용성 127
감리 결과 보고: 미흡 1개 128
중간 보고 회의: 내부 PT의 중요성 128
중간 보고 회의 종료: 본격적인 전쟁 전야 129

M+3, W16 설계: 상세 설계 리뷰 / 개발: 프로그램 개발 131

개발 전 설계 승인 받기: 하루에 2번씩 찾아가기 131
모든 팀원 투입 완료-개발 시작 132
공정 준수율 114%; 감리 결과 조치 계획서 작성 134

M+3, W17 개발: 프로그램 개발, 단위 테스트 135

단위 테스트 동시 진행 135
장개발 개발 속도 지연, 이유는? 136
월간 보고서 작성: 고객은 말로, 나피엠은 손으로 137
고객들과의 화기애애한 회식 138
공식 휴가 줄이기, 비공식 휴가 보장 139

M+4, W18 개발: 프로그램 개발, 단위 테스트, 단위 테스트 보완 ·········· 142
- 장개발 개발 속도 계속 지연-1주일 기다리기 ················· 142
- 고객사의 강제 구매 ··························· 143
- 개발 지연, 지친 개발자들, 추가 투입? ················· 145
- 배코더 투입-사용자 화면 나오기 시작 ················· 146

M+4, W19 개발: 프로그램 개발, 단위 테스트, 단위 테스트 보완, 인터페이스 개발 ······ 147
- 단위 테스트 중, 소프트웨어 품질에 대한 논쟁 ················· 147
- 나피엠의 소고: 소프트웨어 품질 ··············· 147
- 인터페이스 문제 해결 ··························· 149
- 장개발 속도 지연 원인은? ··············· 149
- 장개발 속도 지연 해결책은? ··············· 151
- 개발자 1명 추가 제안, 본사와 격돌 ················· 152
- 본사와 고객사 사이에서 샌드위치된 나피엠 ················· 154

M+4, W20 개발: 프로그램 개발, 단위 테스트, 단위 테스트 보완, 인터페이스 개발 ······ 156
- 개발자 1명 추가 투입 결정-순이익 하락 ················· 156
- 개발자 1명 추가 투입에 팀원들의 사기 올라감 ················· 157
- 이슈 해결 방안 제시, 여세 몰아 고객에게 단위 테스트 부탁 ················· 158

M+4, W21 개발: 프로그램 개발, 단위 테스트, 단위 테스트 보완, 인터페이스 개발 ······ 160
- 신규 투입 인력 면접 및 확정 ··············· 160
- 나피엠의 소고: 프로그래머 요건과 테스트 방법 ················· 160
- 개발 속도 개선: 패키지의 위력 ··············· 164
- 보고용 표에 문제 ··························· 164
- 단위 테스트 결과 좋지 않음 ··············· 165
- 일요일에 쉴 수 있다는 것은? ··············· 166

M+5, W22 개발: 프로그램 개발, 단위 테스트, 단위 테스트 보완, 인터페이스 개발 ······ 170
- 본사 창사 기념일; 미안한 2일짜리 여름 휴가 ················· 170
- 추가 개발자 투입-사기 오름 ··············· 171
- 보고용 표에 또 오류 ··························· 171
- 고객, 다른 부서로 발령 ··············· 173

M+5, W23 개발: 프로그램 개발, 단위 테스트, 단위 테스트 보완, 인터페이스 개발 ······ 175
- 개발자들 안정-개발 속도 향상 ··············· 175

　　　　설계부터 통합 테스트 시작 전까지 프로젝트 관리자는? ……………… 177

M+5, W24 개발: 프로그램 개발, 단위 테스트, 단위 테스트 보완, 인터페이스 개발 …… 178
　　　　나피엠의 실수: 일정에 추석 휴무 잡지 않음 ……………………… 178
　　　　프로젝트 시작 후 5개월 만에 작업 진행 관리 변경, 부끄러운 일 …………… 180
　　　　버퍼로 잡은 일정이 없었다면. ………………………………………… 181

M+5, W25 개발: 프로그램 개발, 단위 테스트, 단위 테스트 보완, 인터페이스 개발 …… 183
　　　　장기 휴가 후 사라지는 개발자 ……………………………………… 183

M+6, W26 개발: 프로그램 개발, 단위 테스트, 단위 테스트 보완, 인터페이스 개발 …… 188
　　　　장기 휴가 후유증 회복 ……………………………………………… 188
　　　　이고객 PT 능력 향상 ………………………………………………… 189
　　　　나피엠의 소고: 요건 변경이 정당화될 수 있는 경우는? …………… 189
　　　　기분이 좋아지면 개발자들은 마구 개발한다 ……………………… 191
　　　　월화수목금금금 ……………………………………………………… 192
　　　　나피엠의 소고: 소프트웨어 업계에 대한 이야기 …………………… 193
　　　　소프트웨어 공학의 '공학'은? ………………………………………… 194

M+6, W27 개발: 단위 테스트, 단위 테스트 보완 ……………………………… 196
　　　　프로그램 안료 ………………………………………………………… 196
　　　　공정 준수율 103%, 3일 특별 휴가 …………………………………… 197

M+6, W28 개발: 단위 테스트 보완 / 테스트: 2차 데이터 이행 ……………… 200
　　　　휴가는 역시 좋다 ……………………………………………………… 200
　　　　후반전 시작: 기와 정치의 전쟁 ……………………………………… 200
　　　　신규 기능 추가 긴, 협상과 불발 ……………………………………… 201
　　　　다른 업무 개발 지연 예상; 자체 통합 테스트 준비 ………………… 203

M+6, W29 테스트: 2차 데이터 이행, 인터페이스 연동 테스트 ……………… 205
　　　　고객사의 창사 기념일 ………………………………………………… 205
　　　　문서 현행화 …………………………………………………………… 205
　　　　80% 고지에서 늘어지는 팀원들 ……………………………………… 206

M+6, W30 테스트: 2차 데이터 이행[지연], 인터페이스 연동 테스트[지연] ……… 208
　　　　다른 업무 지연-통합 테스트 일정 연기 ……………………………… 208

그랜드 오픈 연기로 비용 상승 208
　　　오픈일 지연: 책임지는 사람은 없고, 손해만... 210
　　　야단맞는 개발 지연 업무 담당 고객, 그래도 재떨이는 없다 212
　　　단위 테스트 승인 213

M+7, W31 테스트: 통합 테스트[지연], 통합 테스트 결과 보완[지연] 216
　　　고객 일부 교체-사인 주체 변경 216
　　　신고객은 힘이 넘친다. 나피엠은? 218

M+7, W32 테스트: 인터페이스 연동 테스트, 통합 테스트 220
　　　시작하지도 못한 통합 테스트; 자체 시스템 테스트 진행 220
　　　내부 시스템 테스트와 동료 테스트 진행 220
　　　신고객 공부시키기 221
　　　나피엠의 소고: 고객과 대기업과 중소기업의 상생 방안 222
　　　인터페이스 테스트와 통합 테스트 시작 224
　　　신고객의 통합 테스트는 언제? 225
　　　버퍼로 잡은 일정 모두 사라짐; WBS 일정 변경 226

M+7, W33 테스트: 인터페이스 연동 테스트, 통합 테스트 228
　　　통합 테스트 고객 비협조-일일 리포팅으로 대처 228
　　　마지막 기 싸움. 승패는? 228
　　　미안한 일이 아니지만 미안해야 하는 나피엠 230
　　　통합 테스트 30% 진행, 100%이어야 하는데... 마지막 방법을? 231

M+7, W34 테스트: 통합 테스트, 통합 테스트 결과 보완 232
　　　통합 테스트 계속 정체-신고객 비협조 232
　　　마지막 기 싸움의 승자와 패자는? 통합 테스트 다시 시작 233
　　　철수를 위한 최소 요건: 공정 준수율 100% 233

M+8, W35 테스트: 통합 테스트 결과 보완, 시스템 테스트, 시스템 테스트 결과 보완 ... 238
　　　테스트 진척율이 꼴찌! 이유는? 238

M+8, W36 테스트: 시스템 테스트 결과 보완, 추진단 테스트 240
　　　테스트 순항 - 진짜 공정 준수율 100% 240
　　　변경 건 무조건 개발 요청, 마지막 이슈인가? 241
　　　테스트 워크샵 출발 242

나피엠의 소고: 워크샵 ···································· 242
　　　테스트 워크샵 시작 ···································· 243
　　　신고객 사용자 교육; 추가 요구 사항과 요건 변경 ···································· 244
　　　신고객과 잠깐 화해 ···································· 245

M+8, W37 테스트: 추진단 테스트, 추진단 테스트 보완 ···································· 246
　　　마지막 감리: 미흡을 보통으로 ···································· 246
　　　마지막 마무리를 향해서 ···································· 246

M+8, W38 테스트: 추진단 테스트 보완, 인수 인계 테스트 ···································· 248
　　　추가 변경 건 자동 해결 ···································· 248
　　　나피엠의 소고: 소프트웨어 기업과 노조 ···································· 248
　　　대부분의 업무 완료 ···································· 249

M+8, W39 테스트: 인수 인계 테스트 / 이행: 운영 환경 설정, 3차 데이터 이행 ··· 251
　　　인수 인계 테스트 종료, 인수 인계 사인 ···································· 251
　　　모든 업무의 개발 종료(서류상) ···································· 251
　　　오픈 준비: 24시간 대기 ···································· 252

M+9, W40 이행: 그랜드 오픈, 안정화 ···································· 256
　　　오픈; 오류 수정 ···································· 256
　　　그룹웨어 공정 준수율 100%, 관리 프로세스의 우는 얼굴 하나 ···································· 257
　　　완료 보고 전 인원 철수 동의 받기 ···································· 257
　　　본사의 종료 품질 관리 생략 ···································· 259

M+9, W41 이행: 안정화 ···································· 260
　　　인력 철수 계획 승인 ···································· 260
　　　나피엠의 철수 시점은? ···································· 260
　　　최종 계산: 순이익 2천만원, 미친 짓이다 ···································· 261

M+9, W42 이행: 안정화 ···································· 262
　　　에러 2개는 무료 백신 프로그램 때문 ···································· 262

M+9, W43 이행: 안정화 ···································· 263
　　　잔류 인원 확성 ···································· 263
　　　프로젝트의 마지막 회식 ···································· 264

M+10~M+12 마무리: 종료 보고와 검수 사인 ··	268
2월 중순: 모든 업무의 개발 및 테스트 완료 ···	268
종료 보고: 문서상으로 완벽한 보고 ···	268
검수 사인: 잔금에 대한 세금 계산서 발행, 지급은? ·······························	269
본사 종료 보고: 최종 순이익은 1,800만원. 2.7%. 10%는? ·····················	269
비겁한 변명: 결어 ··	270
에필로그 ··	273
에필로그: 또 다른 변명의 시작, 그리고 밝은 미래를 꿈꾸며 ······················	274
부록 1. DOPA 방법론 ··	278
부록 2. 프로젝트 챠터 샘플 ···	281
찾아보기 ··	285

등장 회사와 인물 소개

등장 회사와 프로젝트 명

NormalClient ▶ 본 스토리의 고객사이며, 제조업을 하고 있다. 임직원은 1300명으로 튼튼한 중견 기업이다.

Majorsoft ▶ 본 스토리의 원청 수주사이다. 대기업이며 국내 5위 권에 드는 소프트웨어 개발 업체이다.

TypicalSoft ▶ 본 스토리에 나오는 Majorsoft사의 하도급 업체로 중소기업이며, 본 스토리를 이끌어 가는 주인공인 나PM이 소속된 회사다.

NewERP ▶ 본 스토리의 프로젝트명으로 NormalClient사의 ERP를 개발하는 프로젝트다. 프로젝트 기간은 5월 3일 ~ 1월 3일로 8개월이며, 고객이 원하는 오픈일은 1월 3일이다. 프로젝트 종료 후 2월 28일까지 2개월의 안정화 기간을 원하고 있으며, 안정화 후 4개월간 무상 유지보수 기간으로 계약하기를 원한다.

등장 인물

나피엠 ▶ TypicalSoft사의 프로젝트 관리자로 ERP 중 그룹웨어의 실제 개발을 담당한다. TypicalSoft에 입사한 후 수행할 두 번째 프로젝트로 첫 번째 프로젝트는 그렇게 좋지 않은 상황에 종료되어 이번 프로젝트를 통해 회사에 능력을 보여주기를 원한다.

원피엠 ▶ Majorsoft사에서 파견된 총괄 프로젝트 관리자로 본 프로젝트를 책임지고 있다. 중간에 교체된다.

이고객 ▶ NormalClient사의 프로젝트 담당자로 다른 업무를 하던 중 프로젝트 추진단의 그룹웨어 담당자로 2011년 1월까지 임시 프로젝트 전임으로 발령이 났다.

고고객 ▶ 기획실 업무 프로세스를 담당하는 현업이다. 기존의 업무를 수행하면서 NewERP 프로젝트에 현업으로 참여해야 한다. 프로젝트 후반부에 고객사 인사 발령으로 인해 다른 부서로 이동한다. 가장 까다롭다.

구고객 ▶ 현재 그룹웨어의 운영을 담당하고 있는 IT실 인력으로 고고객과 함께 기존의 업무를 수행하면서 NewERP 프로젝트에 현업으로 참여해야 한다. 프로젝트 후반부에 고객사 인사 발령으로 인해 다른 부서로 이동한다.

박피엘 ▶ TypicalSoft사의 피엘로서 나피엠과 호흡이 잘 맞는 능력있는 피엘이다.

최피엘 ▶ TypicalSoft사의 피엘로서 이번에 피엘 업무를 처음 맡는다. 초반에는 적응하지 못하지만 후반부에는 제 몫을 해낸다.

개발자들 ▶ 조개발, 하개발, 강개발, 은개발, 장개발, 정개발, 조개발, 배코더가 있다. ypicalSoft사의 정규직 개발자 혹은 외부 개발자들이다. 프로그램 개발의 주역들이다.

영업 ▶ TypicalSoft사의 영업 담당이다.

부사장 ▶ TypicalSoft사의 부사장이다. 어려운 일이 있을 때마다 나타나서 나피엠을 도와 준다.

총괄이사 ▶ Majorsoft사의 추진단 총괄 이사다. 포스가 있다.

허피엠 ▶ 원피엠 후임으로 Majorsoft사에서 온 총괄 프로젝트 관리자다.

신고객 ▶ 프로젝트 후반부에 고고객과 구고객이 다른 부서로 이동하면서 새로 오는 고객사의 현업들이다. 직급은 대리급이다.

감리 ▶ 본 프로젝트의 감리 주관 업체에서 나온 감리사들이다.

M-1

- W1 사전 준비: RFP 검토 및 계획 수립
- W2 사전 준비: 제안서 작성
- W3 사전 준비: 제안서 PT와 프로젝트 팀 구성
- W4 사전 준비: 본사 착수 보고

M-1 W1 사전 준비: RFP 검토 및 계획 수립

나피엠, 신규 프로젝트 PM 선정

오늘은 4월 5일이다. 본사 주간 보고 회의가 있는 날 부사장님을 포함하여 모든 팀장이 모였다. 프로젝트에 투입되지 않은 나와 다른 한 PM이 본사에 대기하고 있다. 영업은 주간 보고에서 처음으로 NormalClient사(고객사)에 대한 얘기를 했다. 고객사에서 작년부터 ERP 도입에 대한 얘기가 나와 영업이 지속적인 접촉을 했으며, 올해 들어서 ERP 도입을 본격적으로 준비해 왔다는 것이다.

지금까지 영업이 고객과 몇 번의 미팅을 했으며, ERP 중에서 그룹웨어 부분에 대한 RFP 내용을 영업이 작성해 주었다고 했다. 오늘 RFP가 접수되었고, 대기업인 Majorsoft사(원청 수주사)와 컨소시엄으로 제안을 준비해 왔다고 한다. 그리고 이번 주 안으로 제안서를 접수해야 하니 제안서를 작성할 인력을 배정해 달라는 요청을 했다. 말이 좋아서 컨소시엄이지 계약은 고객사인 NormalClient사와 원청 수주사인 Majorsoft사가 하니 우리는 결국 하도급이라는 얘기다.

부사장님과 본부장님은 나를 NewERP 프로젝트 제안 및 프로젝트 관리자로 지정했고, 나는 오늘부터 제안서 제출일까지 또 '야근을 해야 하겠군'이라는 생각이 들었다.

영업 히스토리 = 영업 회의록

영업에게 고객과 미팅할 때 작성한 회의록이 있냐고 물어보니, 무슨 소리를 하느냐는 듯 나를 보며 "영업이 다니는 곳이 얼마나 많은데 고객과 미팅할 때마다 회의록을 작성합니까? 그냥 상황 설명을 해드리면 되죠."라고 한다.

그 말을 듣는 순간, 그 동안 고객과 미팅을 하면서 '내가 알지 못하는 다양한 약속들을 고객에게 얼마나 많이 했을까'라는 생각이 들었다. 그리고 '앞으로 한 달 동안 인터넷과 주변 지인을 통해 고객에 대한 정보를 최대한 얻을 수밖에 없겠다'라는 생각을 했다. 어쩔 수 없다! 주간 회의가 끝난 후 '영업 히스토리를 얘기해 달라'는 부탁으로 얘기를 끝낸다. 그리고 'RFP가 오늘 접수될 것을 알았다면 몇 주 전이라도 알려주었으면 내가 같이 가서 고객과 미팅을 하면서 대강의 요구가 무엇인지, 범위가 어떻게 되는지라도 알아볼 수 있었을 텐데'라는 생각을 해보지만 이미 지나간 일이다. 왜 이런 상황은 항상 반복될까?

6억 5천과 5억 5천

영업에 따르면, 고객사와 마더(원청 수주사)인 Majorsoft사는 이미 금액적인 합의를 보았다고 한다. 우리 회사와 우리의 고객사인 Majorsoft사는 현재 금액 조정을 하고 있으며, 영업이 처음 제시한 6억 5천은 이미 불가능하다는 얘기가 나왔다고 한다. 그래서 금액을 어느 선까지 조정해야 할지 부사장님에게 물어본다. 영업의 이 얘기를 들으며, '또 턱도 없는 금액에 계약이 되겠구나'라는 생각이 든다. 이런 상황이 몇 번이던가! 원청 수주사와 같이 일할 때 마다 '원청 수주사는 제대로 하지도 않을 사업 관리라는 명목으로 수익을 도대체 얼마나 남길

까?'라는 생각을 한다. 영업의 이야기를 들은 부사장님은 6억에서 ± 5천 정도까지 하라고 가이드라인을 준다. 이 역시 늘 반복되는 상황이다. 플러스 마이너스의 플러스는 항상 작아 보이고 마이너스가 유난히 크게 보인다. 말이 좋아서 플러스 마이너스지, 결국 5억 5천이라는 얘기다.

본, MM, 최소 금액 계산: 복병 '등'과 '각종'

회의가 끝난 후 RFP를 서둘러 읽어 보았다. 혹시나 했지만 역시나 두루뭉실한 표현으로 명확한 범위를 짐작할 수 없다. '이런 RFP는 누가 작성할까'라는 생각을 하다가, 우리 회사 영업이 작성했다는 얘기가 떠올랐다. 일례로, '연차, 공차, 출장 등 근태와 각종 신청서를 그룹웨어를 통해 구현해야 한다.'라는 항목이 있다. 여기서 '출장 등'의 '등'은 어디까지를 의미하는 것이며, '각종 신청서'의 '각종'은 어디까지 일까?

RFP를 기준으로 모듈 기능 정의서를 작성해 보니 약 540본의 모듈이 나왔으며, 신규 230본과 변경 310본으로 계산되었다. 540본을 개발 가능 기간인 4개월로 단순 계산하니 6.75가 나온다. 즉, 540본/80일(22일 X 4개월 - 8일)이다. 여기서 8일은 공휴일이나 휴가와 같이 쉬는 날이다. 6.75는 한 명의 개발자가 하루에 1본을 개발한다고 했을 때 6.75명이 개발해야 하다는 뜻이다. 즉, 이번 프로젝트에는 6.75명의 개발자가 투입되어야 한다는 계산이 나온 것이다.

위의 내용은 단순 계산이고, 조금 더 정확하게 계산해 본다. 신규 230본의 경우, 1본에 1.5일의 노력으로 개발해야 하는 것으로 계산해야 한다. 그리고 변경 310본의 경우, 1본에 0.8일의 노력을 투입하는 것으로 계산을 한다. 그러면 593

본((230본 X 1.5) + (310본 X 0.8))이 나온다.

개발에는 프로그램 코딩, 디버깅, 단위 테스트 계획서 작성, 단위 테스트, 단위 테스트 결과서 작성 및 수정/보완이 포함되어 있다. 그래서 일반 SI의 경우 실제로 1본 이상 하는 것이 어렵다. 상세 계산에 의하면 6.75명이 아니라 7.4명(593본/80일)이 투입되어야 한다. 즉, 이번 프로젝트의 분량은 프로그램 코딩부터 단위 테스트의 결과 조치까지 적어도 7.4명의 개발자가 투입되어야 4개월 안에 완료할 수 있는 수준인 셈이다.

그런데 RFP에 기술된 '등'이나 '각종'은 아직 계산이 불가능한 불가사의한 범위다. 위의 계산에서는 이를 전체의 약 10%의 버퍼로 계산했다. 따라서 10% 이상 늘어나면 실제로는 더 많은 인력이 필요해진다. 따라서 RFP 검토 결과, 8명은 있어야 안정적인 개발이 가능하다. 그럼, 8명을 투입하면 되지 않는가! 그런데 문제는 언뜻 계산을 해 보아도 8명을 대입하면 무조건 적자가 난다는 점이다. 코딩 들어가기 전에 개발자가 투입되어 화면 설계 및 상세 설계를 해야 하고, 단위 테스트 종료 후 적어도 통합 테스트 결과 조치까지는 개발자가 있어야 하기 때문이다. 결국 2명의 PL과 5명의 개발자로 투입 인원을 결정한다. 적자가 확실하게 예상되는 8명은 안 되더라도 7명이면 개발할 수 있다는 판단인 셈이다. 위의 분석 내용을 토대로 투입 인력을 계산하니 약 72MM가 된다.

	5월	6월	7월	8월	9월	10월	11월	12월	1월	2월	계
PM	1	1	1	1	1	1	1	1	1		9
PL	1	1	1	1	1	1	1	1	1	1	10
PL	1	1	1	1	1	1	1	1	1		9
개발자		1	1	1	1	1	1	1	1	1	9
개발자		1	1	1	1	1	1	1	1	1	9
개발자			1	1	1	1	1	1	1		7
개발자			1	1	1	1	1	1	1		7
개발자		1	1	1	1	1	1	1	1		8
디자이너				1	1						2
HTML코더					1	1					2
총계	3	6	9	10	9	8	8	8	8	3	72

[표 1] RFP를 기준으로 계산한 투입 인력 계획표

1MM에 단순하게 600만원을 잡더라도 4억이 넘는다. 개발에 필요한 리포팅 툴이나 그리드 툴 같은 개발용 소프트웨어 구입비와 4개월의 무상 유지보수 비용을 넣으면 5억에 가까운 금액이 된다. 여기에 영업 비용, 패키지 개발 및 업그레이드 비용, 프로젝트 수행 비용과 같은 내부 비용을 더하니 5억을 훌쩍 넘어간다. 그냥 계산해도 6억은 되어야 이익이 남을 것 같다. 그런데 한 가지 더, 이 계산은 계획대로 되었을 때 즉, 최적의 조건에서 나온 숫자다. 문제가 발생하면 또 다른 비용이 들어간다. 마지막으로, 문제는 항상 발생한다.

대강의 계산을 하고 나니 밖은 이미 어둡다. 창가로 다가가서 어지러운 불빛들을 본다. 잠깐 상념에 잡힌다. '이 프로젝트를 해야 하는가? 이익이 남지 않은 프로젝트가 지금까지 한 두 개였던가? 적자만 나지 않으면 되지 않는가!'라는 위안 섞인 생각을 한다. 원청 수주사 없이 고객사와 직접 계약하는 프로젝트가 그래도 이익이 남는 편이다. 우리 회사의 작년 수행 결과를 보면 이익이 난 7개의 프로젝트 중에서 6개가 직접 계약한 프로젝트였다. 작년에 우리 회사는 9개의 프로젝트를 수행했고, 7개의 프로젝트에서 이익이 났다. 재작년에 비하면 아주 좋은 실적이었다. 이익이 나지 않은 2개의 프로젝트 중에서 하나는 완전히 돈돈이고, 나머지 하나에서 2억 가까운 적자를 냈다. 7개의 프로젝트에서 난 이익이 4억 미만이었으니 그 중에서 절반 가까운 이익을 하나의 프로젝트에서 까먹은 것이다. 결론적으로, 작년 한 해 동안 전 직원이 열심히 일해서 2억도 되지 않은 이익을 낸 것이다. '올해 패키지 업그레이드에 투자해야 할 금액이 그 정도 되려나? 작년에 비해 올해는 더 어려울 것 같은데, 월급이나 제대로 나오려나?' 걱정이 앞선다.

마지막으로, 프로젝트 기간에 들어 있는 휴일을 계산해 본다. 당장 5월 5일 어린이날이 수요일에 딱 자리 잡고 있다. 추석은 언제지? '헉! 화, 수, 목'이다. 월요일과 금요일에는 휴가를 쓰는 사람이 많을 것이고, 그럼 추석이 들어 있는 1주일은 그냥 넘어간다. 한창 개발해야 할 기간 인데… 다행히 성탄절은 토요일이고, 이후의 연말까지는 일하는 날이다. 이렇게 생각해야 하는 내가 싫다. 나도 연말에는 토끼 같은 아이들과 여우 같은 마누라와 집에서 같이 쉬면서 한 해를 마무리하고 싶다.

작성일: 4월 5일 **PM**

M-1 W2 사전 준비: 제안서 작성

제안 룸

'우리나라의 제안서는 왜 이렇게 두꺼워야 할까?'라는 생각에 몸부림친 한 주였다. 월요일에 주간 보고 회의가 끝난 후, RFP를 대강 읽어보고, 원청 수주사인 Majorsoft사의 제안 룸으로 컴퓨터를 들고 갔다. 이런 큰 회사는 제안 룸도 정말 잘 되어 있다는 생각이 저절로 든다. 야근과 철야에 대비해서 필요한 환경이 철저하게 마련되어 있다. 브라보!

영업이 Majorsoft사의 원피엠을 소개해 준다. 명함을 교환하고 인사를 한다. "워낙 실력 있는 회사에서 나온 분이니 믿겠습니다."라는 항상 듣는 다정한(?) 말을 건넨다. 그리고 제안 룸에 있던 다른 회사 사람들을 소개해 준다. 인사를 끝낸 후 명함을 보니 우리 회사 같은 중소 개발업체가 10개는 되는 것 같다. 아직 한 업체가 오지 않아 기다려야 하니 환경 설정을 하라고 한다.

영업은 다른 거래처로 가야 한다며 나간다. 로비까지는 배웅을 해야 할 것 같아, 엘리베이터를 타고 로비로 내려온다. 영업은 "고생하십시오"라는 말을 남기고 주차장으로 간다. '나도 지금 저 주차장으로 같이 나가고 싶다.'라는 생각이 불끈 솟는다. 그러나 이제 또 다른 프로젝트의 시작이다. 벌써 이러면 안 된다. 새로운 시작을 위해 속으로 '파이팅'을 외치면서 엘리베이터 버튼을 누른다.

보안 프로그램 설치

제안 룸에서 인터넷에 접속하려고 하니 보안 프로그램을 설치해야 한단다. (몇 년 전에는 그렇지 않았는데!) 보안 프로그램의 설치 방법을 물어보니 보안 서약서를 작성하란다. 보안 서약서를 작성하고 사인을 해서 전달하니, 조금 있다가 IP를 알려준다고 한다. IP를 받아 사이트에 들어가니 보안 프로그램 설치 안내 문이 나와서 보안 프로그램을 설치한다. '이런 것이 무슨 소용이야? 솔직히 여기서 작성한 내용을 다른 곳에 사용할 일도 없고, 제안서 작성 단계에서 이런 것이 무슨 중요한 보안 사항일까' 라는 생각을 한다. 또 한편으로는 '제안서 작업 끝나면 노트북 포맷하고 필요한 소프트웨어를 다시 설치해야 하겠구나' 라는 생각이 스쳐 지나간다. 실제 프로젝트에서도 보안 프로그램을 설치하지만 그때는 몇 개월의 프로젝트 종료 후에 다시 포맷하니 그나마 괜찮다. 그러나 몇 일 되지도 않는 제안서 작성 기간 동안 일한 후에 노트북 포맷하고 윈도우부터 각종 프로그램을 새로 설치할 때에는 정말 싫다.

제안 요약서와 제안서

누군가 제안 룸을 열고 들어선다. 늦어서 미안하다고 하며, 원피엠과 인사를 한다. 원피엠과는 이미 알고 있는 사이인 것 같다. 또 명함을 돌리며 인사를 한다. 이로써 11개의 협력사들이 모두 모였다. 원피엠은 제안서 작업을 잘 해 달라며 인사를 하고, 이어 총무가 제안서 표준에 대해 설명을 한다. 문서의 가로와 세로 크기, 폰트 크기와 색깔 등에 대해서 이야기한다. 그리고 마지막으로, 글로 설명해도 충분한 내용인데도 굳이 페이지마다 그림을 그려야 한다는 당부를 남긴다. 항상 그랬지만 막상 제안서를 작성하려면 '어떤 그림을 그려야 하지?' 라는 걱정이 앞선다. 그리고 각 페이지의 그림 위에는 그림에 맞는 간략한 설명도 달아야 한다. 그런데 제안서 PT 시 제안서를 평가하는 대다수의 심사 위원들은 제안 요약서만 볼 것이 분명한데 굳이 이렇게 두꺼운 제안서를 작성해야 하는 것 자체가 시간과 비용의 낭비라는 생각이 든다. 제안서의 두께는 프로젝트 총 금액과 비례한다. '왜 이렇게 해야 할까?'

제안서 작성 기간: 1주일, 길다!

총무의 설명이 끝난 다음에, 원피엠이 얘기를 다시 시작한다. 제안 작업의 일정을 알려준다. 역시 수요일까지 초안 작성, 목요일에 수정 및 보완, 목요일 저녁부터 금요일 아침까지 파워포인트 디자이너의 리터칭, 금요일 오전에 출력 및 바인딩 업체에 전달, 오후에 제안서 제출, 역시 빡빡한 일정이다. 이렇게 큰 프로젝트면 3주일 정도의 여유를 주면 안 되나? 꼭 1주일, 길면 10일 이내에 제안서를 급하게 작성하게 해야 하는 이유가 무엇일까? 그나마 다행인 점은 제안서 제출일이 다음 주 월요일이 아니라는 것이다. 제출일이 월요일이면 토요일과 일요일도 무조건 출근이기 때문이다. '휴, 긍정적으로 생각하자.'

제안서 분량 목표: 40->37(20->25->32->36->37)

또 다른 이점은 RFP를 우리 회사의 영업들이 작성했다는 것이다. 우리 컨소시엄의 제품을 기준으로 RFP를 작성했기 때문에 대부분의 요구사항 내용이 제품 소개서의 기능 중심으로 되어 있다. 이번 제안서 작업은 다른 작업에 비해 많이 수월할 것 같다. '짜고 치는 고스톱'에서 이길 확률이 높은 것은 당연하지 않은가?

RFP를 기준으로 페이지를 계산해 본다. 아무리 계산해도 20 페이지를 조금 넘는다. 그런데 그룹웨어에 할당된 페이지가 총 40 페이지다. 지금 계산으로는 간지를 포함해도 25 페이지가 되지 않는다. 큰일이다. '무엇을 적어야 할까?' 일단, 업체들끼리 나눈 분량을 기준으로 작성을 시작한다. 먼저 각 페이지에 적어야 할 내용을 기록한다. 페이지를 나누고 보니 3 페이지를 4 페이지로 늘일 수 있는 내용이다. '다행이다.' 나머지 15~16 페이지를 어디서 채우나 고민을 한다. 아무리 해도 답이 나오지 않는다.

'일단 작성하고 고민하자'라는 생각에 작성을 시작한다. 처음이 어렵다. 목적과 구현 방안인데, RFP를 그대로 사용하자니 고민한 흔적이 없는 것 같고, 다른 방안을 만들어 내자니 RFP에 단서가 거의 없다. '내용도 내용이지만 이것을 그림으로 어떻게 표현해야 하나?' 1시간이 지났지만 진척이 없다. 1시간 후면 저녁 식사 시간이다. 그 전에 첫 페이지를 만들어 놓아야 그나마 저녁 식사를 편안하게 할 수 있을 것 같다. 제품 소개서와 RFP를 참고로 첫 페이지를 만들었다. 마음에 썩 들지 않지만 파워포인터 디자이너의 리터칭을 거치면 새로운 페이지로 거듭 날 것을 알기에 첫 페이지를 작성한 것으로 만족한다.

저녁 식사 후에도 계속 작업이다. '오늘 몇 페이지를 해야 수요일까지 완료할 수 있을까?' 생각해 본다. 적어도 10 페이지는 해야 한다. 10 페이지를 채우면 9 페이지가 남고, 간지를 넣으면 8 페이지로 줄어든다. 첫 페이지에 나온 내용을 기준으로 페이지를 구분하여 작성하기 시작한다. 회계 부분을 맡은 작업자가 "수고 하세요"라고 하며 제안 룸을 나간다. 시간을 보니 저녁 10시가 넘었다.

간지를 빼고, 7 페이지째다. 3 페이지만 더 하면 된다. 12시가 거의 다 돼서야 10 페이지를 작성했다. 일단 오늘 일은 한 것이다. 대부분의 사람이 남아있는데 먼저 나가려니 입이 떨어지지 않는다. 어떻게 얘기를 해야 할까? 몇 분을 이것저것 하다가 다른 업무의 피엠이 인사를 하고 가기에 같이 인사를 하고 나온다. 오늘도 택시를 타고 집에 가야 한다.

화요일에도 택시를 타고 집에 갔다. 수요일 점심 시간쯤 겨우 32 페이지를 완료했다. 문제다. 이제 반나절밖에 남지 않았는데, 작성한 내용을 다시 점검도 해야 하고, 8 페이지를 더 만들어야 한다. 점심을 먹으며 어디서 8 페이지를 늘일 것인지를 생각해 본다. '패키지 소개를 넣을까? 아니면 인터페이스 구현 방안에 인터페이스로 구현해야 할 리스트를 넣을까? 아니야, 인터페이스로 구현해야 할 부분을 아직 모르는데 괜히 써 놓았다가 나중에 문제가 될 수 있어.' 아무리 생각해도 8 페이지를 더 늘일 방법이 떠오르지 않는다. 점심을 먹고 중간 점검을 하는데, 다행히 그룹웨어 앞에 들어갈 솔루션이 계획보다 3 페이지나 늘어나서 그룹웨어에 대한 내용이 3 페이지나 줄어 들었다. '뭘 적었길래 3 페이지가 더 필요할까? 대단하네.' 라는 생각을 한다.

이 페이지 저 페이지를 조각조각 내서 4 페이지를 더 만들어 넣었다. 시간을 보니 저녁 식사 시간이 다 되어 간다. 저녁 9시까지 제출하려고 하니 다시 점검하고 보완할 시간이 3시간 정도밖에 되지 않는다. 저녁 식사는 거르기로 한다. 제출하고 집에 가서 먹어야겠다. 다른 사람들은 저녁을 먹으러 나간다. 점검을 해 보니, 오타도 있고, 연결이 어색한 문구도 눈에 많이 띈다. 구현 방안을 보니 몇 개의 내용이 RFP에서 제시한 것과 다른 것 같고, 패키지 기능과도 다른 것들이 보인다. 모두 수정하려면 9시를 넘겨야 할 것 같다.

9시가 되자 원피엠이 제안서를 제출하라고 한다. 아직 수정이 완료되지 않아서 30분만 더 달라고 하자, 다른 업체에서도 똑 같은 얘기를 한다. 다행이다! 수정을 마무리하고 점검을 하려는데 또 다른 업체에서 1시간을 더 달라고 한다. 원피엠은 '초안이고, 내일까지 수정할 시간이 있으니 일단 모아 보자'라고 한다. 12시까지 제안서 전체를 보며 구성과 내용이 순서에 적합한지를 검토한다. 몇 개의 문서에 순서상의 문제가 있어 순서를 다시 조정하고, 내일 수정을 마무리하기로 한다. 오늘도 나를 위한 택시가 기다리고 있다.

목요일 오전에는 가벼운 마음으로 집을 나선다. 다행히 계획된 분량을 모두 작성했고, 어제 초안 리뷰에서도 별 다른 지적 사항 없이 지나갔다. 내용을 더 자세히 점검하고, 오타를 찾고, 문맥상 이상한 부분을 수정하면 된다. 제안 룸에 도착하여 인사를 하고 3일 동안 작성한 결과물을 다시 본다. 이상하다! 어제 볼 때는 내용이 좋았는데, 다시 보니 수정해야 할 곳이 몇 군데 보인다. 그림을 다시 그려야 하는 것도 있다. '다시 그릴까? 그냥 둘까' 하다가 다시 그리기로 한다. 수정과 보완을 하다 보니 하루도 금방 지나가버렸다.

제안 요약서 분량 목표: 2

제안서를 제출하고, 가벼운 마음으로 저녁 식사를 하러 같이 간다. 이런 저런 얘기를 하다 보니 예전에 같은 프로젝트에서 일한 사람도 있다. '어디서 본 것 같은데'라는 생각은 했지만… 역시 좁은 곳이다. 저녁 식사 후에는 제안 요약서를 만들어야 한다. 그룹웨어에는 2 페이지가 할당되었다. '어떤 특징을 보여줘야 할까? 우리 제품만의 특장점이 무엇일까?'를 생각해 본다. 사실 회사에서는 특장점이라고 하지만 요즘은 기술적으로 다른 제품과 별로 다르지 않다는 것은 누구나 알고 있는 사실이다. **RFP**를 다시 보면서 '고객이 중요 시 하는 것이 무엇일까? 시스템일까? 기능일까? 어떤 기능이 좋을까?' 고민을 하지만 모두 다른 제품과 비슷해 보여서 어떤 것으로 해야 할지 결론이 잘 나지 않는다. 원피엠과 얘기하여 두 페이지를 선택한다. 제안서에서 제안 요약서로 페이지를 복사하고 제출한다.

보안 프로그램 삭제 포기. 노트북 포맷

오늘도 역시 택시를 타고 집으로 간다. 이번 제안 작업에는 철야가 없었다. 다행이다. 금요일에 출근하여 보안 프로그램을 지운다. 역시 잘 지워지지 않는다. 포맷을 해야 할 것 같다. 제안 팀과 인사를 하고 본사로 돌아와 컴퓨터를 포맷하고, 윈도우를 새로 설치하고, 오피스와 다른 프로그램들을 새로 설치한다. 귀찮지만 깨끗해 지는 느낌이다.

작성일: 4월 12일 **PM**

사전 준비: 제안서 PT와 프로젝트 팀 구성

제안서 PT 시작

이번 주 목요일에는 고객사에서 제안 PT가 있었다. 경쟁사가 2개 있다는 얘기는 들었는데, 처음 PT를 한 업체가 PT 룸을 나오는 것을 보니, 얼굴이 싱글벙글이다. '뭐지? 저 웃음은?' 고객사에서 우리 컨소시엄을 응원하는 심사 위원이 나와서 영업에게 처음 PT한 업체가 잘 했다고 하며 우리에게도 잘 하라고 한다. 어차피 짜고 치는 고스톱이지만 PT를 잘못해서 무너진 경우도 가끔 보았기 때문에 긴장이 된다. 원피엠이 발표를 하겠지만 그룹웨어에 대한 질문은 내가 받아야 하기에 RFP를 다시 읽어보고 영업에게 물어보면서 질문으로 나옴직한 몇 가지 질문에 대한 답변을 준비했다.

회사에서는 부사장님까지 오셨다. 중요한 프로젝트인 것이다. 드디어 우리 PT 시간이다. 대기하던 제안 팀이 모두 들어오고, 영업은 준비한 음료수와 제안 요약서를 각 심사 위원의 책상 위에 최대한 정중하게 놓는다. 원피엠이 일어나 인사를 하며, 팀 전원을 소개한다. 내 소개를 하기에 일어나 인사를 하면서 9명이 넘는 심사 위원 중에서 우리를 지원하는 사람은 몇 명이나 될까 둘러 본다. 제안서 PT가 시작되었다.

RFP의 목적, 목표, 결과

발표를 하려고 하는데, IT 책임자가 원피엠에게 "회사 소개나 쓸데 없는 것 넘어가고, 특장점 위주로 소개하세요."라고 한다. 원피엠은 잠시 당황스러운 모습을 보이다가 "회사 소개와 목적 및 목표 등은 넘어가고 본 컨소시엄과 제품의 특장점을 중점적으로 말씀 드리겠습니다."라고 하며 열심히 준비한 몇 페이지를 그냥 넘어 간다.

사실 우리가 봐도 RFP를 그대로 복사한 듯한 목적이나 목표와 같은 것들은 의미가 없어 보이기도 한다. 그러나 한편으로는 '귀사가 원하는 본 프로젝트의 목적과 목표를 우리가 정확하게 이해하고 있는지를 보는 것이 요구 분석의 처음이 아닌가?'라는 생각을 잠시 해 본다. 작업을 해 보면 고객사가 진짜로 원하는 실제 목적과 목표를 이해하기 위해서는 RFP의 구석구석에 있는 여러 문장들에서 목적, 목표, 결과를 이해하고 뽑아내야 한다.

고객이 원하는 특장점은?

사람들이 기억하는 수준이 무엇이든 7개 까지라고 어디에선가 읽었다. 즉 PT를 해도 7장으로 준비하여 7개 이하의 중요한 요점만 고객이 인식할 수 있도록 하라는 것이다. 사실 요즘은 어떤 패키지든, 어떤 컨소시엄이든 특별한 것이 별로 없다. 그러다 보니 특장점을 발표하지만, 우리도 1~2개를 제외하고는 다른 팀에서도 특장점으로 내세울 것이 분명한 일반적인 특장점이다. 대부분의 특장점에는 '이 분야에서는 국내 1위 기업입니다', '오랜 역사를 가지고 있습니다', '신생 기업이지만 회사 인력 중 R&D 인력이 2/3 이상입니다', '최고의 인력을 보유하고 있습니다' 등과 같은 내용이 들어간다.

무엇이 특장점일까? 대부분은 특장점을 얘기하라고 하면 컨소시엄과 제품에 초점을 맞춘다. 물론 그런 것이 당연히 특장점일 것이다. 그러나 '고객이 원하는 것은 과연 무엇일까? 고객이 원하는 것 중에서 특별히 원하는 목적과 목표의 달성을 도와주는 기능이 특장점이 아닐까?' 그런 관점에서 보면 사용자의 관점보다는 제공자의 관점 – 제조업에서는 이미 오래 전에 바뀐 패러다임 – 에서 대부분의 PT가 이루어 지고 있다는 생각을 잠시 해 본다. 우리도 영업을 통해 고객이 관심을 가지고 있는 사항에 대해 들었고, 이를 위주로 PT를 준비했다. 그래서 고객이 관심을 가지고 있다고 생각하는 기능에 초점을 맞춘다. 여기에 온 대부분의 컨소시엄이 그럴 것이다. 몇 가지 특이한 기능이 고객이 원하는 특장점일까?

몇 가지 기능의 특장점을 선택해야 하는데, 이것이 정말 고객들에게 도움이 될지는 모른다. 그냥 우리 제품의 특장점이지, 고객이 우리 제품을 통해 얻으려는, 궁극적인 목적을 달성할 수 있도록 도와주는 것은 아닐 것이다. 이러한 특장점만으로 제품을 선택하려는 고객도 웃기고, 이것을 특장점이라고 발표하는 우리도 웃긴다. 시스템 도입이 몇 가지 기능상의 특장점으로만 선택이 된다면, 많은 기능을 넣으면 된다. 결국, 좋은 기능보다는 많은 기능을 가진 제품이 선택될 것이다. 이것이 과연 옳은가?

제안서 PT 룸의 풍경

원피엠은 자신에 찬 목소리로 발표하지만 역시나 거의 제안 요약서를 읽는 수준이다. 드디어 제안서 읽기가 끝나고, Q&A 시간이다. 우리를 응원하는 심사 위원은 우리에게 유리한 질문을 한다. 다른 회사를 응원하는 심사 위원은 우리의 약점을 파고 든다. 여당과 야당인 셈이다. 그러나 우리는 알고 있다. RFP를 가장 분명하게 이해하고 있는 것은 우리라는 것을! RFP에 나온 기능 명세와 컨소시엄의 제품이 거의 일치할 수 밖에 없다는 것을! 결국, 우리가 이기리라는 것을!

PT가 끝나고 영업과 부사장 그리고 대부분의 참가자들이 명함을 꺼내 들고 심사위원들과 인사를 한다. 이미 알고 있는 사람들도 있고, 처음 보는 사람들도 있다. 좋은 결과가 나오길 바란다는 인사와 잘 부탁한다는 인사를 한다. 한 동안 PT 룸이 시끌시끌하다.

제안서 PT 결과: 기술 < 가격

모든 절차가 끝나고, 컨소시엄의 모든 멤버가 로비에서 음료수를 마시며 PT를 한 원피엠에게 수고했다는 인사를 건넨다. 내일이나 모레면 결과를 알게 되겠지만, 지금 벌어지고 있는 심사 위원들의 분위기와 우리를 응원하는 심사 위원이 종합한 결과를 영업이 곧 알아 올 것이고, 이를 토대로 어느 정도 결과를 알 수 있기에 영업을 기다린다.

영업이 엘리베이터에서 내린다. 그런데 얼굴 표정이 별로 좋지 않다. 모두들 '그래도 우리가 RFP 작업까지 했는데, 설마' 라는 표정으로 영업을 쳐다본다. 영업은 "기술 점수는 3점 정도 높은데, 가격에서 아주 낮은 가격을 쓴 경쟁업체가 있어 아직 안심할 수 없다."라고 한다. 항상 이렇다. 기술이 가격보다 높은 우위를 차지한다고 하지만 가격이 결정적일 때가 많다. 이렇게 끝나는 것인가? 몇 가지 정보를 나누고 '다시 만나자'는 얘기를 하면서 헤어진다. 금요일에 좋은 소식이 들어왔다. 제안 가격이 조금 높았지만 Majorsoft사의 영업이 가격 협상을 하기로 해서 우리 컨소시엄이 우선 협상 대상자로 선정됐다고 했다.

프로젝트 팀 구성: PL과 개발자 확보하기

회사에서는 본격적인 프로젝트 팀 구성이 한창이다. 내가 원하는 PL들과 개발자들이 참여를 했으면 하지만 대부분이 다른 프로젝트에서 일하고 있다. 종료될 프로젝트와 비교하여 팀원을 배정한다. 제안서에 제출된 인력은 투입 가능한 팀원이라는 의미이지 실제 투입 인력과는 다르다. 제안서에는 투입이 불가능하거나 어렵지만 경력이나 스펙이 좋은 팀원 몇 명을 넣기 때문이다. 물론 최대한으로 투입 가능한 팀원을 제안서에 넣지만 막상 다른 프로젝트의 진행 상황과 갑자기 발생하는 프로젝트 때문에 실제 제안서와 동일한 팀원을 유지하는 것은 어렵다.

팀을 구성하려고 하니 마음에 드는 PL을 우선 넣고 싶다. 잘 한다는 PL을 대상으로 투입 가능 여부를 타진해 보지만 역시 잘 하는 직원들은 다른 프로젝트에서 일하고 있다. 본 프로젝트 착수 시점과 비슷한 시기에 종료되는 프로젝트를 찾아 보다가 그래도 잘 한다는 PL 두 명을 찾았다. 두 명을 모두 투입하기 위해 얘기하지만 한 명은 이미 다른 프로젝트 PM이 찜 해 놓았단다. 하는 수 없이 다른 한 명만 명단에 넣는다. 프로젝트 착수 시점과 해당 PL이 일하는 프로젝트의 종료 시점이 3주 정도 겹치는 애매한 상황이다. 고객이 원하는 착수 시점에 적어도 PL 한 명은 투입되어 같이 준비를 해야 할 텐데, 장담할 수 있는 상황이 아니다.

고객에게 양해를 구하고, 3주일 동안은 나와 개발자 한 명만 투입되어 프로젝트 준비를 해야 하나? 투입된 후 상황을 보고 대처하자. 다른 팀원 명단도 거의 완료되었다. 그런데 문제가 생겼다. 외주 인력 중 두 명이 프리랜서로 일하기 때문에 연금 납입 실적이 없어 실제 등급은 고급과 중급인데, 고급은 중급, 중급은 초급으로 분류가 된단다. 큰 일이다. 패키지이지만 투입 인력의 MM와 등급으로만 계산하는 방식의 경우에 등급이 낮으면 그 만큼 가격이 낮아 지거나 고객으로부터 클레임이 들어올 것이기 때문이다. '지금은 답이 없다. 그때 가서 생각하자. 연금 납입 실적이 좋다고 일 잘하는 것은 아닌데…'

작성일: 4월 19일 **PM**

 # 사전 준비: 본사 착수 보고

본사 착수 보고 준비

드디어 프로젝트 팀 구성이 완료되었다. 다행히 공기업이 아니라서 연금 납입 실적보다는 경력으로 인정하기로 하여 계획된 인력의 투입이 가능해졌다. 공기업이었으면 어떻게 되었을까? 가격이 낮아지거나 다른 인력으로 바꾸어야 했을 것이다. 투입 인력 프로파일을 제출하고, 프로젝트 착수 준비를 한다.

사실, 고객에게 발표해야 할 착수 준비보다 본사 착수 보고가 더 어렵다. 본사 착수 보고를 위해서 인건비와 비용을 제외한 순이익을 계산해 보았다. 5억 4천만원을 받으면 5천 만원이 조금 안 되는 순이익이 나온다. 회사의 순이익 기준율은 15%다. 15%를 맞추려고 아무리 짜보아도 그 숫자가 안 나온다. 비용을 줄이고 인력 투입을 가능한 한 늦추어 0.1MM라도 줄여 겨우 10%를 맞춘다. 프로젝트 챠터에 10%의 순이익으로 작성한다. 정확한 숫자는 프로젝트 관리 계획서 작성 시 비용을 줄여 봐야 나오겠지만 별 다른 차이는 없을 것 같다.

	5월	6월	7월	8월	9월	10월	11월	12월	1월	2월	계
PM	1	1	1	1	1	1	1	1	1		9
PL	1	1	1	1	1	1	1	1	1	1	10
PL		1	1	1	1	1	1	1	0.5		7.5
개발자		0.5	1	1	1	1	1	1	1	1	8.5
개발자		0.5	1	1	1	1	1	1	1	1	8.5
개발자			1	1	1	1	1	1	0.5		6.5
개발자			1	1	1	1	1	1	0.5		6.5
개발자		1	1	1	1	1	1	1	0.5		6.5
디자이너				1	1						2
HTML코더				1	1						2
총계	2	4	9	10	9	8	8	8	6	3	67

[표 2] 프로젝트 챠터 작성을 위한 실제 투입 인력 계산

프로젝트 비용, DC 된다!

또 어디서 줄일까 생각하고 있는데, 영업에게서 또 다른, 그러나 항상 발생하는 뉴스가 들려온다. Majorsoft사에서 다음 고도화 프로젝트에서 수익을 보전해 줄 테니 이번 프로젝트 비용을 DC하자는 내용이다. '도대체 얼마까지 해서 우리가 망하는 꼴을 보려고 하는가'라는 생각이 들지만 사실 별 다른 방법이 없다. 원피엠은 5억 4천으로 결재를 올렸는데, 구매 팀에서 다시 협상을 하면서 5억 이하로 낮추자고 한단다. 영업은 안 된다면서 버티고 있고, 부사장님도 연줄을 동원해서 막아보려고 했지만 5억 이상은 절대 안 된단다. 5억이라고 해도 들어갈 비용은 같고 결국 수익률이 10% 이하로 떨어진다. 현재도 최선의 계획이 아니라 최악의 계획인데 여기에서 줄어들면 작은 문제만 발생하더라도 원래 세웠던 계획은 어긋날 수 밖에 없다.

10% 이익 내기, 궁리 끝에 …

어쩔 수 없다. 영업과 부사장님이 얘기하는 것을 보니 5억이라도 방어하려고 하는 것 같다. 다시 계산해 보자. 어디에서 줄일까? 10%는 불가능하다는 결론이 나온다. 아니 이미 나왔다. 10%의 이익이 보장되지 않으면 사장님의 결재가 불가능한 것은 분명한데 어떻게 해야 할까? 짜내고 짜내서 다시 계산을 해 보니 67MM에 464,134,000원의 원가로 35,866,000원의 순이익이 나온다.

구분	역할	성명	등급	2010 5월	6월	7월	8월	9월	10월	11월	12월	2011 1월	2월	MM	표준단가	합계
정규직	PM	김미영	특급	1	1	1	1	1	1	1	1	1		9	8,000	72,000
	PL	박피셜	고급	1	1	1	1	1	1	1	1	1	1	10	6,500	65,000
	PL	최피셜	고급		1	1	1	1	1	1	0.5			7.5	6,500	48,750
	개발자	은개발	중급		0.5	1	1	1	1	1	1	1	1	8.5	5,000	42,500
	개발자	김개발	중급		0.5	1	1	1	1	1	1	1	1	8.5	4,000	34,000
	디자이너	추디자인	고급			1	1							2	6,500	13,000
	MM			2	4	6	6	5	5	5	4.5	3		45.5		
	금액			14,500	25,500	36,500	36,500	30,000	30,000	30,000	26,750	15,500				275,250
외주계약직	개발자	정개발	중급				1	1	1	1	1	0.5		6.5	4,200	27,300
	개발자	장개발	초급			1	1	1	1	1	1			6.5	3,800	24,700
	개발자	조개발	초급			1	1	1	1	1	0.5			6.5	2,800	18,200
	HTML코더	배코더	중급			1	1							2	4,000	8,000
	MM			0	0	3	4	3	3	3	1.5	0		21.5		
	금액			0	0	10800	14800	14800	10800	10800	5400	0				78,200
합계	MM			2	4	9	10	9	8	8	6	3		67		
	금액			14,500	25,500	47,300	51,300	44,800	40,800	40,800	32,150	15,500				353,450

[표 3] 인건비 계획

구 분		합계	5 (M+1)	6 (M+2)	7 (M+3)	8 (M+4)	9 (M+5)	10 (M+6)	11 (M+7)	12 (M+8)	1 (M+9)	2 (M+10)
I. 매출 계획	당기	500,000	50,000	50,000	50,000	50,000	50,000	50,000	50,000	50,000	50,000	50,000
	누적	500,000	50,000	100,000	150,000	200,000	250,000	300,000	350,000	400,000	450,000	500,000
II. 수 금 계 획		150,000		150,000		150,000					200,000	
III. 원 가		464,134	66,740	45,960	48,178	52,244	45,634	41,568	41,568	71,668	34,744	15,830
1. 정규직 원가		284,515	16,740	25,960	37,180	37,180	30,570	30,570	30,570	30,670	29,245	15,830
1) 내부 원가		275,250	14,500	25,500	36,500	36,500	30,000	30,000	30,000	30,000	26,750	15,500
2) 프로젝트 경비		9,265	2,240	460	680	680	570	570	570	670	2,495	330
- 식비		3,003	132	264	396	396	330	330	330	330	297	198
- 여비교통비		2,002	88	176	264	264	220	220	220	220	198	132
- 고객회식비		2,000	2,000								2,000	
- 도서인쇄비										100		
- 소모품비		20	20	20	20	20	20	20	20	20		
- 기타 비용												
2. 외주 원가		79,619	-	-	10,998	15,064	15,064	10,998	10,998	10,998	5,499	-
1) 외주 인건비		78,200	-	-	10,800	14,800	14,800	10,800	10,800	10,800	5,400	-
2) 외주경비		1,419	-	-	198	264	264	198	198	198	99	-
- 식비		1,419	-	-	198	264	264	198	198	198	99	-
- 기타 비용												
3. 소프트웨어			50,000	20,000						30,000		
1) 패키지			50,000									
2) 상품		50,000		20,000						30,000		
- WAS				20,000								
- Reporting tool										20,000		
- Grid										10,000		
IV. 손익 (매출-갑)	당기	35,866	-16,740	4,040	1,822	-2,244	4,366	8,432	8,432	-21,668	15,256	34,170
	누적	35,866	-16,740	-12,700	-10,878	-13,122	-8,756	-324	8,108	-13,560	1,696	35,866
V. 현금수	누적	35,866	83,260	37,300	-10,878	86,878	41,244	-324	41,892	-113,560	51,696	35,866
정규직 투입		45.5	2.0	4.0	6.0	6.0	5.0	5.0	5.0	5.0	4.5	3.0
정규직 인월평균단가		8,451										

[표 4] 프로젝트 예산 표

10%인 5천 만원이 확보되려면 적어도 14백 만원은 더 보장되어야 한다. 식비와 고객 회식비를 최대로 줄이면 1~2백 만원 정도 줄일 수 있다. 그렇다고 야근 식비를 줄일 수는 없다. '어디에서 줄여야 할까? 정규직을 외주로 변경하면 어떨까?' 아무리 계산을 해도 1천 만원을 만들 수 있는 방법이 없다. 또 다른 문제는 막바지인 12월에 이르면 회사 전체적으로 현금 수지가 1억 1천 만원 적자라는 것이다. 다른 프로젝트에서 들어오는 돈은 있겠지만 현재의 계획대로면 12월에 또 급여를 받지 못하거나 일부만 받아야 할지도 모른다.

일단 프로젝트 챠터는 본 계획으로 보고하기로 한다. WBS(MS Project 참조)와 인력 및 예산 계획이 완료되었지만 일단 프로젝트 챠터부터 결재 받아야 한다. 오늘 주간 보고 회의가 끝난 후 바로 프로젝트 챠터 보고회가 있다. 다른 팀의 주간 보고 내용이 머리에 들어오지 않는다. 이 계산으로는 사장님의 결재가 어려울 것이라는 생각으로, 무엇을 내 세워야 할까 계속 고민을 한다. 결국 시간은 흐르고 내가 보고해야 하는 시간이다.

역시 10%를 확보하라는 지시다. 10%를 확보하지 않으면 결재가 되지 않는다. 인력을 줄이는 방법밖에 없다. 인력을 줄이면 줄인 만큼의 업무가 다른 개발자들에게 전가되고, 매일 야근과 주말 근무가 눈에 보이는데도 그렇게 해야 한다. 회식이 있었다. 이런 저런 이야기가 자연스럽게 나오면서 임원들은 야근을 줄이는 방법을 찾아 보란다. 생산성을 어떻게 높일 수 있는지 방법을 찾아 보라고 한다. 또한 품질 향상 방안을 찾아 보라고 한다. 매일 똑 같은 이야기로 술자리가 이어지고, 필름이 끊긴 상태에서 그냥 넘어가고 만다.

궁리 끝에, 외주 개발자 1명을 줄이고 오픈 후에 1개월은 실제로 잔류해야 하기에 정규직 PL과 외주 개발자 2명의 2011년 1월 MM를 0.5에서 1로 변경한다.

이렇게 하니 52,234,000원의 순이익이 난다. 드디어 숫자를 맞추었다. 문제는 '과연 이 인력으로 가능할까'이다. 실제 프로젝트에 투입되어 보면 RFP의 '… 신청서 등'과 같은 '등'이 얼마나 늘어날지도 모르는데, 원래 계획했던 최소한의 인원도 순이익 확보라는 목적 때문에 잘린다. 이 역시 최종적으로 협상이 5억으로 타결됐을 때의 얘기다.

[표 5] 프로젝트 계획서에 따른 인력 계획

[표 6] 프로젝트 계획서에 따른 예산

본사 보고용 프로젝트 관리 계획서 결제 받기

프로젝트 챠터는 변경된 내용으로 기안하여 결재를 받았다. 4월 30일에 프로젝트 관리 계획서를 결재 받아야 한다. 먼저 투입 가능한 박피엘과 함께 WBS와 인력 투입 계획을 검토한다. WBS는 문제가 없었다. 그러나 인력 투입 계획표를 보던 박피엘이 이렇게는 프로젝트 못한다고, 1명의 개발자를 추가 투입해야 한다고 한다. 그래서 처음에 작성한 문서를 보여주었다. 그것을 보자 최소한이지만 그래도 처음 계획대로는 인력을 투입해야 한다는 것이 박피엘의 주장이다. 저녁까지 얘기하다 술자리로 이어진다. "도대체 프로젝트를 하라는 말인지 모르겠습니다." 박피엘의 말이다. "프로젝트 비용에서 저녁 식비가 많다고 가능하면 야근 줄이라고 하고, 한 달에 한 번은 본사 행사에도 참석하라고 하면서 필요한 인력을 잘라내면 어떻게 하란 말입니까?"라는 투정을 한다. '저도 똑 같은 생각입니다.'라고 말하고 싶지만 어떻게든 설득해서 가야 한다. 결론은 프로젝트 관리 계획서의 위험 관리에서 '6MM까지는 결재 없이 인력을 사용할 수 있게 한다' 라는 조건을 추가하는 것으로 마무리하고 헤어진다.

작성일: 4월 26일 PM

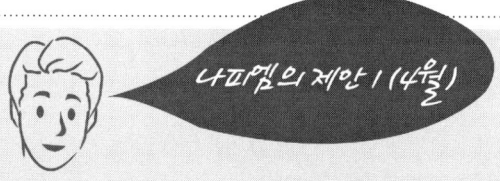
나피엠의 제안 1 (4월)

제안서는 부피만 많이 나가고, 실제 내용은 별로 기술하지 못하는 현재의 파워포인트 양식보다는 정확한 기술이 가능한 워드나 한글로 바꾸어야 한다. 특히 페이지마다 그려야 하는 의미 없는 이미지 보다 표나, 문자로 기술하는 것이 더 정확하고 필요한 내용을 담을 수 있을 것이다. 워드나 한글로 작성하면 필요 없는 공간이 없어져, 더 많은 내용을 기술할 수 있을 것이다.

보통 제안서 제출에는 CD 2개, 제안서 10본 내외로 제출해야 하고, 제안 프레젠테이션을 위한 제안 요약서 20부 등을 제출해야 하므로 결국 제안에 너무 많은 비용이 들어간다. 제안 비용을 고객사에서 일부 지급해야 한다는 의견이 많은 이유도 제안 작업 뿐 아니라 제출용 문서의 제본 등에 너무 많은 비용이 들어가는 부분도 포함된다. 따라서 가능하면 필요한 내용을 단순하지만 필요한 내용으로만 채운다면 제안을 하는 개발사도 제안에 많은 비용이 들어가지 않고, 어느 제안서를 봐도 똑같은 내용으로 채워진 부분을 반복해서 봐야 하고, 만만치 않은 두께의 제안서를 모두 읽어야 하는 제안 평가단도 도움이 되지 않을까? 제안 요약서는 프레젠테이션이 목적이므로 지금과 같이 파워포인트로 작성하는 것이 좋을 것 같다.

제안서에 대한 평가도 고객사에 대한 이해 정도와 시스템 도입 목적 및 목표에 집중하는 것이 시스템의 특장점 몇 개에 집중하는 것 보다 더 좋은 결과를 얻을 수 있는 방법이 아닐까 한다.

M+1

- W5 준비: 개발자 환경 준비와 개발 환경 설정
- W6 분석: 요구 분석 - 요구 분석 준비, 고객 1차 면담
- W7 분석: 요구 분석 - 고객 1차 면담, 고객 2차 면담, 업무 흐름 정의
- W8 분석: 요구 분석 - 고객 1차 면담, 고객 2차 면담, 요구 사항 정의

M+1 W5 준비: 개발자 환경 준비와 개발 환경 설정

착수 보고용 프로젝트 관리 계획서 작성

오늘은 5월 7일이다. 본사 보고용 프로젝트 관리 계획서를 작성하고, 4월 30일에 결재를 받았다. 인력의 운영은 프로젝트 자체의 위험 관리에서 'PM과 총괄의 필요에 따라 6MM의 인력 투입을 허용한다. 단, 부족 인원과 필요 인원에 대한 정확한 근거를 제시하고, 이에 대한 보고를 해야 한다.'로 변경되었다. 뭐 어떤 방식이든 똑 같다. 하다 보면 꼭 필요한 경우가 있을 것이고, 위의 문구로 인해 특별한 결재 없이 보고만으로도 인력을 투입할 수 있게 되었다는 것만으로도 위안이 된다.

본사 프로젝트 관리 계획서를 기준으로 고객사에 착수 보고할 프로젝트 관리 계획서를 작성했다. 본사는 내부 양식을 사용하면 되지만 고객사의 보고는 Majorsoft사의 양식을 이용해야 한다. 전체를 작성하는 것이 아니라 일부만 작성하면 된다. 그러나 그룹웨어 부분을 턴키로 받았기 때문에 결국 Majorsoft사의 양식을 이용하여 전체를 만들어야 한다. 다른 것은 본사 프로젝트 관리 계획서의 내용을 이용하면 된다.

방법론과 산출물 양식

문제는 방법론이다. 영업에서는 5억까지 금액을 낮추면서(사실, 아직 5억으로 최종 타결된 것도 아니다) 이번 프로젝트에서는 우리 패키지를 도입하므로 우리의 방법론을 사용하겠다고 얘기했고, 원피엠과 그렇게 약속을 했다고 한다. 그런데 막상 우리 방법론으로 제출하자, 고객 측의 품질 관리 팀에서 방법론은 상관이 없지만, 산출물이 동일해야 한단다. 방법론이 다른데 어떻게 산출물이 동일할 수 있는지 전혀 이해가 되지 않지만, 패키지의 특성상 기존의 모듈을 사용하는 기능이 많은데, 이에 대한 산출물에 본사 방법론을 사용하지 않으면 모두 다시 작업해야 하며, 그 만큼 업무가 늘어난다고 해도 막무가내다.

어떤 면에서는 품질 관리 팀의 주장에 이해가 간다. 사실 많은 업체가 들어와서 하나의 프로젝트를 수행하는데, 각 업체의 산출물이 다르면 나중에 관리가 어려워지기 때문이다. 그러나 프로젝트를 수행하는 회사 입장에서는 회사의 필요에 따라 방법론이 발전해왔고, 제품의 특성에 적합하게 방법론이 만들어져 왔다. 이러한 개별 회사의 특징을 무시하고 고객사에서 지정한 동일한 방법론과 이에 따른 산출물로 간다면 굳이 패키지를 도입할 이유가 없지 않을까?

결국 핵심이 되는 요구 사항 정의서, 화면 설계서, 상세 설계서, 테스트 계획서, 테스트 결과서와 같은 개발 산출물은 공통 양식으로 통일하고, 나머지는 각 회사의 산출물 양식으로 가는 것으로 합의가 되었다.

이에 대한 합의가 5월 4일에 이루어졌다. 그런데 외산 제품을 도입한 개발 업체는 이 합의에서 제외되었다. 주된 이유는 외산 제품의 경우에 해외 본사의 정책상 지역에 따라 방법론 변경이 되지 않는다는 것이었다. 더 당황스러운 것은 고객의 태도다. 외산은 예외를 인정한다는 것이다. 국내 업체는 정책이 없어서 방법론을 마음대로 변경해도 되고, 외산 제품을 가지고 온 업체는 해외 본사의 정책을 따라야 한다는 타당한(?) 이유가 먹힌 것이다. 그래도 자체 패키지를 확보한 중소기업에서 일하는 한 직원의 눈으로 볼 때 이러한 상황이 좋아 보이지는 않는다.

프로젝트 룸과 환경 구축

하여튼 방법론과 이에 따르는 산출물은 통과되었고, 프로젝트 룸과 환경이 구축되었다. 각 책상마다 IP가 부여되고, 프로젝트 관리 시스템 사용법, 프린터 설정법, 보안 설정 등 필요한 소프트웨어 설치 및 환경 설정이 차례로 진행되었다. 투입된 인력의 비상 연락망과 고객사의 추진단 명단이 책상 앞에 붙으면서 점차 프로젝트 준비가 되어 간다. 책상 앞에 앉으니 몇 년 전의 닭장 같은 프로젝트 룸과 비교가 된다. 지금은 작더라도 한 명이 1개의 책상을 사용하지만 몇 년 전까지만 해도 서랍장도 없는 폭 좁은 회의 탁자를 일렬로 놓고 하나의 테이블에 두 명씩 앉아 마우스 움직일 공간만 겨우 있는 환경에서 일을 했었다. 사무실 경비를 절감하려고 그렇게 했는데, 지금은 그 정도는 아니다. '세월 좋아졌다'가 이럴 때 쓰는 말인가?

나피엠의 소고: 방법론

여기에서 잠시 방법론에 대해 묻고 싶다. 방법론이란 무엇인가? 지금까지 PM으로 일하면서 방법론이라는 말을 수 없이 들었고, 실제로 적용해 왔다. 그러나 주위의 방법론을 보면 완전히 법전이다. 프로젝트 팀원들이 정확하게 이해를 해야 방법론을 적용할 수 있는데, 방법론의 내용이나 규모는 거의 법전 수준이다. 대부분의 개발자들은 아예 읽지도 않았을 것이고, PM이라도 전체를 한 번 읽지도 못하고 '방법론에 따른' 프로젝트를 수행하는 경우를 많이 봤다. 이런 상황에서 방법론이 실제로 적용되겠는가? 방법론을 적용하려면 한 두 번 읽기만 해서도 안 된다. 최소한 PM은 사용하려는 방법론을 정확하게 이해하고 있어야 하고, 프로젝트에 실제로 투입된 팀원들도 방법론의 개략적인 내용은 알고 있어야 한다. 법전 교육을 한 두 번 받고 나서 적용할 수 있다고 생각한다면 법전을 만든 사람에게 물어보기 바란다. 그것이 정말 가능한지? 방법론은 프로젝트에 참여한 사람들이 30분 내외의 교육으로 충분히 이해할 수 있게 최소화 되고, 산출물은 관리 팀이 아니라 프로젝트 수행 팀이 필요하다고 느낄 수 있을 정도로 구성되어야 한다. 기존처럼 모든 가능성을 방법론에 넣어 소위, Tailoring Guide를 작성하여 적용하는 것이 아니라, 핵심적인 것들만 방법론으로 만들고, 나머지는 프로젝트에 따라 추가하는 방식으로 변경되어야 한다는 것이 필자의 기본 생각이다.

또한 관리를 위한 방법론 보다는 프로젝트에 실제로 도움이 되는 방법론이어야 한다. 필자의 개인적인 생각으로 우리나라에서 방법론이 뿌리를 내리지 못하는 원인 중 가장 큰 것은 관리 목적으로 방법론이 도입되었기 때문이 아닌가 한다. 방법론은 프로젝트 현장에서 도움이 되어야 한다. 그렇게 되어야 방법론을 실제로 적용할 수 있다. 관리 목적으로 방법론 도입을 결정하는 회사들이 많다. 그렇게 해서는 방법론을 만들고 적용하려는 노력과 비용을 절대로 뽑을 수 없다.

프로세스와 방법론을 만들면서 느끼는 점은 대부분의 회사가 CMMI나 SPICE 등과 같은 국제 표준에 적합한 레벨을 만족시키는데 급급한 나머지 사내에서 국제 표준을 따라갈 수 없는 영역을 맞추기 위해 너무 많은 역량을 집중한다는 것이다. 모든 영역을 일정 기준까지 끌어 올리기 위해 들어가는 노력과 비용으로 회사의 강점에 집중한다면 더 적은 비용으로 회사의 강점을 더욱 강화시킬 수 있을 것이다. 또한 한 강점의 수준이 점차 높아지면서, 다른 영역도 일정 수준까지 발전하는 2차적인 효과까지 누릴 수 있을 것이다. 이렇게 함으로써 전체적인 수준이 높아지는 방법이 더 효과적이지 않을까?

국내 대기업들도 높은 성숙도 인증을 받기 위해 많은 비용을 들여 왔다. 3~4년 전부터는 대부분의 대기업들이 CMMI 5등급을 받고 있다. 어떤 조직은 CMMI 5등급을 받았다고 언론에 나오지만 실제로는 하나의 프로젝트나 내부의 작은 조직만 받은 경우도 있었다. 문제는 5등급을 받았다고 해서 '달라진 점이 무엇인가'이다. 대기업도 중소 개발업체와 거의 비슷한 것이 현실이다.

다른 한편으로는 정말 5등급을 받은 조직인지 궁금한 적이 더 많았다. CMMI 레벨 2까지는 단일 프로젝트를 통해 가능하지만, 3등급 이상에는 조직이 포함되어야 한다. 그런데 간혹 프로젝트도 레벨 2를 받았나 싶은 적이 있었지만, 회사의 프로세스를 보면 3등급 이상을 어떻게 받았는지 의아스러울 때도 있다. 즉, 회사의 관리자들은 프로젝트 관리자들이 프로젝트 관리를 제대로 하기를 바라면서, 정작 회사 내부의 관리는 제대로 하고 있지 않은 것이다. 너무 돌아갔나? 다시 현실로…

사무실 환경 설정 시 확인 사항

사무실 환경 설정 시 꼭 확인해야 할 것이 있다. 먼저, 인터넷이 되는지, 보안 수

준은 어디까지인지를 확인해야 한다. 소소하지만 복사용지, 물, 커피 같은 것의 구입 비용을 고객사인 Majorsoft사에서 지출하는지, 아니면 우리가 직접 구매해야 하는지도 확인해야 한다. 가령, 우리가 직접 구매해야 한다면 처음에 계획 잡았던 비용 중에서 '소모품비'는 그대로 사용될 것이다. 얼마 되지는 않지만 그래도 유용하게 사용할 수 있는 유일한 돈이 바로 소모품비다. 다행히 모든 소모품과 음료는 Majorsoft사에서 구매한단다. 사무실 운영에 우리가 지출해야 할 돈이 없다는 뜻이다. "Good"

착수 보고 준비

5월 5일 수요일, 어린이 날이라고 대부분 출근하지 않았다. 그러나 각 회사의 PM 혹은 PL과 Majorsoft사의 PM과 PL들은 모두 출근을 했다. 내일, 고객 착수 보고가 있기 때문이다. 집에서는 난리가 났었다. 아이들이 다른 아빠들은 같이 놀이동산 놀러 가기도 하고, 같이 놀기도 하는데, 왜 아빠는 회사에 가야 하는가에 대한 농성 때문이었다. 집 사람도 그렇게 좋은 표정은 아니다. 나도 당연히 쉬고 싶다. 그러나 어쩌겠는가? 고객사인 NormalClient사와 Majorsoft사 및 각 협력 업체의 대표나 임원들이 참석하는 착수 보고부터 오타가 있거나 내용이 틀리면 프로젝트 종료까지 힘들게 진행될 것임을 뻔히 아는데…

몇 번이나 읽으면서 글자 하나 틀리지 않았는지, 색이 이상하지 않은지, 전체 계획 대비 각 업무별 계획이 다르지 않은지, 문구가 이상하거나 어색하지 않은지를 점검하고, 수정에 수정을 거듭하였다. 저녁이 다 되어서야 보고서 작업이 완료되었다. 이제 집에 가야겠구나 했는데 누군가가 저녁이나 먹고 가자고 한다. 그렇게 애기하는 사람은 결혼을 하지 않았거나, 일과 결혼한 사람일 것이다. 시작부터 이런 모임에서 빠지기 시작하면 계속 좋지 않은 결과가 온다. 결국 모두들 따라 나선다. 저녁을 먹는다지만 결국 술이 들어오고, 몇 잔을 돌리면서 정식으로 인사를 나눈다. 다행히 내일이 착수 보고하는 날이고 착수 회식이 있을 것이므로 간단하게 끝내자는 원피엠의 제안으로 회식은 금새 끝난다. 그래도 빈 병 개수를 보니 소주 1병씩은 먹은 듯 하다.

착수 보고

어제 착수 보고를 했다. 착수 보고에는 고객사의 대표이사가 참석할 예정이었으나 갑작스러운 출장으로 참석하지 못하고 재무 이사와 전산 실장이 참석하였다. 그리고 Majorsoft사의 부사장과 임원들, 그리고 각 협력 회사의 대표 이사급 혹은 부사장급 등이 참석하였다. 그런대로 대규모 행사였다. 전체가 강당에 모인다. 여기에서도 계급은 중요하다. 가장 앞 자리는 양복 왼쪽 주머니에 꽃을 꽂은 임직원들의 자리. 왼쪽에는 고객사의 임원이, 오른쪽에는 Majorsoft사의 부사장과 총괄 이사와 원피엠이 앉아 있다. 꽃이 없는 우리는 뒷줄의 아무 자리에 앉으면 된다. 앞 자리를 차지한 몇 분을 제외한 약 40여명의 프로젝트 참여 인력과 고객사의 관련 부서장 및 직원들은 대부분 뒷 자리부터 채워서 앉는다.

착수 보고가 시작되었다. 임원 소개부터 시작해서, 원피엠이 프로젝트 계획을 발표한다. 역시 자주 해 본 솜씨다. 고객사에 부탁하는 것을 마지막으로 발표를 마친다. 고객사의 재무 이사가 나와서 본 사업의 중요성을 강조하고, 사업의 성공적인 수행을 당부한다. Majorsoft사의 부사장이 나와서 사업의 중요성을 강조하고, 전문가들이니 최선을 다해 고객사의 목적에 적합한 결과물을 만들어낼 것을 기대한다며, 파이팅을 외친다. 추진 단장과 각 추진단 직원들에게 '업무개선 지도자'라는 문서를 수여하고, 박수를 치면서 착수 보고가 끝이 난다. 이는 전체에 대한 착수 보고일 뿐 각 업무별로 착수 보고가 하나씩 시작된다. 그룹웨어에 대한 착수 보고는 금방 종료된다. 전체 착수 보고 때문에 시간이 늦어지기도 했지만 착수 보고 후의 뒷풀이 회식이 있기 때문이다.

착수 보고 회식

회식에 가보니 전체 인원이 100여명이나 된다. 우리 회사에서는 부사장님, 영업, 나, 박피엘, 그리고 주변에서 프로젝트를 하고 있으면서 앞으로 참여하게 될 개발자 2명까지 모두 6명이 참석하였다. 50여명은 고객사의 임직원들이다. 이들 중 대다수는 프로젝트 종료 회식까지 얼굴을 절대로 보여주지 않을 사람들이다. 그래도 많이 왔다.

술잔 돌리기가 시작된다. 임원들이 돌아다니며 팀 단위로 앉아 있는 테이블에서 잔을 돌린다. '잘 부탁한다. 열심히 하자'는 얘기다. 고객사 임원과 Majorsoft사 임원 등 몇 명이 차례대로 우리 자리를 지나가면서 '위하여'를 몇 번 외치고 1차 회식이 끝난다. 2차는 팀 별로 가거나 각 회사의 임원들 모임이다. 임원 모임에 참석하기는 싫어 우리 팀원들과 함께 2차를 간다. 그런데 대부분의 회식 팀이 고객사 주변에 있기 때문에 3차나 4차에서 만날 확률이 높다. 역시 부사장님으로부터 전화가 온다. 임원들 모이는 곳으로 오라는 것이다. 임원들 모인 곳으로 간다. 술이 돈다. 3차 가려고 모두 식당에서 나올 때 살짝 빠져 나온다. 팀원들 있는 곳에 가니 주변에서 수행하는 프로젝트에 참여한 본사 직원 몇 명이 더 보인다. 잘 해 보자며 술을 돌린다.

역시 다행인 것은 경비로 책정했던 고객 착수 보고 회식 경비가 많이 줄었다는 것이다. Majorsoft사에서 1차를 책임졌기에 우리는 책정 경비의 1/4만으로 착수 회식을 지낼 수 있었다. 큰 경비가 절감된 것이다. 이 정도 금액이면 우리 팀원들 힘들 때 진한 저녁이라도 한끼 사줄 수 있다. 기쁘다.

업무 별 주간 보고와 수행 팀 주간 보고

아침이다. 아직도 술이 깨지 않아 머리가 아프다. 오늘은 이번 프로젝트에서 처음 하는 주간 보고 회의다. 프로젝트 종료까지 별 다른 일이 없다면 본사 주간 보고 회의에는 주간 보고서만 전달하고 참석하지 않아도 된다. 별로 한 일은 없지만 그래도 프로젝트가 착수되었으니 주간 보고서를 작성하고 수행 팀 주간 보고 회의에 참석한다. 이번 프로젝트에서는 일주일에 총 3번의 주간 보고 회의가 있으며, 내가 참석해야 하는 주간 보고 회의는 2개다. 한 개는 고객사의 그룹웨어 담당자, 나, 우리 PL들이 참석하는 업무별 주간 보고 회의다. 다른 하나는 수행 팀 주간 보고 회의다. 이 회의에는 각 업체의 PM들과 원피엠이 참석한다. 그 밖에 원피엠, 총괄 이사, 추진단 단장이 참석하는 추진단 주간 보고 회의가 있는데, 이 추진단 주간 보고 회의에 나는 참석하지 않는다. 공식적인 주간 보고는 아니지만, 우리 팀원들과 같이 하는 주간 보고까지 합하면 1주에 총 3번의 주간 보고 회의를 해야 한다.

주간 보고 회의에서는 금주에 한 일과 결과, 그리고 다음 주에 할 일을 보고한다. 업무별 주간 보고는 매주 금요일 오후 5시에 한다. 그리고 수행 팀 주간 보고 회의는 월요일 오전에 한다. 주간 보고서는 하나로 통일되어 있으나 내용이 서로 다르다. 이렇게 해야 하는 것은 이해되지만, 주간 보고서 작성에 금요일 하루를 모두 사용해야 하는 것은 너무 낭비라는 생각이 든다. 그래도 다행인 것은 업무별 주간 보고 회의의 회의록을 본사 회의록으로 사용할 수 있도록 허락을 받아서 두 개의 회의록을 따로 작성할 필요가 없다는 점이다. 그러나 이슈, 예산, 인력 문제 등과 같이 민감한 몇 가지 사안은 고객 보고용 회의록에 적을 수 없는 지라 두 보고서의 내용이 조금은 달라질 것이다.

작성일: 5월 7일 PM

M+1 W6 **분석:** 요구 분석 – 요구 분석 준비, 고객 1차 면담

박피엘 투입

2주 후에 투입되기로 했던 박피엘이 금주부터 투입되어서 초기 인력 투입 문제는 이상 없이 지나갔다. 박피엘이 투입되어 있던 A 프로젝트의 PM과 합의를 본 것이다. 박피엘을 우리 프로젝트에 일찍 투입하고, A 프로젝트에서 5월부터 일한 부분에 대한 정산을 우리 프로젝트에서 하기로 한 것이다. A 프로젝트가 적자가 나서 이를 조금이라도 만회하기 위한 방법인 것이다. 즉, 박피엘이 5월 1일부터 우리 프로젝트에 투입된 것으로 문서를 작성하기로 한 것이다. 그렇게 되면 박피엘이 여기에 투입되기 전까지 10일 정도에 대한 금액과 비용이 우리 프로젝트에서 지급되는 것으로 한다. 어느 정도 만회가 됐는지 모르겠지만 이렇게라도 해야 하는 상황이 정말 눈물 겹다.

고객 패키지 교육

월요일부터 고객에 대한 패키지 교육이 있어 바쁜 한 주였다. 패키지 교육은 고객사가 우리의 패키지를 도입한 경우에 해당 패키지를 고객에게 미리 보여주면

서 패키지에 어떤 기능이 있는지, 또 그 패키지를 어떻게 사용하는지를 알려주는 간단한 교육이다. 가능하면 패키지의 기존 기능을 사용하게 하는 것이 패키지 교육의 목적인데, 고객들은 아직 준비가 되어 있지 않아서, 현재 자신들에게 없는 새로운 기능에만 관심을 기울인다. 이것 저것 질문도 하고, 이런 기능 있느냐, 기존에는 이런 편리한 기능이 있었는데, 같은 기능이 있느냐 등 다양한 문의가 쏟아진다. 그래도 관심을 보여 주는 것만으로도 교육하는 재미가 난다.

대부분의 고객들이 처음에는 프로젝트에서 개발될 최종 결과물에 대해 막연한 기대만 가지고 있다. 최종 결과물에 대해 잘 알지 못하는 것은 물론이고, 주변 기술이나 요구에 대해 잘 알지 못한 상황에서 프로젝트가 시작된다. 그러나 개발 팀이나 다른 주변 사람들로부터 최종 결과물에 대해 많은 것을 듣게 되고, 관심이 있는 고객들은 자료를 찾아 보기 때문에 프로젝트가 진행되면서 최종 산출물에 대해 전문가 수준이 되어 간다. 즉, 패키지 교육 효과가 나타나는 것이다. 이러한 효과가 초기에 나타나면 요구 분석 및 정의에 좋을 텐데, 대부분의 경우에 개발 과정 후반부 혹은 통합 테스트 이후에 나타난다.

점차 최종 결과물에 대한 자신감이 생기고, 어떻게 개발되어야 할지를 알기 때문에 처음에 나오지 않았던 다양한 요구들이 쏟아지기 시작하는 것이다. 심지어, 개발 단계에서 처음 요구했던 사항들이 틀렸다는 것을 인식하거나, 오해를 하고 프로세스부터 변경할 것을 요구하는 고객들도 많다. 이 시점이 되면 프로젝트 팀원들은 모든 역량을 쏟아 넣고 있어 점차 고갈되어 가는데, 고객들은 점차 발전하면서 더 채워줄 것을 요구하는 양상이 된다. 고객에 대한 패키지 교육이 무사히 종료되었다.

요구 분석을 위한 고객 면담

수요일부터 요구 분석을 위한 면담이 시작된다. 이에 따라 면담 계획서를 작성하고 있는데, 현업들과 시간을 조정하는 부분에서 문제가 발생했다. 그룹웨어를 담당하는 현업 2명이 하필 교육 첫 날 예정된 자체 교육에 참석해야 한다는 것이다. 착수 보고에서 고객이 참여해야 할 업무 – 요구 분석을 위한 면담, 요구 정의 리뷰, 설계 리뷰, 단위 테스트부터 인수 인계 테스트, 교육 등 - 와 기간을 명확하게 발표를 했고, 이에 대해 참여에 문제가 없다는 답변을 들어 일정을 잡은 것인데 첫 번째 일정부터 꼬인다. 어쩌겠는가? 꼭 참석해야 하는 교육이라는데…

첫 날은 다른 IT 운영 팀과 면담을 하기로 하고, 교육이 끝난 저녁에 현업에 대한 면담을 하기로 했다. 현업에 맞추어 저녁에 해야 하는 업무들이 벌써 발생하기 시작한 것이다. 사실 현업도 이해가 되는 것이, 자신의 고유 업무가 있는 상태에서 또 다른 업무 – 시스템 요건 정의 – 를 해야 한다는 것이다. 현업의 경우, 자신의 업무 자체에도 하루를 모두 사용해야 하는데, 프로젝트 때문에 또 다른 업무가 가중이 되니, 좋아할 사람이 별로 없다는 것은 당연한 것 아닌가? 그럼에도 불구하고 간혹 이루어지는 면담이나 우리의 요구에 대해 웃으면서 잘 응대해 주는 고객들을 보면 고맙다는 생각이 절로 들 때가 많은 것은 무슨 이유 때문인가?

면담 대상인 9명과의 면담 시간과 내용을 고객과 협의하여 정하고 나니, '이제 프로젝트가 시작되는구나.'라는 생각이 든다. 고객과의 면담을 위해서는 준비해야 할 것이 많다. 면담을 통해 가능한 많은 요건들을 도출해 내야 하기 때문이다. 이미 몇 번의 경험을 가진 PL들이지만 PM에 따라 다른 방식으로 진행되기 때문에 나의 방식을 미리 알려주고, 결과를 얻기 위한 토의를 거쳐야 한다. 아직 투입되지는 않았지만 6월부터 같이 일하게 될 최피엘도 같이 불러서 협의를 시작했다. 박피엘은 지난 번 프로젝트에서 나하고 일을 해 본적이 있기 때문에 나의 스타일을 알고, 나도 박피엘의 스타일을 알고 있어서 큰 문제가 없다. 그러나 최피엘은 나하고도 처음일 뿐 아니라 이번 프로젝트에서 처음으로 PL을 하게 된 친구라 나와 호흡을 맞추려면 많은 시간과 인내가 필요할 것이다.

나피엠의 소고: 고객 면담

첫째, 면담 자리에서 "안 된다. 할 수 없다."라는 말은 하지 말라고 한다. '할 수 있고 없고' 는 고객의 요구 사항을 정확하게 분석한 후에 정의하면 된다. 그 자리에서 그러한 용어를 사용하기 시작하면 고객들이 부정적인 시각으로 바뀌기 때문에 쓸데 없는데 시간을 허비하게 된다.

둘째, 면담 목적을 정확하게 이해해야 한다. 첫 번째 면담의 목적은 기본 업무 프로세스를 정의하는 것이다. 어떤 PL들은 프로세스를 정의하려고 하지 않고 개별 기능에 더 집착한다. 그렇게 하면 프로세스와 기능이 혼합되어 고객들도 혼동되고, 면담도 길어진다. 두 번째 면담의 목적은 첫 번째 면담의 결과 즉, 기존의 프로세스를 우리가 정확하게 이해하고 있는지, 이를 명확하게 모델링했는지, 기존 프로세스에서 변경되어야 할 사항과 시스템으로 대체되어야 할 액티비티가 무엇인지를 파악하여 새로 변경된 프로세스를 정의하는 것이다. 두 번째 면담의 그 다음 목적은 새로운 프로세스를 확인하고, 각 프로세스에 필요한 세부 기능들을 정의하는 것이다. 개발 단계 혹은 개발 이후 단계에서 상대적으로 변경하기 쉬운 것은 기능이다. 프로세스가 변경되면 프로그램을 다시 개발하던지 완전히 변경해야 한다. 따라서 가능하면 프로세스를 위주로 상세 분석을 진행한다. 세부 기능은, 마지막 면담에서도 얻겠지만, 결국 설계와 개발 과정에서 더 많은 요구가 나올 것이기 때문이다.

셋째, 두 번째 면담 전에 RFP와 우리에게 이미 전달된 업무 정의서 등을 기준으로 변경된 새로운 프로세스를 미리 모델링하라는 것이다. 이를 위해서는 고객사에 대한 정확한 분석이 필요하다. 어떤 피엠은 고객사를 알지도 못하는 상태에서 프로젝트에 투입되는 경우도 많았다. 두 번째 면담부터는 우리가 개발해야 할 시스템을 그리는 자리인데, 아무 준비도 없이 첫 번째 면담 결과인 기존의 프로세스를 모델링한 AS-IS 업무 흐름도만 들고 가면 면담에서 많은 것을 얻지 못할 뿐만 아니라 고객이 그 많은 돈을 주고 우리를 산 이유가 없다는 인식을 주기 십상이기 때문이다. 우리는 고객들이 보지 못하는 것을 설명하고, 이해시키고, 이를 시스템에 녹여 내야 한다. 그런데 고객이 주는 것만 받아 먹으려니 제대로 된 분석이 되지 않는다.

가끔씩 PL들이 아무 준비 없이 면담을 하고 나서 회의록 하나만 가져와서 "면담 했습니다." 하는 것을 본다. 어떤 PL들은 얘기하지 않으면 회의록도 작성하지 않는 경우도 있어 그래도 회의록이라도 들고 오면 다행이라고 해야 하나? 면담에는 많은 준비가 필요하며, 고객들에게 컨설팅을 할 수 있는 유일한 시간이다. 자동차를 한 대 구입해도 영업으로부터 얻을 수 있는 것을 모두 얻으려고 하는 것이 사람인데, 자동차 몇 십대 값을 주고 시스템을 도입하려는 고객들이 우리에게 더 많은 것을 요구하는 것은 당연하다. 자동차 한 대 팔기 위해 들이는 노력보다 더 많은 노력과 경험이 고객들에게 전달되어야 우리 시스템을 구입한 충분한 이유가 되지 않을까?

고객 면담에는 인내와 설득이 필요

면담이 시작되었다. 면담 계획서에 따르면 오전 10:00 ~ 12:00, 오후 2:00 ~ 5:00 이렇게 하루를 나누어 사용하게 되어 있다. 첫 번째 팀이 오전 10:00에 와야 하는데, 오지 않는다. 10분을 기다려 보지만 아무런 연락이 없어 전화를 해본다. 회의 중이란다. 회의가 끝나면 오겠다고 한다. 30분을 기다렸지만 오지 않는다. 첫 번째 면담부터 꼬이는 것을 보니 제대로 끝내기는 어렵겠다는 생각이 저절로 든다. 11시에야 현업들이 나타난다. 기존 프로세스에 대한 문의를 시작으로 면담을 시작한다. 50분이 지난 후에 고객들이 회의실을 나온다. 벌써 끝났나? '수고하셨다'는 이야기를 하고 PL에게 가보니 좀 더 해야 하는데 점심 시간이라고 고객들이 간다고 해서 끝낸 것이라고 한다. 이럴 때는 정말 짜증난다. 늦은 것은 고객인데, 늦은 만큼 조금이라도 더 해 줄 생각은 하지 않고, 점심시간 10분이나 남았는데 가 버리다니…

어쩔 수 없다. 전화를 걸어 점심 시간 후 1시에 다시 시작하자고 설득을 한다. 자신들도 할 일이 있는데 안 된다고 한다. 30분이라도 하자고 해서 1시 30분에 다시 하기로 한다. 30분 안에 끝내지 못하면 2:00에 약속되어 있는 또 다른 현업들이 기다려야 한다. 우리가 기다리는 것은 용서가 되지만, 고객이 기다리는 것은 용서가 되지 않는다. 어떻게든 30분 이내에 끝내야 한다.

점심은 건너뛰고 지금까지 면담한 내용을 검토해 본다. 30분 내에 마무리하기에는 아직 부족하다. 면담 계획 업무 4개 중 2개를 마친 상태다. 2개의 업무가 남아 있으니 30분 내에 끝내려면 내가 직접 들어가야 할 것 같다. 다른 얘기 나오는 것을 끊기 위해서다. 우리가 아무리 프로세스를 분석한다고 해도 고객들은 기능에 대한 요구가 나오기 마련이고, 기능에 대한 요구가 나오면 시간이 길어진다. 일단 기능에 대한 요구는 끊어버려야 한다. PL에게 나도 같이 들어간다고 얘기하고 점심 식사를 하러 간다.

다행히 약속된 시간이 되자 현업들이 나타난다. 나도 같이 참석하겠다고 하고, "PL에게 들어서 아시겠지만 본 면담의 목적은 기존 프로세스 분석입니다. 가능하면 기능적인 요구 사항은 자제를 부탁드립니다."라고 정중하게 부탁한다. 역시 시작하고 조금 있으니 "이런 기능을 넣어 주세요", "이런 기능은 있나요?" 등 기능에 대한 요구가 나오기 시작한다. "기능 요구 사항은 기록만 해 두었다가 3차 면담에서 상세하게 협의 하시는 것이 좋겠습니다."라고 자르고 다시 프로세스에 집중하게 한다. 30분이 지나자 4개의 업무 영역에 대한 기존 프로세스가 그려졌다. 다행이다. PL은 바로 다음 현업들과의 미팅 때문에 회의실에 앉아 있고, 나는 회의실을 나온다. PL이 면담 내용을 정리해야 할 시간이 없어 나중에 내가 참석했던 면담 내용은 내가 정리해 주어야겠다. 회의록을 아무리 잘 적어도 다른 면담이 끝난 후에 그 전에 진행된 면담을 정리하면 잊어버리거나 놓치는 것들이 있기 마련이다. 따라서 면담이 끝나면 다음 면담까지 이전 면담에 대한 정리를 해 놓아야 한다.

이렇게 시작하여 몇 번의 지각 면담, 보충 면담, 야근 면담으로 금주에 해야 할 면담을 모두 끝냈다. 정말 다행이다. 다음 주 월요일까지 면담 계획이 있지만 중요한 것들은 금주에 완료했기 때문에 시작이 좋다는 생각이 든다. 앞으로 다른 업무들도 이렇게만 진행되면 얼마나 좋을까...

면담도 잘 되었지만 WBS에 계획된 업무들이 지연 없이 잘 종료되었다는 것이 더 기쁘다. 주간 보고서 작성을 하면서 WBS를 확인하니 계획 진척율 2.46%와 실적 진척율 2.63%로 공정 준수율이 106.85%다. 1차 면담 프로세스는 조금 늦게 표시되었지만 계획대로 가고 있고, 업무 흐름 정의가 각 면담 종료에 따라 작성되면서 계획보다 23% 앞서가고 있어, 전체적으로 계획보다 **빠르게** 진행되고 있는 것이다. 시작이 좋은 한 주였다.

작업 이름	현황	기간	계획시작날짜	계획완료날짜	실제 시작 날짜	완료율	계획진 척률	실적진 척률	공정준 수율	선행 작업	산출물
⊟ NormalClient GroupWare 재구축 Project	◉	216 일	10-05-03 (월)	11-02-28 (월)	10-05-03 (월)	8%	2.46	2.63	106.85		
⊟ 개발	◉	216 일	10-05-03 (월)	11-02-28 (월)	10-05-03 (월)	6%	1.62	1.8	110.98		
⊟ 준비	◉	4 일	10-05-03 (월)	10-05-07 (금)	10-05-03 (월)	100%	100	100	100		
개발자 환경 준비	◉	1 일	10-05-03 (월)	10-05-04 (화)	10-05-03 (월)	100%	100	100			설정된 개발자 환경
개발 환경 설정	◉	1 일	10-05-06 (목)	10-05-07 (금)	10-05-06 (목)	100%	100	100			개발환경(서버, 개별 컴퓨터 등
⊟ 요구분석	◉	16,25 일	10-05-10 (월)	10-05-31 (월)	10-05-10 (월)	52%	38,12	43.64	114.47	82	
요구분석 준비	◉	2 일	10-05-10 (월)	10-05-12 (수)	10-05-10 (월)	100%	100	100			면담계획서
⊟ 고객면담	◉	11 일	10-05-12 (수)	10-05-27 (목)	10-05-12 (수)	27%	32	26.67	83.33	7	
1차 면담(프로세스)	◉	3 일	10-05-12 (수)	10-05-17 (월)	10-05-12 (수)	80%	96	80	83.33		회의록
2차 면담(프로세스 리뷰, 변경 요구)	--	3 일	10-05-19 (수)	10-05-24 (월)	미정	0%	0	0		12	회의록
3차 면담(변경요구 리뷰, 상세 기능)	--	3 일	10-05-24 (월)	10-05-27 (목)	미정	0%	0	0			
업무흐름 정의	◉	5 일	10-05-12 (수)	10-05-19 (수)	10-05-12 (수)	80%	57	80	140.35	9SS	업무흐름도
요구사항정의	◉	5,25 일	10-05-24 (월)	10-05-29 (토)	10-05-24 (월)	67%	0	0		11SS	요구사항정의서
인터페이스 계획	--	0,5 일	10-05-29 (토)	10-05-29 (토)	미정	0%	0	0		13	인터페이스 계획서
데이터맵 계획	--	1 일	10-05-29 (토)	10-05-31 (월)	미정	0%	0	0		13	데이터맵 계획서

[그림 1] 5월 14일 기준 WBS 현황

작성일: 5월 14일 **PM**

M+1 W7 분석: 요구 분석 – 고객 1차 면담, 고객 2차 면담, 업무 흐름 정의

'등' 지뢰 터짐

이번 주에는 5월 21일 금요일이 휴일이라 목요일에 주간 보고를 하게 되었다. 이번 주는 월요일부터 문제가 발생했다. RFP의 '… 등' 때문이다. 다른 업무에서도 '등' 때문에 사소한 의견 충돌은 있었지만 대부분 잘 넘어 가서, 어떤 업무는 줄이고, 어떤 업무는 늘어나면서 계획과 비교하여 크게 늘어나지 않았는데, 이번 프로젝트에서는 결재를 이용하는 신청서에서 드디어 격돌을 하게 되었다.

기존에 결재 시스템을 이용하는 신청서가 11개였고, RFP에서 기존 신청서와 함께 새로운 10여종의 신청서가 결재 시스템을 이용한다고 되어 있어서 총 20여 개로 계산을 했다. 그런데 각 현업에서 요구하는 신청서를 모두 모아 보니 40여종이 넘었다. 그 중에는 결재 시스템을 굳이 사용하지 않아도 되는 신청서도 있었다. 40여종의 신청서를 만드는 것은 문제가 없으나, 모든 신청서가 회계, 인사, 급여, 복리후생, 교육 등과 연계되어야 하고, 반려나 승인에 따라 신청된 데이터에도 적용되어야 하니 쉽게 "해드리겠습니다."라고 말 할 수 없는 상황이다.

일단 이슈로 등록을 했다. 주간 보고 회의에서도 이 부분에 대해 논의를 했으나 별 다른 결론이 나지 않았다. 고객은 현업이 필요로 하면 50개, 아니 100개라도 해야 한다는 자세다. 일단 이슈로 등록을 했으니 끝을 봐야 한다. 주간 보고 회의가 끝나고 이슈 회의를 제안했고, 이고객, 고고객, 구고객, 원피엠, 나까지 모두 모여서 회의를 하기로 했다.

추가 개발 비용 계산

정확한 근거가 있어야 하니 20개의 추가 신청서 개발에 대한 비용 계산을 해 보았다. 계산을 해 보니 80본이 추가되는 상황이었으며, 그 중 30본은 추가이고 50본은 변경이었다. 따라서 ((30 X 1.5) + (50 X 0.8)) = 85본이 되며, 85본을 80일로 나누어 계산하면 순수 개발에만 4MM가 더 필요하다. 단위 테스트와 통합 테스트를 포함해서 모든 과정을 계산하면 결국 개발자 1명이 7개월간 추가 투입되어야 한다는 결론이다.

주간 보고 회의가 끝나고 모두 회의실에 모였다. 이고객이 모이자고 하면 고고객도, 구고객도 잘 온다. "RFP에 구체적으로 언급된 숫자를 제외하더라도 원하시는 신청서 리스트를 보면 시스템화해서 더 복잡한 프로세스를 거쳐야 하는 신청서가 몇 가지 있으니, 이를 줄이는 방안을 찾아 보는 것이 어떻습니까?" 라고 내가 운을 뗀다. 구고객은 긍정하는 눈치다. 어차피 자기가 관리를 해야 하니 가능한 선에서 자르는 것이 더 좋은 것이다. 그러나 고고객은 화를 낸다. "무슨 소립니까! 돈을 들여서 새로운 시스템을 만들면서 가능한 것들을 모두 개발해야지, 이래서 빼고, 저래서 빼고 나면 새로운 시스템을 만들 이유가 무엇입니까?"라며 목소리를 높인다. 같이 목소리를 높이면 우리가 불리하다. 예전에 다른 프로젝트에서 한 고객이 나에게 이런 말을 한 적이 있다. "저희가 당신에게 도움을 드릴 수 없을지는 몰라도, 실패하게 할 수는 있습니다." 맞는 말이다. 나도 같이 목소리를 높이면 도움은 고사하고 실패하게 할 수 있는 고객의 무서운 칼이 돌아온다.

"또 RFP 작성 당시에 영업이 직접 와서 작성한 것이고, 영업이 '...등'으로 표현한 것은 새로운 10개는 그 때 정의된 것이지만 요구 분석하다 보면 더 많은 신청서가 추가될 수 있다는 것을 전제로 한 것입니다. 따라서 몇 개가 되든 RFP에서 정의한 범위를 넘어 서는 것도 아니고, 설사 조금 넘는다 해도 우리가 필요한 것은 다 해 주셔야 되는 것 아닙니까!" 역시 고고객의 목소리다.

영업 이야기가 나오자 할 말이 없어진다. 영업도 자신이 RFP를 작성했기 때문에 우리가 수주할 확률이 높다고 얘기하지 않았던가? 그래도 여기서 밀리면 안 된다. "고고객님의 말씀은 맞습니다. 그런데 몇 가지 신청서를 보시면 현재의 프로세스가 훨씬 간편하고 사용자에게도 쉽다는 것을 알 수 있을 것입니다. 새로운 프로세스를 보시면 사용자는 쉽게 사용할 수 있을 지 몰라도, 담당자와 관리자는 하루 중 대부분의 시간 동안 결재 업무를 해야 할 수도 있는 것들입니다. 담당자뿐만 아니라, 팀장 급 이상은 하나로 묶어서 하루에 한 번 처리하면 될 결재 건이 1인당 1건으로 늘어나 많은 인원이 있는 부서의 팀장은 결재만 몇 십 건을 처리해야 하는 상황이 될 수 있기에 드리는 말씀입니다." 나는 최대한 논리적이면서 고객의 입장에서 이야기하려고 노력한다.

고고객은 "그건 저희 상황이고, 개발팀은 만들어 주세요."하고 딱 잘라버린다. 딱 자른다고 잘리면 진짜 잘린다. 물러설 수 없다. 그래서 몇 번을 같은 얘기를 반복한다. 이쯤 되면 서로 말이 안 통하는 것이다. 구고객을 쳐다보며 도움을 청한다. 구고객도 어쩔 수 없다는 눈치다. 하긴 고고객이 구고객보다 직급이 높으니 눈치를 보는 것이다.

추가되는 인력까지 얘기하며 정말 적자 프로젝트라고 불쌍한 표정까지 지으며, 2시간을 얘기했지만 더 이상 진척되지 못한다. 나름대로 기존 프로세스와 새로운 프로세스를 그리고, 이에 따른 시간적, 프로세스적 비용 등을 비교도 해 왔고, 기존 투입 인력 계획에 7MM가 추가되면 여기에서 종료를 해야 한다고 해도 막무가내다. 저녁 시간이 되자 '식사하러 가야 한다'며 가버린다. 이고객은 가능하면 해주는 것이 좋지 않냐고 하면서 은근히 고고객을 지지하는 눈치다. 자신도 추진단으로 발령이 났지만, 프로젝트가 종료되면 다시 현업으로 돌아가야 하기에, 같은 부서였던 고고객의 눈치가 보이는 것이다.

사용하지 않을 기능의 시스템화가 능사?

돈을 들일 때 많은 것을 해 놓겠다는 고객들의 의견에는 동의한다. 그러나 새롭게 변경해서 사용하기 좋은 프로세스고, 사용을 잘 한다면 우리도 기분 좋게 하겠지만, 실제 실컷 개발해 놓고 몇 달 뒤에 가보면 새로 개발된 시스템을 사용하지 않고 예전 프로세스를 사용하고 있는 경우도 흔하다. 괜히 이런 프로세스에 시간과 인력이 투입되기 시작하면 실제로 많이 사용하게 되고 업무도 효율적으로 처리하는데 도움을 주는 다른 프로세스의 개발에 집중해야 할 시간이 줄어들게 되고, 시간이 줄어들면 시스템에 영향을 주기 때문에 사용하지 않을 기능은 아예 처음부터 개발하지 않는 것이 좋다는 것을 경험상 알고 있기 때문에 더욱 애가 탄다. 더 좋은 것을 만들고 싶은데, 사용하지도 않을 것들이 나타나면서 좋은 것을 만들어야 하는 시간과 인력을 빼앗아 버리는 것이다. 이럴 때는 정말 답답하다.

한 가지 예를 들면 출장이 많은 기업의 '출장'이 있다. 예전에는 각 부서별로 총무가 있어 총무가 부서에 필요한 출장을 한 번에 기안하고 결재를 올린다. 그렇게 되면 부서장도 하루에 한 번만 출장 결재를 하면 된다. 그러나 결재 시스템은 출장을 가야 하는 사람이 직접 결재를 상신해야 하기 때문에 부서장은 부서에 10명이 같은 출장을 계획해도 10명의 것을 하나씩 결재를 해야 한다. 출장 업무는 근태나 회계와 같이 물려 있는 업무다 보니 이런 현상이 나타난다. 또 급한 일로 출근 전 혹은 부서장이 출타 중일 때 갑자기 출장을 먼저 가야 하는 경우 예전에는 부서장에게 전화를 해서 보고를 하고, 총무가 전체 출장 계획에 넣으면 되지만, 시스템에서는 이미 지나간 출장 계획은 있을 수 없기에 무조건 출장 결재를 득한 후에 가야 하는 현상도 벌어진다. 출장이 적은 부서나 회사는 상관이 없다. 그렇게 많지 않기 때문이다. 그러나 출장이 업무의 대부분인 부서나 업체에서는 나중에 보면, 다시 예전 프로세스에 따라 종이로 하는 경우를 많이 봤다.

물론 가능하면 시스템화하고, 이를 따르게 하는 것이 좋을 것이다. 체계화된 제도와 프로세스를 가지고 있고, 이를 전적으로 따르는 조직이 외부에서 봐도 좋은 조직으로 보일 것이고, 내부에서도 혼선 없이 업무를 처리할 수 있다. 그러나 모든 것이 이론과 같지 않다는 것을 알 것이다. 흔히 탁상공론이라고 하는 것도 이와 같지 않을까? 고객들이 말하는 것과 같이 많은 돈을 들여서 하는데, 제대로 효율성을 높이고, 비용 절감이나 생산성을 높이는 프로세스라면 개발 팀도 하고 싶다. 그러나 힘들게 만들어도 사용하지 않을 것이 눈에 보이는데, 모든 것을 시스템화하자 라고 하면 힘 빠지는 것이 사실이다.

여하튼, 논의는 계속될 것 같다. 한 번에 끝내고 싶은데, 서로 줄다리기를 해야 하는 위험한 이슈는 어쩔 수 없다. 자주 만나서 논의를 하되, 급하게 서두르면 범위가 너무 크게 된다. 고객이 지겨워 할 때까지 계속 얘기를 해서 가능한 범위까지 줄여야 한다. 고객에게도 좋지 않은 결과를 가져올 수 있고, 우리로서도 적어도 몇 MM가 추가되어야 하는 위험도(severity) 최상의 이슈이기 때문이다.

2차 면담 완료

금주에도 몇 차례의 면담 약속 지연과, 면담 취소, 신청서 범위 조정 등의 사건을 겪었지만 계획된 면담은 모두 완료되었다. 총 64개 업무 영역의 1차 면담이 종료되었고, 그 중 41개 업무 영역의 2차 면담이 완료되었다. 즉, 41개 업무에 대한 새로운 프로세스가 그려진 것이다. 2차 면담 준비가 그래도 잘 되어서 그런지 새로운 프로세스 정의와 함께 기본적인 기능 정의도 진행이 되었다. 3차 면담에서 상세 기능 요구가 나오면 프로세스와 함께 묶여 전체적인 구조가 나올 수 있을 것 같다. 프로젝트에 같이 투입된 박피엘이 잘 하고 있고, 고객도 다른 업체에 비해 적극적으로 대응하는 편이다.

사기업 고객과 공기업 고객

보통 사기업의 프로젝트가 공공기관보다 잘 되는 편인데, 이유는 단순하다. 고객사 직원들이 자신의 일이라고 생각하고 책임을 지려고 하기 때문이다. 공공기관의 직원들은 문서에 사인하는 것을 두려워한다. 혹시 조금이라도 잘못되면 자신에게 좋지 않은 평가가 올 것 같아 그런 것이다. 또 주로 저녁을 이용하려고 한다. 우리는 야근을 해도 수당이 없지만 공공기관은 야근을 하면 수당이 나오기 때문이다. 물론 모든 사람이 그런 것은 아니지만 내가 만난 사람 중에서 많은 수가 그렇게 했다.

이제는 옛날 이야기지만 예전에 어떤 고객은 일주일에 2번 이상 술을 사지 않으면 전혀 도와주지 않는 경우도 있었다. 일을 도와주고 나면 꼭 저녁을 사라고 하고, 저녁을 사면 적어도 2차까지는 가야, 그 다음에 잘 도와 준다. 그때 생각하면 요즘 고객은 정말 양반이다. 가끔씩 일이 잘 되어 개인적으로 술 한잔 사려고 해도 응하지 않고, 꼭 정해진 회식이 아니면 잘 오지도 않는다. 업무적으로도 적극적이고 책임지려고 하는 마음을 가진 경우가 많아, 예전에 비해 쓸데 없는 일에 시간 낭비하지 않는 것은 사실이다. 그러나 너무 욕심을 부리거나 너무 적극적이라 업무 진행하는 입장에서는 좋지만 가끔씩은 피곤한 것도 사실이다.

이번 주 진척 상황을 보니 64개 업무영역 중 41개가 종료되었으니 2차 면담은 64%의 진척율을 보이면서 계획 대비 2% 앞서고 있고, 전체적으로도 공정 준수율 100%로 지난 주에 앞서 나간 것 보다 못하지만 그래도 계획대로 가고 있어 보인다. 다음 주 3차 면담만 하면 요구 정의는 일단락된다. 2차 면담에서 기본적인 기능 정의를 했기 때문에 아마 다음 주도 계획과 같지 않을까 한다.

작업 이름	현황	기간	계획시작날자	계획완료날자	실제 시작 날자	완료율	계획진 척율	실적진 척율	공정준 수율	선행 작업	산출물
⊟ NormalClient GroupWare 재구축 Project	◐	216 일	10-05-03 (월)	11-02-28 (월)	10-05-03 (월)	9%	3.04	3.05	100.18		
⊟ 개발	◐	216 일	10-05-03 (월)	11-02-28 (월)	10-05-03 (월)	7%	2.23	2.24	100.26		
⊟ 준비	◐	4 일	10-05-03 (월)	10-05-07 (금)	10-05-03 (월)	100%	100	100	100		
개발자 환경 준비	◐	1 일	10-05-03 (월)	10-05-04 (화)	10-05-03 (월)	100%	100	100	100		설정된 개발자 환경
개발환경 설정	◐	3 일	10-05-04 (화)	10-05-06 (목)	10-05-04 (화)	100%	100	100	100		개발환경(서버, 개별 컴퓨터 등
⊟ 요구분석	◐	16.25 일	10-05-10 (월)	10-05-31 (월)	10-05-10 (월)	68%	57.15	57.33	100.32	82	
요구분석 준비	◐	2 일	10-05-10 (월)	10-05-12 (수)	10-05-10 (월)	100%	100	100	100		면담계획서
⊟ 고객면담	◐	11 일	10-05-12 (수)	10-05-27 (목)	10-05-12 (수)	55%	54	54.67	101.23	7	
1차 면담(프로세스)	◐	3 일	10-05-12 (수)	10-05-17 (월)	10-05-12 (수)	100%	100	100	100		회의록
2차 면담(프로세스 리뷰, 변경 요구)	◐	3 일	10-05-19 (수)	10-05-19 (수)	10-05-19 (수)	64%	62	64	103.23		12 회의록
3차 면담(변경요구 리뷰, 상세 기능)	◐	3 일	10-05-24 (월)	10-05-27 (목)	미정	0%	0	0	0		10 회의록
업무흐름 정의	◐	5 일	10-05-12 (수)	10-05-12 (수)	10-05-12 (수)	100%	100	100	100		9SS 업무흐름도
요구사항정의		5.25 일	10-05-24 (월)	10-05-29 (토)	10-05-24 (월)	67%	0	0	0		11SS 요구사항정의서
인터페이스 계획		0.5 일	10-05-29 (토)	10-05-29 (토)	미정	0%	0	0	0		13 인터페이스 계획서
데이터쉽 계획		1 일	10-05-29 (토)	10-05-31 (월)	미정	0%	0	0	0		13 데이터쉽 계획서

[그림 2] 5월 20일 기준 WBS 현황

프로젝트는 정치

주간 보고 회의를 마치고 나니 Majorsoft사의 총괄 이사가 나를 부른단다. 이유는 모르겠지만 중요한 일인가 보다. 처음 와서 인사한 후 한 번도 만나본 적이 없는데 따로 부르기 때문이다. 사무실에 가니 앉으란다. '일은 잘 되고 있느냐? 부족한 것은 없느냐?' 등 일반적인 질문을 한다. 물론 답변을 기대하는 것은 아닐 것이다. 인력 투입 계획을 보았는데, 우리가 제출한 인력 투입 계획과 처음에 영업이 제출하여 고객사에 제출된 인력 투입 계획이 달라서, 이에 대한 변경 사유를 공문으로 보내야 한다는 것이다. 사실 처음부터 작성한 인력 계획은 내부용이고, 영업이 작성하고 고객사로 간 인력 계획은 12MM 적게 계획된 49MM로 되어 있다. 내부 인건비 기준과 고객에게 보여지는 인건비 기준이 다르기 때문에 61MM로 제출하면 가격이 높아지기 때문이다. 소프트웨어 인건비 기준에 따라 작성하면 내부 인건비와 비교하여 배 이상이 높아진다. 나라에서는 등급에 따라 그만큼 주라고 하는 것인데, 실제는 절반도 안 되니 일할 맛이 나겠는가?

12MM가 계획보다 더 많이 투입된다고 하는 것은 고객들에게 더 많은 것을 주는 것이기 때문에 좋지만, 프로젝트를 관리하는 입장에서는 처음부터 고객들에게 많은 것을 보여주면 안 된다는 것이다. 내부 계획은 61MM로 하되, 고객들에게 제출하는 계획은 처음과 같이 해서, 혹시 나중에 문제가 발생했을 때 이용할 수 있는 카드로 사용해야 한다는 것이다. 몇 번 마주한 상황이고, 나도 이런 상황을 만든 적이 있지만 프로젝트는 '어쩔 수 없는 정치구나'라는 생각이 저절로 든다. 원래 계획대로 49MM로 작성해서 다시 제출하기로 하고, 앞으로 잘 부탁한다는 총괄 이사의 격려(?)를 들으면서 나온다.

작성일: 5월 20일 PM

M+1 W8 분석: 요구 분석 - 고객 1차 면담, 고객 2차 면담, 요구 사항 정의

3차 면담 종료, 추가 개발 건 협상 난항

3차 면담도 예정대로 종료되었다. 고객의 지각은 계속되었지만, 저녁 시간에 약속을 해 계속 밀어 붙인 것이 주효했다. 상세 요구 정의에서는 대부분의 요구 사항이 정의되었고, 추가된 신청서 부분에 대한 요구 정의도 일단 해 두었다. 분석 단계에서 어떻게 할 것인지 판단하기로 했기 때문이다. 금주도 월요일부터 신청서 추가 문제로 시끄러웠다. 그룹웨어 팀 내부에서 결론이 나지 않아, 추진단 총괄과 원피엠에게 보고를 하고, 본사에도 보고를 해서 영업까지 와서 얘기를 했으나 결론이 나지 않았다. Majorsoft사의 총괄 이사까지 들어와 협의를 했는데도 고객은 무조건 해야 한다는 것이었다.

고객과의 미팅이 끝난 후 총괄 이사, 원피엠, 본사 영업과 또 미팅을 했다. 결국 고객의 입장이 변함이 없으니 계속 끌어봤자 우리만 손해라는 것이다. 추가를 하자는 것이다. 추가되는 인력에 대한 금액이 문제였다. Majorsoft사는 우리에게 턴키로 한 것이니 우리가 부담해야 한단다. 특히 우리 영업이 그렇게 작성한 것이니 책임이 우리에게 있다는 것이었다. 영업과 내가 얘기해서는 말이 안 될 것 같아, 일단 미팅을 끝낸다.

부사장님에게 회의록을 보내드리고, 부사장님이 총괄 이사와 담판을 지어야 할 것 같다고 메일을 적는다. 부사장님까지 오면 마지막이다. 어떻게라도 결론이 날 것이다. 메일을 받아 보신 부사장님이 전화를 했다. 수요일에 총괄 이사와 점심 약속을 해 놓으라는 것이다. '그래 이번 달 안에만 결정나면 된다!'

수요일 점심 시간에 총괄 이사, 원피엠, 부사장님, 나 이렇게 4명이 같이 점심을 먹으며 협의를 했고, 결론이 나지 않아 점심 식사 후에도 총괄 이사와 부사장님이 미팅을 계속했다. 3시간을 넘기는 회의 끝에 결국 Majorsoft사에서 1/3을, 우리가 2/3를 부담하기로 결론이 났다. Majorsoft사는 아무런 책임이 없지만, 우리의 부담을 줄여준다는 이유였다. '불가능한 협상 결론이다. 대기업이 이렇게 쉽게 일부를 부담하는 경우는 없었다. 어떻게 했을까?' 살짝 궁금해진다.

추가 개발 건 확정: 5억 프로젝트에서 순이익 39백 만원으로 감소

결론은 났다. 개발해야 한다. 부사장님과 언제 누구를 추가 투입할 것인지에 대해 다시 협의를 한다. 결국 하개발을 투입하기로 했다. 문제는 하개발이 7월에 투입되어야 하는데 8월에야 투입이 가능하다는 것이다. 현재 프로젝트를 하고 있어서 필요한 때에 투입이 불가능한 것이다. 하개발과 같이 일하고 있는 피엠과 협의하여 하개발을 7월 중순이라도 투입 가능하게 해야겠다. 그 쪽 피엠 입장에서는 절대 안 된다고 할 것이다. 프로젝트 막바지라 바쁠 것이고, 하개발이 많은 부분을 담당하고 있다는 것을 알기 때문이다. 이 문제로 월요일 하루 종일과 수요일 하루 종일을 허비했다.

[표 7] 하개발 추가 투입에 따른 인력 투입 계획서

[표 8] 변경에 따른 예산

하개발 투입 결정에 따라 인력 계획을 변경하니 처음 계획과 비슷한 39백 만원 정도로 순이익이 떨어졌다. 결정 난 상황이라 어쩔 수 없지만 걱정이다. 본사 CCB에 재 보고도 해야 하고, 수익률이 낮아짐으로써 앞으로 다른 문제가 발생해 필요할 때 사용할 수 있는 예산이 거의 없어져 버렸다. 5억이나 되는 프로젝트를 해서 4천만원도 되지 않는 수익률을 낼 거면 이 프로젝트는 완료되더라도 회사에 도움이 되지 않는 프로젝트로 전락해 버린다.

워크샵 예정

금주에는 주간 보고를 하지 않고, 월간 보고로 대체했다. 금요일부터 워크샵을 시작하기 때문에 워크샵에서 보고를 해야 했다. 월간 보고에서는 현재까지 진행된 상황과 다음 달에 진행할 상황을 보고하고, 인력 투입 계획도 계획에 따라 진행된다고 보고를 했다. 큰 이슈였던 신청서 추가 문제도 '고객이 원하는 신청서까지 하기로 했다'고 하자 고고객은 '봐라. 너희들이 별 수 있냐.'라는 표정이다. 고객은 주장하고 버티면 된다.

월간 보고에서도 계획대비 진척율이 98.38로 조금 늘어지긴 했지만 좋은 상태다. 업무 흐름 정의가 조금 늘어졌지만 워크샵 끝나기 전에 업무 흐름도에 고객 사인을 받으면 100%가 되니 문제가 없을 것이다. 요구 사항 정의도 내일 요구 사항 정의서에 사인을 받으면 100%가 되어 전체 진척율은 100%를 넘길 수 있을 것이다.

작업 이름	현황	기간	계획시작날짜	계획완료날짜	실제 시작 날짜	완료율	계획진 척율	실적진 척율	공정준 수율
☐ NormalClient GroupWare 재구축 Project	☺	216 일	10-05-03 (월)	11-02-28 (월)	10-05-03 (월)	10%	3.82	3.76	98.38
☐ 개발	☺	216 일	10-05-03 (월)	11-02-28 (월)	10-05-03 (월)	9%	3.06	2.99	97.86
☐ 준비	☺	4 일	10-05-03 (월)	10-05-07 (금)	10-05-03 (월)	100%	100	100	100
개발자 환경 준비	☺	1 일	10-05-03 (월)	10-05-04 (화)	10-05-03 (월)	100%	100	100	100
개발 환경 설정	☺	1 일	10-05-06 (목)	10-05-07 (금)	10-05-06 (목)	100%	100	100	100
☐ 요구분석	☺	16.25 일	10-05-10 (월)	10-05-31 (월)	10-05-10 (월)	84%	82.64	80.61	97.54
요구분석 준비	☺	2 일	10-05-10 (월)	10-05-12 (수)	10-05-10 (월)	100%	100	100	100
☐ 고객면담	☺	11 일	10-05-12 (수)	10-05-27 (목)	10-05-12 (수)	100%	100	100	100
1차 면담(프로세스)	☺	3 일	10-05-12 (수)	10-05-17 (월)	10-05-12 (수)	100%	100	100	100
2차 면담(프로세스 리뷰, 변경 요구)	☺	3 일	10-05-19 (수)	10-05-24 (월)	10-05-19 (수)	100%	100	100	100
3차 면담(변경요구 리뷰, 상세 기능)	☺	3 일	10-05-24 (월)	10-05-27 (목)	10-05-24 (월)	100%	100	100	100
업무흐름 정의		5	10-05-12 (수)	10-05-19 (수)	10-05-12 (수)	80%	100	80	80
요구사항정의	☺	5.25 일	10-05-19 (수)	10-05-27 (목)	10-05-24 (월)	80%	61	80	131.15
인터페이스 계획	—	0.5 일	10-05-29 (토)	10-05-29 (토)	미정	0%	0	0	0
데이터이행 계획	—	1 일	10-05-29 (토)	10-05-31 (월)	미정	0%	0	0	0

[그림 3] 5월 28일 기준 WBS 현황

워크샵에서 고객 사인 받기

워크샵 장소에 도착해서 지정된 방에 짐을 풀고, 점심을 먹자마자 바로 분석 리뷰 미팅이 시작되었다. 팀을 두 팀으로 나누어 한 팀은 내가, 다른 한 팀은 박피엘이 하기로 했다. 1:00부터 시작된 분석 리뷰 미팅은 저녁 8시가 다 되어 끝이 났다. 미팅 중에도 일부 프로세스가 변경되어 다시 업무 흐름도를 그려야 하는 업무가 10개가 넘었다. 프로세스 뿐 아니라, 세부 기능 요구도 200여 개에서 250개로 증가하였다. 분석 리뷰 회의라고 하지만 실제로는 요구 정의 회의와 같은 것이다. 요구 정의 면담 때 나왔으면 여기에서 사인만 받고 가면 되는데, 어려울 것 같다. 내일까지 워크샵이 계획되어 있지만 내일 오전 몇 시간을 오늘 변경된 프로세스와 추가된 상세 요구 정의로 보내면 끝나기 때문이다. 워크샵에서 사인을 받자고 생각했던 계획이 틀어진다.

워크샵에서 사인을 받지 못하면 사인이 지연될 확률이 높다. 특별한 이벤트가 있을 때는 사인하는 것이 쉬운데, 이벤트가 없으면 언제든지 사인을 할 수 있다는 생각이 들어서 그런지 잘 해 주지 않는다. 분석부터 지연되면 당연히 설계도, 개발도 지연된다. 오늘 저녁에는 술을 조금만 먹고 업무 흐름도와 상세 요구 정의서를 업데이트 해야겠다고 생각하고, 박피엘에게 얘기를 한다. 다행히 박피엘도 같은 생각을 한 것 같다. 내일 출발 전까지 사인을 받아야 한다.

늦은 저녁을 먹으면서 술이 돈다. 저녁 식사 후에는 밖에서 바비큐가 구워지고, 술이 돈다. 바비큐가 바닥을 드러내자, 각 방으로 모두 이동한다. 조금 있으니 복도가 시끄러워 지고 총괄 이사가 원피엠과 사업 관리를 대동하고 각 방마다 돈다. 총괄 이사가 도착하자 자리를 만들고, 사업 관리가 방에 있는 사람들의 술잔을 모은다. 총괄 이사는 관리 담당자가 들고 온 맥주와 양주를 섞어 폭탄주를 만들어 모두에게 돌리고는 "위하여"를 외치고, 원샷을 한다. 모두들 따라서 외치고 원샷을 한다. 열심히 하자고 한 후 다른 방으로 이동한다. 바로 뒤에는 고객사 이사가 몇 명을 대동하고 방으로 들어와 총괄 이사와 똑 같이 하고는 다른 방으로 간다.

저녁에 할 일만 없으면 마음껏 술을 먹고 고스톱과 포커를 칠 텐데, 아무 것도 할 수가 없다. 방으로 옮겨진 사람들이 업무 단위의 모임에서 섞이기 시작한다. 이때 움직여야 한다. 박피엘은 폭탄주 몇 잔을 먹더니 얼굴이 빨개졌다. 눈치를 주고 빈방을 찾는다. 빈방이 없다. 어느 방에서는 벌써 드러누워 자는 사람들도 있고, 자는 사람이 없는 방에서는 포커와 고스톱, 술자리가 시작되었다. 할 수 없이 회의를 했던 룸으로 가 본다. 빔 프로젝터 등 장비가 있어 방이 잠겨 있다. 사업 관리를 찾아야 한다.

사업 관리는 총괄 이사와 함께 있을 것이다. 사업 관리를 찾아 키를 달라고 하니 오늘은 그냥 쉬라고 한다. 나도 그렇게 하고 싶지만 내일 미팅을 위해 준비를 해야 한다며 키를 받아 온다. 두 명이 아무도 없는 넓은 회의실에 앉아 일을 하려니 괜히 불쌍해 보인다. 회의록 작성을 위해 메모한 내용을 찾아 회의록을 작성하고, 회의록에 따라 업무 흐름도와 요구 사항 정의서를 변경한다. 일을 하다 보니 배가 고파 시계를 봤다. 새벽 4시다. 조금만 더 하면 끝날 것 같아, 아직도 술을 먹고 있을 방을 찾아 본다. 먹을 것이 있을 것이다.

고스톱과 포커판으로 바뀐 방은 많은데, 술을 먹고 있는 방이 보이지 않는다. 한 방이 시끄러워 가보니 술을 먹으면서 승자 없는 언쟁을 벌이고 있다. 컵라면이 있어 조용히 들고 나온다. 엘리베이터를 탔는데도 시끄럽다. 컵라면을 먹고 어느 정도 하니 일이 끝이 났다. 새벽 6시다. 잠을 자둬야 오전 미팅을 할 수 있을 것이다. 씻고 잠을 자려는데 갑자기 집 생각이 난다. '내일 빨리 가서 집에서 쉬었으면 좋겠다'는 생각을 하며 잠에 빠져 들었다.

잠시 눈을 감은 것 같은데, 7시다. 대강 씻고, 아침을 먹으려고 식당으로 간다.

아직 자고 있는 사람들이 많이 있다. 일어나 식당에 온 사람들도 상태가 말이 아니다. 그렇게 술을 먹고 놀았으니 제대로 잔 사람이 있을까? 워크샵의 아침으로는 항상 해장국이 준비된다. 이곳에 오는 모든 사람들은 우리와 같은 방식으로 저녁을 보내는 모양이다. 우리 프로젝트 팀 뿐 아니라 다른 회사에서 온 사람들의 얼굴 상태 역시 말이 아니다.

밥을 먹고 회의실에 가서 회의 준비를 하고, 고객을 기다린다. 9시에 시작하기로 했는데 10분이 지나도 오지 않는다. 더 늦으면 오늘 사인 받지 못한다. 고고객, 구고객, 이고객 등 필요한 고객들을 찾아보니 고고객은 아직도 자고 있고, 다른 고객들은 식사를 마치고 담배를 피우고 있다. 고고객을 깨우고, 다른 고객들을 회의실로 모셔온다. 어제 했던 회의록을 돌리고, 확인을 부탁한다. 회의록을 검토하더니 회의록에 사인을 한다. 30분이 지나자 고고객이 왔다. 회의록을 주고 사인을 부탁한다. 사인을 했다.

어제 변경된 프로세스를 업무 흐름도와 함께 발표하고, 요구 사항 정의서를 리뷰하니 정각 12시다. 요구 사항 정의서와 업무 흐름도를 앞에 놓고 사인을 부탁한다. 구고객과 이고객이 사인을 한다. 그런데 고고객은 사인을 하지 않겠다고 한다. 다음 주에 다시 검토를 해보겠다는 것이다. 검토를 위해서 워크샵을 온 것 아닌가? 어제와 오늘 한 것 모두가 검토인데, 또 검토를 하겠다고 한다. 프로세스 변경이 아닌 기능 변경은 앞으로도 가능하니 염려하지 말라는 말과 함께 사인을 부탁한다. 이고객도 사인을 종용한다. 꼭 이렇게 해야 직성이 풀리는 모양이다.

고객 사인 받기 일부 실패

결국 사인을 받지 못했다. 다음 주 금요일에 사인을 해 주겠다는 약속만 받는다. 점심 식사를 하고, 짐을 챙겨서 버스를 타고 온 사람들은 버스로, 차를 가져온 사람들은 차로 떠나기 시작한다. 워크샵에 온지 24시간이 되었지만 몇 일이 지난 것 같다. 나는 차를 가져 왔기에 박피엘을 태우고 서울로 향한다. 피곤하다. 서울로 가는 길이 막혀 1시간 정도면 되는 길을 3시간이 넘어서야 도착했다. 박피엘은 집 가까운 지하철역에서 내려주면서 수고했다는 인사를 하고 집으로 향한다. 도착하니 저녁을 먹을 시간이다. 저녁보다 잠을 자야겠다.

작성일: 5월 29일 **PM**

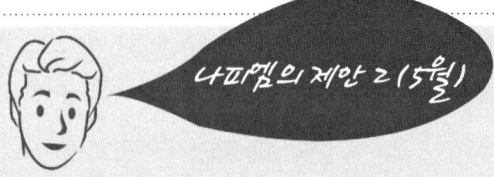

회사 내부의 프로세스, 프로젝트 관리, 개발 방법론을 만들 때 가장 중요한 것이 사상이다. 필자가 제안하는 사상의 골자는 관리적인 목적보다는 프로젝트에 투입된 팀원들이 프로젝트를 수행하면서 도움이 될 수 있는 액티비티와 산출물로 만들어야 한다는 것이다.

이를 분석하기 위해서는 외부 방법론 컨설턴트 혹은 다른 업체의 방법론을 그대로 도입하기 보다는 기존에 내부 직원들이 수행하는 절차를 먼저 분석하고, 이들 절차에서 꼭 필요한 절차와 산출물을 찾아 내야 한다. 여러 프로젝트를 분석해 보면 일부 액티비티에서 성공과 실패로 나뉘는 현상이 나타난다. 이러한 액티비티를 성공 사례와 실패 사례로 분석하여 방법론에 적용하면 다른 회사와는 구분되면서도 직원들의 충돌 없이 적용할 수 있을 것이다.

또한 회사 내부의 프로세스도 프로젝트 지원에 맞추어야 한다. 보통 보면 프로젝트 관리자에게는 효율적인 방법론 적용을 요구하고 정확한 상황 보고를 원하면서, 본사 내부 프로세스는 체계적이지 못하다. 프로젝트 지원보다는 관리 목적의 프로세스가 발전한다는 것이 문제다. 프로젝트를 통해 수익을 얻는 회사라면 당연히 내부 프로세스도 프로젝트 지원을 위한 프로세스로 발전해야 한다는 것이다. 오늘 내부 프로세스를 한번 점검해 보자.

M+2

- W9　분석: 요구 분석 - 인터페이스 계획, 데이터 이행 계획
  　　　설계: 화면 설계
- W10　설계: 화면 설계
- W11　설계: 화면 설계, 화면 설계 리뷰
- W12　설계: 화면 설계 리뷰, 상세 설계, 인터페이스 설계,
  　　　　데이터 이행 설계

> **M+2 W9**
> **분석:** 요구 분석 – 인터페이스 계획, 데이터 이행 계획
> **설계:** 화면 설계

최피엘 투입

목요일부터 최피엘이 투입되었다. 화요일에 투입될 계획이었는데, 먼저 수행하던 프로젝트에서 철수가 늦어져 휴가를 다녀오지 못했다고 해서 2일의 휴가를 준 것이다. 최피엘이 투입되면서 팀에도 활력이 생긴다. 사람이 늘어나면 괜히 활력이 생기는 것 같다. 박피엘은 최피엘에게 최피엘이 담당해야 할 업무에 대해 인계를 하고, 최피엘은 인수를 받는다. 가능했으면 최피엘도 처음부터 투입되었어야 했는데, 걱정이다. 처음 PL을 하는 상황이라 PL업무에 대해 인수인계가 제대로 되지 않으면 문제가 발생한다.

별다른 이유 없이 사인해 주지 않는 고객: 사인할 핑계 만들어 주기

금주의 진척율은 좋지 않다. 고고객이 문서 검토할 시간이 없어서 검토를 하지 않았다며, 워크샵에서 해 준다고 약속했던 사인을 하지 않아, 요구 사항 정의서와 업무 흐름도의 진척율이 80%로 그대로 있고, 최피엘의 투입이 늦어지면서 634본(처음 계획 본수 540본 + 신청서 추가 본수 80본 + 요구분석 단계에서 늘어난 본수 14본)의 20%인 127본의 설계가 인수 인계 관계로 진행되지 않았기

때문이다. 주간 보고 회의에서 공정 준수율이 85.66%로 위험 수준이라고 하자, 고고객은 이유를 묻는다. 최피엘의 투입이 늦어지면서 인수 인계 관계로 화면 설계를 시작하지 못한 것이 크고, 요구 사항 정의서와 업무 흐름도에 사인이 되지 않아서 인터페이스 계획서와 데이터 이행 계획서도 사인을 받지 못했기 때문에 늦어졌다고 보고를 했다. 주간 보고서 아래의 '이슈' 란을 읽어보면 있는 내용인데 읽어 보지도 않고 물어 본다. 또한 중간에 물어 보지 않아도 후반에 가면 어차피 보고가 될 내용인데…

작업 이름	현황	기간	계획시작날짜	계획완료날짜	실제 시작 날짜	완료율	계획진척률	실적진척률	공정준수율
☐ NormalClient GroupWare 재구축 Project	☺	216 일	10-05-03 (월)	11-02-28 (월)	10-05-03 (월)	12%	5.18	4.43	85.66
☐ 개발	☺	216 일	10-05-03 (월)	11-02-28 (월)	10-05-03 (월)	10%	4.08	3.3	80.86
☐ 준비	☺	4 일	10-05-03 (월)	10-05-07 (금)	10-05-03 (월)	100%	100	100	100
개발자 환경 준비	☺	1 일	10-05-03 (월)	10-05-04 (화)	10-05-03 (월)	100%	100	100	100
개발 환경 설정	☺	1 일	10-05-06 (목)	10-05-07 (금)	10-05-06 (목)	100%	100	100	100
☐ 요구분석	☺	17.25 일	10-05-10 (월)	10-06-01 (화)	10-05-10 (월)	89%	100	87.65	87.65
요구분석 준비	☺	2 일	10-05-10 (월)	10-05-12 (수)	10-05-10 (월)	100%	100	100	100
☐ 고객면담	☺	11 일	10-05-12 (수)	10-05-27 (목)	10-05-12 (수)	100%	100	100	100
1차 면담(프로세스)	☺	3 일	10-05-12 (수)	10-05-17 (월)	10-05-12 (수)	100%	100	100	100
2차 면담(프로세스 리뷰, 변경 요구)	☺	3 일	10-05-19 (수)	10-05-24 (월)	10-05-19 (수)	100%	100	100	100
3차 면담(변경요구 리뷰, 상세 기능)	☺	3 일	10-05-24 (월)	10-05-27 (목)	10-05-24 (월)	100%	100	100	100
업무흐름 정의	☺	5 일	10-05-12 (수)	10-05-19 (수)	10-05-12 (수)	80%	100	80	80
요구사항 정의	☺	5.25 일	10-05-24 (월)	10-05-29 (토)	10-05-24 (월)	80%	100	80	80
인터페이스 계획	☺	1 일	10-05-31 (월)	10-06-01 (화)	10-05-31 (월)	80%	100	80	80
데이터이행 계획	☺	1 일	10-05-31 (월)	10-06-01 (화)	10-05-31 (월)	80%	100	80	80
☐ 설계	☹	35 일	10-06-01 (화)	10-07-20 (화)	미정	0%	2.7	0	0
화면설계	☹	10 일	10-06-01 (화)	10-06-15 (화)	미정	0%	19	0	0
화면설계 리뷰	☹	5 일	10-06-15 (화)	10-06-22 (화)	미정	0%	0	0	0

[그림 4] 6월 4일 기준 WBS 현황

고고객은 이해가 안 된다는 표정으로 "내가 사인하지 않았는데 그게 진척도와 무슨 상관이 있느냐?"고 물어 본다. "우리는 문서의 작성이 완료되기까지는 0%, 완료가 되면 40%, 팀 리뷰를 하면 60%, 고객에게 제출되면 80%, 고객의 사인이 있어야 100%의 진척율을 표시합니다. 만약 문서 리뷰가 별도의 액티비티로 있는 경우에는 고객에게 제출하면 100%가 되고, 리뷰 후에 승인이 되면 리뷰가 100%가 됩니다."라고 하자 문서를 가져 오란다. 사인해 주면 안 되지만 검토한 후에 변경할 것이 있으면 얘기를 하겠다고 하며 사인을 해 준다. 역시, 고객도 한 팀이다. 우리가 늦어지면 개발팀도 욕을 먹지만, 같이 일하는 고객들도 좋지 않다. 다른 팀과 같이 일하는 경우에는 다른 팀과 경쟁 관계도 있고, 괜히 윗분들에게 담당하는 업무만 지연되고 있다는 보고가 들어가서 좋을 것이 없기 때문이다. 특히 특별한 지연 사유 없이 고객이 사인을 하지 않아 늦어졌다고 하면 괜히 일하지 않은 것 같기 때문이다. 사인할 핑계를 만들어 주면 된다.

고객은 검토 중

WBS 일정을 재 조정하자 공정 준수율이 90%대에 진입을 한다. 91%에 진입했지만, 너무 낮은 것 같아 인터페이스 계획서와 데이터 이행 계획서를 100%로 해보니 93%까지 올라간다. 사인을 하는 김에 인터페이스 계획서와 데이터 이행 계획서도 사인을 부탁한다. 계획보다 빨리 작성해서 어제 오전에 제출했으니 검토할 시간은 있었을 것이다. 사인을 받지 못했다. 아직 검토를 하지 않았다는 것이다. 다음 주 월요일에는 검토 결과를 알려주겠다고 한다.

작업 이름	현황	기간	계획시작날짜	계획완료날짜	실제 시작 날짜	완료율	계획진척률	실적진척률	공정준수율
☐ NormalClient GroupWare 재구축 Project	☺	216 일	10-05-03 (월)	11-02-28 (월)	10-05-03 (월)	13%	5.18	4.75	91.76
☐ 개발	☺	216 일	10-05-03 (월)	11-02-28 (월)	10-05-03 (월)	10%	4.08	3.63	89
☐ 준비	☺	4 일	10-05-03 (월)	10-05-07 (금)	10-05-03 (월)	100%	100	100	100
개발자 환경 준비	☺	1 일	10-05-03 (월)	10-05-04 (화)	10-05-03 (월)	100%	100	100	100
개발 환경 설정	☺	1 일	10-05-06 (목)	10-05-07 (금)	10-05-07 (목)	100%	100	100	100
☐ 요구분석	☺	17.25 일	10-05-10 (월)	10-06-01 (화)	10-05-10 (월)	98%	100	97.65	97.65
요구분석 준비	☺	2 일	10-05-10 (월)	10-05-12 (수)	10-05-10 (월)	100%	100	100	100
☐ 고객면담	☺	11 일	10-05-12 (수)	10-05-27 (목)	10-05-12 (수)	100%	100	100	100
1차 면담(프로세스)	☺	3 일	10-05-12 (수)	10-05-17 (월)	10-05-12 (수)	100%	100	100	100
2차 면담(프로세스 리뷰, 변경 요구)	☺	3 일	10-05-17 (월)	10-05-19 (수)	10-05-19 (수)	100%	100	100	100
3차 면담(변경요구 리뷰, 상세 기능)	☺	3 일	10-05-24 (월)	10-05-27 (목)	10-05-24 (월)	100%	100	100	100
업무흐름 정의	☺	5 일	10-05-12 (수)	10-05-17 (월)	10-05-12 (수)	100%	100	100	100
요구사항정의	☺	5.25 일	10-05-24 (월)	10-05-29 (토)	10-05-24 (월)	100%	100	100	100
인터페이스 계획	☺	1 일	10-05-31 (월)	10-06-01 (화)	10-05-31 (월)	80%	100	80	80
데이터이행 계획	☺	1 일	10-05-31 (월)	10-06-01 (화)	10-05-31 (월)	80%	100	80	80
☐ 설계	☹	35 일	10-06-01 (화)	10-07-20 (화)	미정	0%	2.7	0	0
화면설계	☹	10일	10-06-01 (화)	10-06-15 (화)	미정	0%	19	0	0
화면설계 리뷰	☹	5 일	10-06-15 (화)	10-06-22 (화)	미정	0%	0	0	0

[그림 5] 재조정된 6월 4일 WBS 현황

지연된 화면 설계 따라잡기. 방법은? 휴무 근무

화면 설계의 지연은 토요일과 일요일에 휴무 근무를 해서 다음 주 목표의 70%까지, 그 다음 주 목표의 100%를 따라 잡아 2주 후에는 계획 대비 실적을 맞추겠다고 보고를 했다. 다음 주 목표가 69%, 즉 437본이고, 437본의 70%면 305본, 약 300본이다. 300본을 일주일 내에 두 명이 하려면 300본/2명/7일 = 하루에 21본이다. 상세 설계서는 어렵겠지만 화면 설계는 가능하다. 빨리 하면 하루에 40본도 가능하기 때문이다. 최피엘만 속도를 낼 수 있고, 이번 주와 다음 주에 휴일을 반납하면 목표를 따라 잡을 수 있다. 그렇게 되면 개발자 2명이 투입되는 시기와 맞아 상세 설계 진도에도 문제가 없을 것이다. 개발자가 투입되면 화면 설계 리뷰를 하면서 자연스럽게 인수 인계도 될 것이다.

구분			기간	시작일(계획)	종료일(계획)	완료일(실적)	진척률	계획	실적	목표
⊟ 관리			178 일	10-05-03 (월)	11-01-05 (수)	10-05-03 (월)	25%	25.93	25.93	100
	⊞ 계획서 작성		2 일	10-05-03 (월)	10-05-05 (수)	10-05-03 (월)	100%	100	100	100
	⊟ 보고		171 일	10-05-06 (목)	10-12-30 (목)	10-05-06 (목)	0%	0	0	0
		착수보고	0 일	10-05-06 (목)	10-05-06 (목)	10-05-06 (목)	100%	100	100	100
		중간보고(분석/설계)	0 일	10-07-02 (금)	10-07-02 (금)	미정	0%	0	0	0
		완료보고	0 일	10-12-30 (목)	10-12-30 (목)	미정	0%	0	0	0
	⊟ 월간보고		155 일	10-05-28 (금)	10-12-30 (목)	10-05-28 (금)	0%	0	0	0
		5월	0 일	10-05-28 (금)	10-05-28 (금)	10-05-28 (금)	100%	100	100	100
		6월	0 일	10-07-02 (금)	10-07-02 (금)	미정	0%	0	0	0
		7월	0 일	10-07-30 (금)	10-07-30 (금)	미정	0%	0	0	0
		8월	0 일	10-09-03 (금)	10-09-03 (금)	미정	0%	0	0	0
		9월	0 일	10-10-01 (금)	10-10-01 (금)	미정	0%	0	0	0
		10월	0 일	10-10-29 (금)	10-10-29 (금)	미정	0%	0	0	0
		11월	0 일	10-12-03 (금)	10-12-03 (금)	미정	0%	0	0	0
		12월	0 일	10-12-30 (목)	10-12-30 (목)	미정	0%	0	0	0
	⊟ 품질관리		176 일	10-05-05 (수)	11-01-05 (수)	10-05-05 (수)	0%	13.64	13.64	100
	⊟ 감리		45.82 일	10-09-22 (수)	10-11-25 (목)	미정	0%	0	0	0
		1차 감리(분석/설계)	10 일	10-09-22 (수)	10-10-06 (수)	미정	0%	0	0	0
		2차 감리(완료)	10 일	10-11-11 (목)	10-11-25 (목)	미정	0%	0	0	0
	⊟ 품질관리		119.75 일	10-07-21 (수)	11-01-05 (수)	미정	0%	0	0	0
		1차 품질관리(분석/설계)	2 일	10-07-21 (수)	10-07-23 (금)	미정	0%	0	0	0
		2차 품질관리(완료)	2 일	11-01-03 (월)	11-01-05 (수)	미정	0%	0	0	0
	⊟ 요구사항추적표 작성		124.5 일	10-05-05 (수)	10-10-25 (월)	10-05-05 (수)	33%	33.33	33.33	100
		1차 업데이트(관리계획)	1 일	10-05-05 (수)	10-05-06 (목)	10-05-05 (수)	100%	100	100	100
		2차 업데이트(분석)	1 일	10-06-01 (화)	10-06-02 (수)	10-06-01 (화)	100%	100	100	100
		3차 업데이트(설계)	1 일	10-07-20 (화)	10-07-21 (수)	미정	0%	0	0	0
		4차 업데이트(개발)	1 일	10-09-29 (수)	10-09-30 (목)	미정	0%	0	0	0
		5차 업데이트(단위시험)	1 일	10-09-29 (수)	10-09-30 (목)	미정	0%	0	0	0
		6차 업데이트(통합시험)	1 일	10-10-22 (금)	10-10-25 (월)	미정	0%	0	0	0
	⊟ 교육		141.5 일	10-05-07 (금)	10-11-19 (금)	10-05-07 (금)	25%	25	25	100
		패키지 교육	1 일	10-05-07 (금)	10-05-07 (금)	10-05-07 (금)	100%	100	100	100
		사용자 교육	2 일	10-11-02 (화)	10-11-04 (목)	미정	0%	0	0	0
		운영자 교육	1 일	10-11-18 (목)	10-11-19 (금)	미정	0%	0	0	0
	⊟ 워크샵		129.63 일	10-05-28 (금)	10-11-24 (수)	10-05-28 (금)	50%	50	50	100
		분석 워크샵	2 일	10-05-28 (금)	10-05-29 (토)	10-05-28 (금)	100%	100	100	100

[그림 6] 6월 4일 기준 WBS 관리 현황

관리 진척 상황도 깨끗하게 웃는 얼굴이다. 지금까지는 큰 문제없이 진행되어

온 것이다. 요구 사항 추적표도 화면 설계서 완료된 부분까지는 완료되어 있고, 분석 워크샵도 비록 늦었지만 사인을 받음으로써 목적을 달성했다. 착수 보고와 5월 월간 보고도 완료해서, 온 세상이 녹색이다.

작성일: 6월 4일 **PM**

M+2 W10 설계: 화면 설계

초보 최피엘, 강한 피엘 만들기

월요일부터 기분이 좋지 않았다. 최피엘이 고객에게 회의를 소집하면서 그렇게 강조했던 회의록을 작성하지 않았기 때문이다. 아무리 개발자라고 하지만 이미 회의록 작성과 주간 보고서 작성에 대한 교육을 했고, 특히 사전에 회의 메일을 회의록과 함께 보내면서 나를 꼭 참조로 하라고 강조를 했는데도, 그렇게 하지 않았다. 가끔은 당연한 것을 하지 않는 것이 이해가 되지 않는다. 회의록을 보내시 않았더라도 회의 주제 정도는 보내야 했다.

이고객이 나에게 와서 PL 교육 똑바로 시키라고 할 때까지만 해도 무슨 말인지 몰랐다. 최피엘과 회의를 했다는 것이다. 나에게 온 메일이 없는데 무슨 회의냐고 물어보니 최피엘에게 물어 보란다. 일단 '죄송하고 알아본 후에 말씀 드리겠다.'고 하고, 최피엘을 불러서 얘기를 들어 보았다. 인수 인계 받은 내용 중에서 이해가 되지 않는 것이 있어서 박피엘에게 물어보니, 고객에게 직접 듣는 것이 좋겠다고 하며 미팅을 하라고 했다는 것이다. 의도도 좋고, 여기까지는 좋다. '그럼 왜 회의록 작성도 하지 않고, 나를 참조로 하지도 않았느냐?'고 물어보니 이런 미팅은 그냥 하면 되는 것으로 알았단다. 팀 내부에서 미팅을 해도 회의록을 미리 작성해서 사전 통보를 해야 하는데, 고객과의 미팅에서 그냥 만나서 물어보면 될 줄 알았다니 기가 막힌다. 앞으로 내가 허락할 때까지는 고객과 미팅 하려면 나에게 먼저 허락을 받고 하라는 지시를 내렸다.

여기에서 회의록이란 회의 결과를 작성하는 회의록이 아닌, 준비를 위한 회의록을 의미한다. 회의 목적, 참석 예정 인원, 예정 시간, 예상 결론 등을 미리 작성하여 고객들과 참석자들에게 전달함으로써, 회의를 준비할 수 있도록 하는 것이다.

수요일에 박피엘이 술을 한 잔 하자고 해서, 저녁 식사를 하면서 술을 한 잔 했다. 심각하게 얘기를 하기에 무슨 문제가 있나 했는데, 최피엘에 대해 얘기를 한다. 토요일과 일요일에 나왔을 때 두 사람이 같이 작업하는 것을 보았는데 그때까지는 별 다른 문제가 없어 보였었다. 그런데 박피엘의 말로는 토요일과 일요일에 작업을 하면서 인수 인계를 했는데, 업무 이해 능력이 많이 떨어진다는 것이다. 박피엘이 작업해야 할 화면 설계서는 어느 정도 되어가는데, 최피엘이 작업해야 할 화면 설계서를 검토해 보니 전부 다시 작업을 해야 할 것 같다는 이야기였다. 심각하다. 주간 보고서 받으면서 검토를 하려고 했는데 실수다. 몇 장 그렸을 때 검토를 했어야 했다. 수요일과 목요일에 철야를 해도 약속됐던 70%가 되지 못할 것 같단다.

심각한 실수였다. 박피엘은 PL경험도 많고, 나와 지난 프로젝트에서 일을 해봐서 잘 아는데, 처음 일을 하게 되는 최피엘을 그냥 믿어버린 것이다. 아직도 개발자라는 생각에서 벗어나지 못하고 있다는 생각은 하고 있었는데, 이 정도일 줄은 몰랐다. 대책을 세워야 한다. 저녁을 먹고 사무실에 가서 최피엘에게 작업한 화면 설계서를 가져오라고 했다. 화면 설계서를 검토해보니 박피엘의 말 그대로였다. 화면 설계 표준도 따르지 않고 있었고, 폰트며 색 모두 가지 각색이었다. 업무 흐름도와 요구 사항 정의서를 대조하면서 화면 설계서를 보니 폰트와 색은 아무 것도 아니었다. 지금까지 최피엘이 작성한 모든 화면 설계서를 버려야 하는 수준이다. 70%는 아니어도 적어도 60% 정도는 작성을 해야 개발자 투입과 동시에 상세 설계가 가능하다.

최피엘과 회의실에 마주 앉았다. "최피엘, 화면 설계서를 검토해보았는데 요구 사항 정의서에 있는 요구 사항과 업무 흐름도와도 일치하지 않았습니다. 어떻게 된 것입니까?"라고 물었다. 최피엘이 "저는 최선을 다하고 있습니다. 아직 업무에 대해 완전히 이해하고 있지 못해서 그런 것 같습니다."라고 말한다. 투입된 지 일주일도 되지 않은 신참 PL에게 너무 많은 것을 기대하고 있었던가? 그럴 수도 있다. 혹시나 해서 "상세 설계서에서는 UML을 사용하는 것 알죠? UML사용해 본 적 있나요?" 고 묻자, "UML로 그려진 상세 설계서를 본 적이 있어 이해는 하고 있지만 실제 그려본 적은 없습니다."라고 한다. 문제가 점점 심각해진다. PL이 상세 설계서를 그리지 못하면 개발자들은 아무 것도 하지 못한다.

지금 대화를 해도 아무런 소득이 없다. 최피엘에게는 요구 사항 정의서, 업무 흐름도, 회의록 모두를 다시 읽어 보고, 금요일까지 3장의 화면 설계서를 다시 그려오라고 지시를 했다.

박피엘을 불러 대책을 논의했다. 박피엘이 담당한 화면 설계 분량이 총 302본 중 172본이고, 최피엘이 담당한 것이 130본이다. 그 중 박피엘이 완료한 것이 120본이 넘고 목요일과 금요일까지 하면 179본이 완료된다고 한다. 최피엘이 담당한 것 중 30여 본은 금요일까지 할 수 있을 것 같다고 한다. 나머지 100여 본이 문제다. 결국 나도 같이 하기로 한다. 금요일은 하루 종일 주간 보고서 작성과 주간 보고 회의에 참석해야 하니 못하고, 목요일 저녁에 철야를 하기로 했다. 박피엘 만큼 속도는 나지 않겠지만 해봐야 한다. 일단 계획되었던 모든 회의를 금요일 이후로 미루었다. 작성하고 있던 테스트 계획서 등 문서 작성도 일단 보류했다.

주간 보고 회의 시간이다. 어제까지 해서 박피엘이 200본, 내가 68본, 최피엘이 3본을 해서 총 275본이 오늘 저녁까지 완성될 것이다. 금주 계획 437본의 63% 수준이다. 70%는 되지 않지만 60%대는 넘겼다. 전체에서 43%가 완성된 것이다. 다행히 공정 준수율이 92.1%이다. 고고객은 왜 약속한 것과 다르냐고 묻는다. 최피엘이 아직 적응하지 못하고 있다고 변명 해봐야 우리에게 좋을 것이 없다. 휴일 근무와 야근, 철야를 했는데도 안 되더라는 변명을 하고, 개발자 투입 전까지는 100% 완료하겠다고 약속을 했다. 나머지 349본을 1주일 내에 해야 하는 것이다. 다행인 것은 최피엘이 작성한 문서가 박피엘 수준은 아니지만 일단 사용 가능한 레벨로 올라왔다는 것이다. 박피엘이 조금만 수정하면 좋아 질 것이다.

그러나 오후에 바로 내 생각이 틀렸음을 알았다. 최피엘이 작성한 문서가 박피엘과 같이 작성했다는 것이다. 즉, 박피엘이 도와주지 않으면 최피엘 혼자서 그 정도 수준의 화면 설계서를 작성하지 못한다는 얘기다. 화면 설계서가 있어야, 개발자들이 화면 설계서, 업무 흐름도, 요구 사항 정의서를 기준으로 PL들의 간단한 설명으로도 상세 설계를 할 수 있다. 최피엘이 있던 프로젝트 PM에게 부탁을 해서라도 5월의 요구 정의 단계에 투입을 했어야 되었을 것이라는 때 늦은 후회를 해 본다.

작업 이름	현황	기간	계획시작날짜	계획완료날짜	실제 시작 날짜	완료율	계획진 척율	실적진 척율	공정준 수율
⊟ NormalClient GroupWare 재구축 Project	☺	216 일	10-05-03 (월)	11-02-28 (월)	10-05-03 (월)	14%	6.1	5.62	92.1
⊟ 개발	☺	216 일	10-05-03 (월)	11-02-28 (월)	10-05-03 (월)	12%	5.06	4.55	89.96
⊟ 준비	☺	4 일	10-05-03 (월)	10-05-07 (금)	10-05-03 (월)	100%	100	100	100
개발자 환경 준비	☺	1 일	10-05-03 (월)	10-05-04 (화)	10-05-03 (월)	100%	100	100	100
개발 환경 설정	☺	1 일	10-05-06 (목)	10-05-07 (금)	10-05-06 (목)	100%	100	100	100
⊟ 요구분석	☺	17.25 일	10-05-10 (월)	10-06-01 (화)	10-05-10 (월)	100%	100	100	100
요구분석 준비	☺	2 일	10-05-10 (월)	10-05-12 (수)	10-05-10 (월)	100%	100	100	100
⊟ 고객면담	☺	11 일	10-05-12 (수)	10-05-27 (목)	10-05-12 (수)	100%	100	100	100
1차 면담(프로세스)	☺	3 일	10-05-12 (수)	10-05-17 (월)	10-05-12 (수)	100%	100	100	100
2차 면담(프로세스 리뷰, 변경 요구)	☺	3 일	10-05-19 (수)	10-05-24 (월)	10-05-19 (수)	100%	100	100	100
3차 면담(변경요구 리뷰, 상세 기능)	☺	3 일	10-05-24 (월)	10-05-27 (목)	10-05-24 (월)	100%	100	100	100
업무흐름 정의	☺	5 일	10-05-12 (수)	10-05-19 (수)	10-05-12 (수)	100%	100	100	100
요구사항정의	☺	5.25 일	10-05-24 (월)	10-05-29 (토)	10-05-24 (월)	100%	100	100	100
인터페이스 계획	☺	1 일	10-05-31 (월)	10-06-01 (화)	10-05-31 (월)	100%	100	100	100
데이터이행 계획	☺	1 일	10-05-31 (월)	10-06-01 (화)	10-05-31 (월)	100%	100	100	100
⊟ 설계	☹	35 일	10-06-01 (화)	10-07-20 (화)	10-06-01 (화)	9%	9.79	6.1	62.32
화면설계	☹	10 일	10-06-01 (화)	10-06-15 (화)	10-06-01 (화)	43%	69	43	62.32
화면설계 리뷰	━	5 일	10-06-15 (화)	10-06-22 (화)	미정	0%	0	0	0

[그림 7] 6월 11일 기준 WBS 현황

최피엘 구하기: rolling wave 방식

이미 늦었는데 후회하면 뭐하나. 밤을 새도 안 되는 것은 안 되는 것이다. 사람을 더 투입한다고 되는 것도 아니고, 고객을 설득하여 화면 설계와 상세 설계를 1주일 겹치게 진행하는 rolling wave 방식으로 진행하는 것이 현재로서는 가장 좋은 방안인 것 같다. 즉, 화면 설계서가 완료된 부분에는 개발자로 하여금 상세 설계에 들어가게 하고, 상세 설계서가 완료되지 않은 업무는 다른 상세 설계가 진행되는 동안 작성하는 것이다. 그렇게 되려면 어쩔 수 없이 6월 18일까지는 주간 보고서의 공정 진척율이 낮아지게 된다. 이 내용을 다음 주의 주간 보고서에 이슈로 등록해야겠다.

작성일: 6월 11일 PM

M+2 W11 설계: 화면 설계, 화면 설계 리뷰

개발자 1명 투입, 1명 지연

개발자 2명 중 1명이 들어왔다. 중급인 은개발이 들어와야 하는데, 초급인 강개발이 먼저 들어왔다. 은개발이 일하고 있는 프로젝트가 지연되면서 빠르면 6월 말에나 투입이 가능하다는 연락이 왔다. 화요일에는 은개발이 일하고 있는 프로젝트 룸을 찾아가 피엠을 만나서 빨리 부탁한다는 얘기까지 했으나 그곳도 은개발이 없으면 안 된다고 한다. 정상적으로 오픈을 했는데, 서두르다 보니 에러가 많아 고객들이 현 상태에서는 사용이 불가능하니 시스템을 닫고, 오픈을 6월 말에 하자고 한 것이다. 잘못하면 클레임에 걸릴 수 있는 상황이었다.

은개발이 있는 프로젝트가 정식으로 클레임에 걸리면 지체 보상금을 물어야 할지도 모르는 상황이라, 어쩔 수 없이 적어도 7월 1일에는 투입 가능하게 만들겠다는 약속을 받고 돌아왔다. 어쩐지 화면 설계까지 잘 되어 가더니, 항상 벌어지는 상황이 벌어지고 말았다. 위험 관리를 해도 이런 상황이 오면 대안이 없다. 다른 개발자를 수배해서 은개발이 올 때까지 투입해도 별 다른 도움도 주지 못하는 상황이고, 그렇다고 초급 개발자에게 상세 설계서를 모두 맡길 수도 없는 상황이다. 거기에다 화면 설계서 작성이 1주일 지연되어 있는 상황인데, PL들이 상세 설계서 작성을 바로 할 수 있는 상황도 아니다.

개발자 투입 지연 대비 위험 관리

프로젝트 관리 계획서를 작성할 때 위험 관리 계획에 이러한 위험 항목을 넣고 대응책까지 적어 놓았으나, 대응책이라는 것이 다른 사람으로 변경하겠다는 것이라 별 다른 도움을 주지 못한다. 2주 전에 이미 알고 있는 상황이라, 다른 개발자를 수배해 보았지만 모두 프로젝트에 투입되어 있는 상황이라 다른 개발자로 대체할 수도 없다. 외주 인력을 알아 보았지만 현재 중급 레벨의 개발자는 없다고 하고, 언제쯤 가능하냐고 물어보니 7월 초에나 가능하단다. 어쩔 수 없이 혹시 은개발이 오지 못하는 상황이 발생할 수 있으니 7월 초에 가능한 인력의 프로파일을 미리 받아 보았다. 프로파일 상으로는 좋아 보인다. 7월 초에 가능한 인력을 찜 해 놓기로 하고, 외주 업체에 연락을 해 두었다.

프로젝트 시작 2개월; 가격 협상 지연

수요일에는 본사 영업이 프로젝트 룸을 방문했다. 5월에 시작하여 2개월이 다 되어 가는데 아직도 가격 협상이 되지 않아 계약을 하지 못하고 있는 것이다. 우리 영업과 부사장, Majorsoft사의 총괄 이사와 구매 담당이 미팅을 하러 온 것이다. 비타민이 들었다는 음료수를 박스로 사와서 전체에 돌리며, 인사를 하고, 구매 담당이 도착하자 회의실에 들어갔다. 나도 참석하라는 부사장님의 지시로 회의실로 들어갔다. Majorsoft사의 구매부는 어떻게든 4억원 대에서 계약을 하려고 한다. 4억원 대로 떨어지면 우리의 순이익도 당연히 낮아진다.

내려갑니다: 6.5억->5.5억->5억->4억9천. '올라갑니다'는?

프로젝트를 중단하겠다는 우리의 의견까지 제시되고, 그럼 다른 업체를 찾아보자는 강수를 두는 구매 담당을 총괄 이사가 진정시키는 상황까지 간다. 부사장과 총괄 이사의 협상으로 좁혀진다. 구매 담당은 4억대로 떨어지지 않으면 구매부 이사가 결재를 하지 않을 것이라고 한다. 그럼 4억 9천 9백만원으로 하자고 부사장님이 제안한다. 구매 담당은 9백 만원은 버리자고 얘기한다. 결국 다음 고도화 프로젝트에서 손실분을 생각해서 계약하자는 약속과 함께 4억 9천만원으로 결정이 났다. 고도화를 Majorsoft사에서 할지도 모르고, 그때 가면 또 다른 이유로 가격을 낮출 거면서 무슨 약속을 하는지 모르겠다. 결국 아무 것도 얻은 것 없이 끝나고 말았다. 구매 담당자는 만족한 얼굴이지만, 부사장님, 영업, 나는 죽을 맛이다. 5천만원의 순이익이 날 수 있도록 겨우 만들어 놓았더니, 추가 투입으로 4천만원으로 낮아지고, 이제 전체 금액이 천만원 낮아지니 3천만원도 안 되는 순이익을 위해 죽어라 일해야 하는 것이다. 힘이 저절로 빠진다.

가격 협상 타결 기념(?) 회식

수요일 저녁에는 가격 협상을 위해 방문한 부사장님, 영업, 그리고 투입된 인력까지 모두 생각지도 않았던 전체 회식을 하였다. 강개발도 들어왔으니 회식을 한 번 해야겠다는 생각을 했는데, 이래 저래 마련된 것이다. 회식 자리에서는 여러 가지 얘기가 나왔으나 당연히 계약 금액에 대한 얘기가 나오면서 Majorsoft사에 대한 비판으로 연결된다. "자기들은 관리도 잘 하지 않으면서 관리 명목으로 전체 금액의 30% 를 가져가고, 우리는 죽어라 일하는데 남는 것은 몇 푼 되지도 않고…" 관리라도 잘하면 그래도 좋게 봐 주겠는데, 정말 화가 난다. 공공기관이나 정부 탓 하기 전에 대기업부터 바꿔야 한다는 의견이 나오면서, 소프트웨어 업계의 문제점에 대한 이야기가 시작되었다. 또 결론 없는 얘기라 화장실에 갔다.

프로젝트 가격은 떨어지고, 레퍼런스는 쌓이고…

화장실에 다녀오니 이고객이 같이 앉아 있다. 영업이 전화를 해서 시간이 되면 참석을 부탁한 모양이다. 또 Majorsoft사에 대한 비판을 시작한다. "이렇게 하면 그룹웨어 팀 제대로 일하겠습니까?" 이고객도 팔이 안으로 굽는다고 우리의 의견을 두둔하면서 Majorsoft사에 대해 관리도 제대로 못한다. 하는 게 뭐냐 등 우리와 코드를 같이 하기 시작한다. 또 소프트웨어 업계에 대한 불만으로 연결되고, 끝날 줄 모르는 토론이 계속되기 시작한다. 끝날 때가 다 되어 이고객은 '이번 프로젝트를 하면 좋은 레퍼런스가 생기는 것이니 조금 손해를 본다 해도 다음 영업을 위해 좋은 것 아니냐'는 얘기를 한다. 대기업이나 공공기관은 우리가 레퍼런스 없어서 영업 못하는 줄 아는 모양이다. 대부분의 프로젝트에서 금액을 낮추면서 하는 얘기가 자기들을 레퍼런스로 가지면 영업이 잘 될 것이니, 프로젝트 잘 하라는 것이다. 돈이 남아야 하고 싶지, 얼마 되지도 않는 돈 주면서 생색들은 많이 낸다.

회식 후유증, 강개발 지각

목요일 아침에는 강개발이 출근을 하지 않았다. 나도 어제 너무 '달려' 지각을 했는데, 강개발이 나타나지 않은 것이다. 큰일이다. 벌써 이러면 한창 개발할 때는 어떻게 하려고 이러나. 강개발에게 전화를 해도 받지 않는다. 미리 연락을 주기라도 하면 근태 처리라도 하지, 도대체 어디에 있는 거야?

점심 시간이 되어서야 강개발이 나타났다. 미안하다고 얘기는 하지만 미안한 표정은 아니다. 어제 늦게까지 술을 마셨으니 조금 늦는 것이 어떠냐는 표정이다. 이런 표정을 보면 나도 늙었구나 싶다. 예전에 선배들에게서 듣던 얘기가 목구멍까지 올라오니 말이다. 하여튼 늦었지만 정신은 제대로 돌아온 것 같으니 일을 시작해야겠다. 사실 나도 오전 내내 아무 것도 하지 못하고 숙취에 시달렸다. 점심 식사를 해장국으로 하고 나니 그래도 살만 하다.

이번 주 주간 보고 회의는 힘들 것 같았다. 투입 지연 건 및 화면 설계 지연 건 등을 포함해서 강개발 지각에 대해서 고고객이 벼르고 있다는 얘기를 들었기 때문이다. 주간 보고 회의에 나타나는 고고객의 얼굴에는 불만이 가득하다. 주간 보고 회의가 아닌 우리 팀에 대한 재판의 시간이 될 것 같다. 시작하자 마자 강개발의 지각에 대해 얘기를 꺼낸다. "도대체 일을 하자는 겁니까? 말자는 겁니까? 출근한지 얼마나 됐다고 벌써 지각이나 하고, 앞으로 개발할 때 이래 가지고 정상적으로 개발하겠습니까? 그렇지 않아도 주간 보고서를 보니 우는 얼굴이 가득한데, 프로젝트 제대로 되고 있는 것 맞습니까? 대답해 보세요 나피엠." 나는 나피엠인데, 할 말이 없다. 화면 설계는 78%만 완성되어 있지, 화면 설계가 계속 진행 중이라 화면 설계 리뷰 할 시간이 없어 리뷰는 40% 계획에 0%다. 공정 준수율도 84%대로 떨어졌다. 내가 봐도 문제가 있어 보인다.

작업 이름	현황	기간	계획시작날짜	계획완료날짜	실제 시작 날짜	완료율	계획진 척율	실적진 척율	공정준 수율
⊟ NormalClient GroupWare 재구축 Project	☺	216 일	10-05-03 (월)	11-02-28 (월)	10-05-03 (월)	16%	7.38	6.27	84.92
⊟ 계발	☺	216 일	10-05-03 (월)	11-02-28 (월)	10-05-03 (월)	14%	6.41	5.23	81.71
⊞ 준비	☺	4 일	10-05-03 (월)	10-05-07 (금)	10-05-03 (월)	100%	100	100	100
⊞ 요구분석	☺	17.25 일	10-05-10 (월)	10-06-01 (화)	10-05-10 (월)	100%	100	100	100
⊟ 설계	☹	35 일	10-06-01 (화)	10-07-20 (화)	10-06-01 (화)	17%	19.57	11.06	56.52
화면설계		10 일	10-06-01 (화)	10-06-15 (화)	10-06-01 (화)	78%	100	78	78
화면설계 리뷰		5 일	10-06-15 (화)	10-06-22 (화)	미정	0%	38	0	0
상세 설계	—	15 일	10-06-22 (화)	10-07-13 (화)	미정	0%	0	0	0
상세 설계 리뷰	—	5 일	10-07-13 (화)	10-07-20 (화)	미정	0%	0	0	0
인터페이스 설계	—	5 일	10-06-22 (화)	10-06-29 (화)	미정	0%	0	0	0
데이터이행 설계	—	5 일	10-06-22 (화)	10-06-29 (화)	미정	0%	0	0	0
테스트 계획	—	1 일	10-06-30 (수)	10-07-01 (목)	미정	0%	0	0	0

[그림 8] 6월 18일 기준 WBS 현황

거기에다 야근을 해야 할 수요일에 회식을 해 버렸으니, 몇 시간이 허비되어 버렸고, 목요일에는 모두 멍한 상태에서 일을 했으니 속도가 붙을 리도 없고… 하여튼 상황이 어렵게 되었다. 계속 같은 얘기를 반복하던 고고객이 "다음 주까지 진척율을 100%로 올릴 수 있는 방안을 보고서로 작성해서 다음 주 월요일까지 올려 주세요."라는 말로 재판은 끝나고, 주간 보고 회의가 시작된다.

화가 나도 우리가 잘못했으면 어쩔 수 없다

완성된 화면 설계서를 미리 보내드릴 테니 가능한 범위까지는 리뷰를 부탁한다는 얘기를 했다. 다음 주까지 리뷰를 끝내지 못하면 상세 설계도 밀리게 된다. 그러자 고고객이 "일이나 제대로 하고 부탁할 것 부탁하세요." 라고 받아 친다. 역시 할 말이 없다. 하여튼 '부탁 드립니다'라고 하면서, 은개발의 투입이 지연되었고, 6월 말에 투입될 것이라고 보고를 했다. 고고객이 "지금도 늦어 있는데, 개발자 투입이 늦어지면 어떻게 합니까? 다음 주 월요일까지 개발자를 투입하세요. 그렇지 않으면 계약 금액에서 늦어지는 만큼 금액을 빼겠습니다."

화가 나지만 어쩔 수 없다. 우리의 잘못이니 할 말이 없는 것이다. "회사와 애기해서 가능한 한 투입을 당기도록 하겠습니다."라고 얘기하자, 고고객은 다시 "월요일에 투입하세요. 그리고 공정 준수율이 100%가 될 때까지는 저녁에 11시까지 근무 하세요."라고 하며 주간 보고 회의를 끝내자고 한다. 이건 아니다 싶어 한 마디 한다. "지연되고 있는 상황은 할 말이 없습니다. 그렇지만 우리 팀에게 언제까지 어떻게 근무를 하라고 하는 것은 아니라고 생각합니다. 어차피 말씀하신 시간까지 일을 해야 하겠지만 언제까지 한다는 것은 저희가 결정할 사안입니다. 죄송하지만 오전 9시에서 오후 6시 사이에는 일을 하지 않거나 논다고 생각이 되면 간섭하실 수 있지만 그 이후의 시간은 간섭하실 수 없습니다. 저희는 귀사의 직원이 아닙니다." 고고객이 가만 있을 리가 없다. "아니 을이 갑한테 지금 훈계하는 대드는 겁니까? 부사장 월요일에 오라고 하세요. 부사장 안 오면 사장한테 직접 전화하겠습니다." 하며 나가 버린다.

주간 보고 회의가 이렇게 끝나고, 부사장님에게 바로 전화를 건다. 상황을 설명하니, 월요일에 오시겠다고 한다. "제가 잘못한 겁니까?" 라고 물으니 아니라고 하신다. 비록 우리가 잘못은 했지만 우리 회사를 무시하는 소리를 들을 정도는 아니다.

패키지인데 투입 인력에 따라 결정되는 계약금 금액

이런 문제는 투입 인력으로만 금액을 계산하는 우리나라의 소프트웨어 가격 정책이 잘못 되어 나타나는 현상이다. 우리나라 프로젝트는 왜 MM로만 계산을 할까? 꼭 고객 얼굴보고 개발을 해야 하나? 필요할 때에는 얼굴도 제대로 보이지 않으면서... 고객이 원하는 소프트웨어를 개발해서 전달하면 되지 꼭 계획된 레벨의 개발자를 계획된 날짜에 넣어야 하고, 조금만 늦어도 계약금을 깎는다

어쩐다 하고, 이런 제도는 꼭 바꿔야 한다. 올해부터 기능 점수로 한다는 소문이 있던데, 아직 아무런 얘기도 없다. 특히, 우리 회사 같이 패키지를 파는 회사에서 왜 꼭 인력 투입에 따라 계약 금액이 달라져야 하는가? 제공되는 패키지가 공짜로 개발할 수 있다고 생각하는 것인지, 아니면 패키지 없이 이 프로젝트처럼 기간도 짧은데 이렇게 복잡한 시스템을 개발할 수 있다고 생각하는 것인지 모르겠다.

개발자는 피엠이 혼난다는 것을 아는가?

강개발을 불러 앞으로 술 먹을 일이 있으면 가능하면 금요일에 먹고, 주중에 술을 마시게 되면 미리 알려 달라고 얘기를 한다. 강개발은 "술을 많이 먹고 다음 날 멍하게 있는 것보다 조금 늦게라도 일 할 수 있는 정신이 되었을 때 출근해서 일하는 것이 더 효율적이지 않습니까?"라고 한다. 맞는 말이다. 그러나 고객이 그렇게 생각하지 않으면 틀린 말이다. 힘든 한 주였다.

작성일: 6월 18일 **PM**

> **M+2 W12** **설계:** 화면 설계 리뷰, 상세 설계, 인터페이스 설계, 데이터 이행 설계

소환당한 부사장님

투입된 지 2개월이 다 되어 간다. 투입된 것은 2개월이지만 실제 프로젝트를 위해서 일을 시작한 기간은 3개월이다. 4월부터 준비를 했기 때문이다. 따라서 프로젝트에 투입된 지 3개월이 다 되어 간다 라고 해야 할 것이다. 월요일 오전에 부사장님이 오셨다. 보통은 본부장님이 총괄을 하는데, 이번 프로젝트의 중요성 때문에 부사장님이 총괄을 하게 되어 여러 가지로 죄송스러운 상황이다.

이고객, 고고객과 함께 회의실에 들어가신다. 꼭 자식이 학교에서 사고 쳐서 부모님이 선생님 만나러 가는 기분일 것이다. 들어 가신지 1시간이 지난 후에 나오셨다. 고고객의 표정이 많이 풀어진 것 같다. 무조건 죄송하다고 했을까? 어떻게 했을까? 부사장님께 물어보았다. "어떻게 하셨어요?" 부사장님이 들어가니 크게 화를 내지 않더라는 것이다. 인력 투입 지연 건과 화면 설계서 작성 지연 건은 사과를 했고, 회사의 사정을 얘기하면서 6월 말에는 꼭 개발자를 투입하겠다고 약속을 했다고 한다. 그러나 야근 시간 건에 대해서는 사과를 하지 않았다고 했다. 나와 같이 정상 근무 시간에 대해서는 간섭을 하되 초과 근무는 부사장 자신도 함부로 얘기하지 못한다며, 6월 말까지 정상으로 돌려 놓을 테니 걱정하지 말라는 얘기와 함께, 나에게 주의를 주겠다는 말을 했다고 한다.

역시, 같은 얘기지만 부사장님이 하는 것과 내가 하는 것은 다르다. 그래서 출세 해야 한다고 했던가? 예전에 경복궁 근정전에 놀러 갔을 때 1품인가 2품이 서는 자리에 고리가 있는 것에 대해 비가 오거나 날씨가 좋지 않을 때 천막을 쳐서 고위급들이 비를 맞지 않도록 한 것이라는 얘기가 생각이 났다. 역시 출세해야 우대 받는다. 그런데 소프트웨어를 해서 출세할 수 있을까?

고객이 잘못 했다고 하면 잘못 한 것이다

부사장님과 고객들이 점심을 같이 하러 가면서 나를 부른다. 점심 식사를 하면서 고고객에게 죄송하다는 얘기를 하라는 것이다. 죄송한 일을 한 적이 없는 것 같은데, 고객이 죄송한 일을 한 적이 있다고 하면 죄송한 일을 한 적이 있는 것이다. 부사장님의 말과 같이 6월 내에 공정 진척율 100%를 하겠다고 얘기하며 버릇없이 얘기를 해서 죄송하다고 했다. 고고객도 화를 내서 미안하지만 감정이 없었고, 일을 잘하기 위해 그런 것이라고 한다. 고객이 그렇다고 하면 그런 것이다. 나는 언제 갑 한번 해보나? 잘 할 것 같은데... 만약 갑이 되면 나도 저럴까?

상습 지연, 공정 준수율 84%

한 번 지연되기 시작하니 계속 밀린다. 화면 설계는 끝내고 화면 설계 리뷰를 진행했지만 50%밖에 하지 못했고, 상세 설계는 아직 손도 대지 못한 상황이다. 그러다 보니 인터페이스 설계와 데이터 이행 설계도 0%에 머물러 있다. 화면 설계 리뷰를 빨리 끝내야 한다. 상세 설계가 늦어지는 문제는 은개발이 들어와서 본격적으로 일을 할 때까지는 계속 안고 가야 할 것 같다.

작업 이름	현황	기간	계획시작날짜	계획완료날짜	실제 시작 날짜	완료율	계획진척률	실적진척률	공정준수율
⊟ NormalClient GroupWare 재구축 Project	☹	216 일	10-05-03 (월)	11-02-28 (월)	10-05-03 (월)	17%	10.61	7.61	71.68
⊟ 개발	☹	216 일	10-05-03 (월)	11-02-28 (월)	10-05-03 (월)	16%	9.8	6.64	67.73
⊞ 준비	☺	4 일	10-05-03 (월)	10-05-07 (금)	10-05-03 (월)	100%	100	100	100
요구분석	☺	17.25 일	10-05-10 (월)	10-06-10 (월)	10-05-10 (월)	100%	100	100	100
⊟ 설계	☹	35 일	10-06-01 (월)	10-07-20 (월)	10-06-01 (월)	27%	44.26	21.28	48.08
화면설계	☺	10 일	10-06-01 (화)	10-06-15 (화)	10-06-01 (화)	100%	100	100	100
화면설계 리뷰	☹	5 일	10-06-15 (화)	10-06-22 (화)	10-06-15 (화)	50%	100	50	50
상세 설계		15 일	10-06-22 (화)	10-07-13 (화)	미정	0%	12	0	0
상세 설계 리뷰	—	5 일	10-07-13 (화)	10-07-20 (화)	미정	0%	0	0	0
인터페이스 설계		5 일	10-06-22 (화)	10-06-29 (화)	미정	0%	38	0	0
데이터형 설계		5 일	10-06-22 (화)	10-06-29 (화)	미정	0%	38	0	0
테스트 계획		1 일	10-06-30 (수)	10-07-01 (목)	미정	0%	0	0	0

[그림 9] 6월 25일 기준 WBS 현황

은개발 투입

다행인 것은 은개발을 이번 주 내로 프로젝트에 투입할 수 있도록 해당 PM에게 부사장님이 직접 지시를 내렸다고 한다. 그래서 은개발이 화요일에 우리 프로젝트에 투입되었다. 내가 해당 PM과 얘기해서도 풀지 못했는데, 부사장님이 직접 와서 고객을 만났다고 하니 해당 PM은 은개발을 투입하게 해 주었다. 불평할 일은 아니지만, 섭섭한 것은 어쩔 수 없다. 그 PM에게 고맙다고 전화를 하니 그 쪽 고객도 불만이 많다고 했다. 지연되는 것도 좋지 않은 모양새인데, 아직 끝나지도 않은 인원을 빼버리니 당연히 불만이 있을 것이다. 그래서 어떻게 하시기로 했냐고 물어보니, 본사의 R&D 인력을 빌려 왔다고 했다.

개발 부서를 조직별이 아니라 업무별로

R&D 인력을 종료할 때까지 빌리면 가격이 많이 비싸진다. 결국 손해를 감수하면서 부사장님의 지시라 어쩔 수 없이 그렇게 한 것이다. 100여 명 되는 회사

에서 왜 이렇게 많은 조직으로 나누는 것일까? 우리 회사도 R&D, SMB(Small & Medium Sized Business), ETB(Enterprise Business), SM(System Management) 등 개발 관련만 4개의 부서로 나누어져 있다. 어차피 그룹웨어 한 가지만 개발하고 한 가지로 먹고 살면서 이렇게 나누는 것이 효율적일까? 주간 보고 업무에 들어가 보면 각 부서별로 하는 일이 정해져 있어, R&D에서는 크게 바쁜 일이 없는데도 ETB 등에서 사람이 없어 지원 요청을 하면 지원해 주지 않고 바쁘단다. 다른 부서가 지원 요청을 해도, 해당 부서 인력이 바쁘다며 지원해 주지 않는다.

흔히 우리가 듣는 얘기가 고객 우선이다. 조직을 회사에서 필요한 그룹으로 나누는 것 보다는 고객의 입장에서 나누어 보면, 부서는 아무 의미가 없다. 단지 고객은 프로젝트에 필요한 인원이 계획된 때에 투입되어 잘 대응해 주고, 완료 후 어떤 부서가 되었던 잘 하는 인원이 나와서 유지 보수만 해주면 된다. 회사 입장에서도 부서간 알력으로 손해고, 고객에게도 도움이 되지 않는 쓸데 없는 조직 나누기 보다는 업무별로 나누는 것은 어떨까? 즉 현재의 R&D, SMB, ETB, SM을 R&D, BU, SM, 인력 관리 팀으로 구분하고, 모든 인력을 인력 관리 팀에서 관리를 한다. R&D, BU, SM에는 팀장이나 부서장만 있고, 직원은 아무도 없다. 모든 팀은 프로젝트가 발생하면 이에 따른 인력을 인력 관리 팀과 협의하여 투입 여부를 결정한다. R&D도 상시 인력을 가지고 있지 않고, 프로젝트로 만들어 프로젝트에 따라 그때 그 때 인력을 배정 받아 개발을 한다. SM도 마찬가지이다. 인력 관리 팀은 CP(Career Path)와 각 직원이 원하는 교육을 개발하여 교육을 책임지고, 직원의 개발과 발전을 담당하게 된다. 또한 인력 관리 팀은 정말 잘하는 몇 사람은 프로젝트 끝나면 휴가도 없이 바로 다른 프로젝트에 투입되어야 하고, 교육도 받지 못하는 반면, 적당하게 일하는 사람들은 필요한 교육도 받고, 휴가도 충분히 취할 수 있는 이상한 현실을 바꿀 수도 있을 것이다. 즉, 일정 기간 프로젝트를 수행하고 나면 무조건 휴가를 다녀오게 하고, 해당 개발자가 원하는 교육이나 필요한 교육이 있으면, 프로젝트 PM과 협의하여 다른 개발자를 임시로 대체를 하던지, 프로젝트 종료와 맞추어 교육을 수강하게 할 수도 있을 것이다.

또한 한 직원을 한 팀에 지속적으로 배정하지 않고, 각 팀으로 옮기면서 각 부서별 역할을 해보게 하면, 고객 프로젝트에 투입된 인력은 R&D가 만든 시스템이 현장에서 사용하기에는 너무 단순하고, 고객의 요구가 반영되어 있지 않다고 욕할 필요 없이, 자기가 직접 경험한 것을 R&D 팀장과 협의하여 적용시킬 수 있을 것이고, 대부분이 가장 하기 싫어하는 SM도 하면서 프로젝트 개발이나 제품 개발 시 어떻게 하면 SM이 쉬워질 수 있을까를 고민하게 될 것이다.

솔직히 나는 경영자가 아니라서 그런지 몰라도, 아주 단순해 보인다. 단순한 것이 최고다. 왜 자꾸 복잡하게 조직을 만들고, 조직끼리 부딪히게 해 놓고는, 조직끼리 싸우면 회사를 위해서 부서를 희생하라고 하는 것인가? 어차피 작은 조직이 큰 조직과 다른 것은 유연하고 빠른 일 처리라고 했는데, 실상은 큰 조직이나 작은 조직이나 유연하지 못하고 일 처리도 빠르지 못한 것은 똑 같다. 또 다른 골목으로 빠졌다.

공정 준수율 71.68%: 휴일 반납, 야근

은개발이 화요일에 투입되었으나 인수 인계 및 프로젝트 파악으로 거의 일주일을 보내야 했다. 공정 준수율이 71.68%까지 떨어졌으니 큰 일이다. 다음 주까지 화면 설계 리뷰는 100%가 될 것이고, 상세 설계도 어느 정도 따라 잡을 수 있을 것이다. 그러나 인터페이스와 데이터 이행 설계는 손도 대지 못 할 것 같다. 그렇게 되도 이번 주 휴일만 반납하면 다음 주에 100%는 안 되도, 90% 선에는 들어갈 것이고, 그 다음 주에도 야근을 하고 휴일을 반납하면 100% 가까이 갈 수 있을 것이다. 개발에 들어가기 전에는 무조건 100%선에 맞추어야 한다. 개발에서 어떤 일이 벌어질 지 모르기 때문에…

작성일: 6월 25일 PM

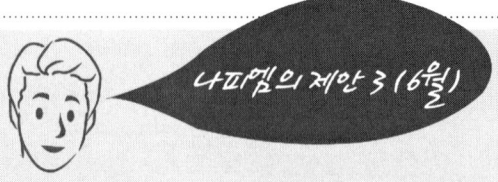

기능 점수(Function Point)를 이용하여 견적을 요청하는 공공기관이 일부 나타나고 있다. 그러나 기능 점수와 함께 기존의 투입 인력을 계산한 견적서를 같이 제출해야 한다. 기능 점수는 시스템에 대한 정확한 분석이 필요한데, RFP를 기준으로는 정확한 분석이 어렵다. 적어도 요구 분석이 끝나야 기능 점수 분석이 가능한 것이다.

먼저 투입 인력을 기준으로 하는 견적을 없애야 한다. 기능 점수로 계산하면 투입 인력을 기준으로 계산하는 것 보다 몇 배의 금액이 산출되기도 한다. 실제 그 정도의 금액이 지급되어야 한다는 얘기지만 현실적으로 그 만큼의 비용을 지불하면서 시스템을 도입할 고객은 거의 없어 보인다. 어차피 시장 논리에 의해 움직일 것이기에 금액에 대한 것은 여기에서 논의하지 않겠다

단, 기능 점수를 이용하면 개발 회사에서는 직원 운영이 유연해지고, 필요 없는 시간을 허비하지 않게 된다. 또 등급을 맞추기 위해 능력은 있지만 등급이 낮아 투입하지 못하는 비효율적인 상황은 없어질 것이다. 또 프로젝트 룸의 규모가 그렇게 클 필요도 없어, 프로젝트 전체 비용 절감에도 많은 도움이 될 것이다.

또한 요구 분석 및 설계와 개발을 구분하여 분리 발주해야 한다. 요구 분석 및 설계를 정확하게 한 후 이를 토대로 기능 점수를 계산하면 정확한 규모 산정이 가능할 것이고 이에 대한 금액 조정은 업체에 따라 알아서 할 것이기 때문에 더 저렴한 금액으로도 시스템 도입이 가능할 것이다. 업체가 손해를 보겠다고 하는데 굳이 말릴 필요도 없고, 이에 대한 책임에서도 벗어날 수 있을 것이다.

M+3

- W13 설계: 상세 설계, 인터페이스 설계, 데이터 이행 설계, 테스트 계획
- W14 설계: 상세 설계 리뷰
- W15 설계: 상세 설계 리뷰
- W16 설계: 상세 설계 리뷰
  개발: 프로그램 개발
- W17 개발: 프로그램 개발, 단위 테스트

M+3 W13 — **설계:** 상세 설계, 인터페이스 설계, 데이터 이행 설계, 테스트 계획

원피엠 하차

추진단 총괄과 자꾸 충돌하면서 분위기가 이상하게 흘러 가더니 드디어 추진단에서 Majorsoft사에 공문을 보낸 모양이다. 원피엠을 빼고 다른 피엠을 넣어달라고 요청했다는 것이다. 우리가 봐도 고객들에게 계속 끌려 다니기만 하고, 가끔씩은 추진단 관리 부장으로부터 좋지 않은 말을 듣는 것을 많이 보았는데, 결국 프로젝트에서 추방당하는 것이다. 그래서 지난 주부터 추진단과 Majorsoft사 팀원들의 분위기가 이상했던 것이다. 추진단에서 결정했다고 다 바뀌는 것은 아니지만 Majorsoft사에서는 추진단이 공문을 발송할 정도면 웬만하면 변경해 줄 것이기 때문이다.

원피엠도 한다고 했지만, 너무 많은 협력 업체와 다양한 고객층 사이에서 처음에는 적극적으로 대응을 하더니, 요즘 힘이 많이 없어진 것처럼 보였다. 나중에는 대응하기에도 벅찼던 것이다. 원피엠은 프로젝트에서 나가는 것에 대해 별다른 이견이 없는 것 같았다. 회사 평가에서 문제가 될 수 있는 상황인데도, 반대하지 않고 나가겠다고 한다. 결국 총괄 이사에 의해 원피엠의 프로젝트 철수가 공식적으로 발표되었다.

회식이 열렸다. 협력업체의 PM과 PL들, 원피엠과 사이가 좋았던 몇 명의 고객,

Majorsoft사에서 파견된 사업 관리 팀원 등이 참석했다. 이런 종류의 회식에서는 송별회와 달리 축하한다는 말이 더 많다. 정작 당사자는 속이 상하겠지만 이렇게 된 상황에서 이런 프로젝트에서 제외되는 것이 나중에 고생하는 것보다 좋지 않느냐는 이상한 논리다. 하긴 아직 개발도 들어가지 않았는데, 이만한 규모의 프로젝트를 이끌어 가던 피엠이 고객의 요청에 의해 변경될 정도라면 조금이라도 빨리 나가는 것이 원피엠 자신에게도 좋을 것이고, 프로젝트에 그나마 해를 덜 끼칠 것이다.

회식 자리에서 마음껏 먹고 고객을 욕하던 중에 한 고객과 다른 협력업체 PM 사이에 사소한 다툼이 있었다. 고객도 프로젝트를 위해 잘 도와 달라는 말이었는데, 고객 중 한 명이 오해한 것이다. 이러한 사소한 다툼은 가끔씩 있는 일이지만 Majorsoft사의 사업 관리 팀원들이 개입하면서 커진 모양이었다. 나는 인사 정도만 하고 프로젝트 룸으로 돌아왔는데, 늦게 돌아온 고객이 프로젝트 룸에 남아 있던 다른 고객에게 다른 프로젝트를 했던 다른 대기업과 Majorsoft사를 비교하면서 "Majorsoft사에 이 프로젝트가 넘어간 이유를 모르겠다. 관리도 그렇고, 전에 했던 대기업이 훨씬 좋다. 앞으로 이 회사에 발주하지 말아야겠다 등등." 계속 좋지 않은 이야기를 한다.

그렇지 않아도 원피엠을 싫어하던 한 고객은 얼씨구나 하고 같이 장단을 맞춘다. "옳은 말씀이십니다. 어떻게 저렇게 못하는 피엠이 이런 대규모 프로젝트, 아니 우리 회사의 프로젝트 피엠으로 올 수 있었는지 이해가 가지 않습니다."라며 열변을 토한다. 술자리에 갔다 온 고객은 회사를 욕하고, 사무실에 있는 고객은 피엠을 욕하는데 장단이 잘 맞는다. 우리가 남아 있으면 우리에게 불똥이 떨어질 것 같은 분위기라, 직원들에게 퇴근하자고 하고, 인사를 하면서 나와 버린다. 자신들이 원해서 변경을 했으면 되었고, 앞으로 오는 피엠이 잘 하면 되는 것이지 저렇게 욕을 할 필요가 있는지 모르겠다. 자신들의 행동을 정당화하기 위한 수순이리라.

총괄 이사가 원피엠 대행: 회의 시간 1/3로 줄어듦

이번 주는 피엠이 내정되지 않은 관계로 총괄 이사가 피엠 역할을 했다. 월요일 주간 보고에도 원피엠이 참석하지 않고, 총괄 이사가 진행을 했다. 그래서 그런지 수행 팀 주간 보고 회의가 빨리 끝났다. 원피엠이 진행할 때는 적어도 3시간을 갔던 회의가 1시간 조금 넘으면서 끝나버렸다. 3시간이나 해야 할 회의도 아니었다. 제대로만 했다면 1시간 이내에서 끝나야 한다. 원피엠도 잘못이지만 고객들의 대응도 잘못이다. 하나의 주제가 나오면 거기에서 끝장을 보려고 한다. 결과를 도출해 내는 것이면 당연히 몇 시간이라도 얘기를 해야 하지만, 계속 같은 말 반복하다가 "나중에 다시 협의합시다."라는 말로 끝나는 것이 대부분이다.

주간 보고 회의를 하면서 이상한 것은 주간 보고 회의에 이슈가 있으면 주간 보고 회의가 끝난 후 관련자들만 남아서 다시 회의를 해도 된다. 그런데 꼭 모든 협력 업체 PM과 PL, 그리고 추진단의 각 업무 담당자들이 모두 모여 있는 곳에서 이슈에 대해 토론을 벌인다. 그렇게 되면 관련이 없는 사람들은 멍하게 낙서나 하고 다른 것 뒤적이면서 시간을 보낸다. 이렇게 되니 당연히 회의가 길어지고, 하루 종일 회의를 해야 하냐 라는 원성도 들리고, 고객들은 바쁘다고 하면서 회의 때문에 실제 업무를 해야 하는 시간에 도움을 요청하면 도와주지 못한다고 한다.

월요일 오전에 진행된 주간 보고 회의 때문에 결국 월요일 오전은 아무 것도 하지 못하고 지나가 버린다. 가끔씩은 점심 시간을 넘기면서 회의를 하는 경우도 허다하다. 관리자 업무의 대부분이 상황 분석, 보고서 작성, 회의라고 하더라도 이건 너무 한 것 같다.

총괄 이사는 다르다. 총괄 이사의 진행에 따라 각 업무별 주간 보고를 발표하고, 이슈는 관련자들이 모여서 주간 보고 회의 종료 후 하자라고 얘기하면서 시작했다. 업무별로 주간 보고를 하고 이슈는 회의 후에 누구누구와 하겠습니다 라고 하면 끝이었다. 이래야 한다. 고객들은 처음에는 이슈에 대해 이야기를 하려고 했으나, 총괄 이사가 "나중에 업무 관련자들과 협의하십시오."라고 하면 불만스러운 표정을 지었지만 "알겠습니다." 하고 넘어 갔다. 다시 느낀 것이지만 높은 자리에 있어야 한다. 아닌가? 이렇게 하기 때문에 높은 자리에 올라간 것일까?

중간 보고 연기

금주에는 분석과 설계가 종료되어 중간 보고가 계획되어 있었다. 그런데 우리는 설계가 종료되지 않았고, 다른 회사의 몇 개 업무도 지연되면서 2주가 지연되어 7월 16일로 변경되었다. 우리만 지연된 것이 아니라 다행이다. 만약 우리만 지연되었으면 추진단과 수행 팀의 모든 화살이 우리에게 몰렸을 것이다. 중간 보고가 연기되면서 중간 보고로 대체하기로 했던 월간 보고를 진행하게 되었다.

총괄 이사의 Force

월간 보고는 총괄 이사가 주관했고, 추진단 총괄뿐만 아니라 고객 본사의 기획 이사까지 참석을 했다. 전체적으로 2주 정도 지연되고 있다고 발표하자, 기획 이사는 "프로젝트 시작한 지 2달이 지났고, 앞으로 8~9개월이 더 남아 있는데, 벌써 2주가 지연되면 어떻게 하느냐"고 했다. 총괄 이사는 "프로젝트를 하다 보면 조금은 지연이 될 수도 있고 가끔씩은 빠르게 진행되기도 한다. 2주라고 했지만 개발이 본격화되면 2주를 따라 잡을 수 있도록 하겠다"라고 했다. 역시 대단하다. 누가 고객사의 이사를 상대로 그런 말을 할 수 있단 말인가. 총괄 이사는 "이사님만 믿겠습니다."라고 하며, "추진단 여러분도 각 업무별로 지연되지 않도록 각별히 신경 써주시기 바랍니다."라고 한다. 결국 만만한 추진단에게 빨리 진행할 수 있도록 하라는 것이다. 회의가 끝나면서 기획 이사가 "2주 뒤인 7월 16일에는 중간 보고를 수행 팀에서 하지 말고 추진단의 각 업무 담당자가 보고를 하십시오. 사장님은 참석하실 지 모르겠지만, 회사의 부장급 이상은 모두 참석할 예정입니다."라고 한다.

중간 보고 주체가 수행 팀에서 고객으로 변경

추진단이 당황한다. 수행 팀도 당황한다. 큰일이다. 수행 팀인 우리가 발표하면 지금의 발표 자료로 충분하지만 추진단이 발표를 하려면 현재까지의 진행 상황뿐 아니라 프로젝트를 통해 무엇이 좋아지고, 어떤 프로세스가 어떻게 바뀌는가 등 더 많은 자료가 필요할 뿐 아니라, 그 때까지 계획 대비 실적을 맞추지 못하는 업무의 추진단 담당은 속된 말로 당연히 깨지는 것이다. 어느 고객이 자신의 업무가 지연되어 자신이 추궁당하는 것을 좋아하겠는가? 2주 동안은 죽음이다. 예전에 따졌던, '정상 근무 시간은 간섭할 수 있지만 정상 근무 시간 외의 추가 근무 시간은 간섭할 수 없습니다.'가 '지금부터 2주 동안은 추가 근무 시간에도 간섭을 하실 수 있겠습니다.'라는 말로 바뀌는 것이다.

중간 보고까지는 무조건 100%

업무별 주간 보고 회의는 심각했다. 지난 주에 비하면 20%나 높였고, 할 수 없을 것이라고 생각했던 인터페이스 설계는 100%, 데이터 이행 설계의 진도율은 50%가 되었지, 2주 후의 중간 보고 때문에 현업과 이고객의 신경이 날카로워져 있다. 다른 주간 보고 내용은 듣지도 않고 "2주 후까지 계획 대비 실적을 어떻게 100%로 높일 수 있는 안을 작성해서 오늘 퇴근 전까지 제출하세요."라고 하며, "운명의 7월 16일까지는 무조건 11시까지 야근에 휴일도 없습니다."라는 말로 대못을 '쾅' 박는다. 일정이 계획대로 왔다면 할 말이 있겠지만 "예 알겠습니다."라는 말로 주간 보고 회의를 끝낸다.

작업 이름	현황	기간	계획시작날짜	계획완료날짜	실제 시작 날짜	완료율	계획진척율	실적진척율	공정준수율
⊟ NormalClient GroupWare 재구축 Project	☺	216 일	10-05-03 (월)	11-02-28 (월)	10-05-03 (월)	23%	14.9	13.64	91.53
⊟ 계발	☺	216 일	10-05-03 (월)	11-02-28 (월)	10-05-03 (월)	23%	14.32	12.99	90.72
준비	☺	4 일	10-05-03 (월)	10-05-07 (금)	10-05-03 (월)	100%	100	100	100
⊞ 요구분석	☺	17.25 일	10-05-10 (월)	10-06-01 (화)	10-05-10 (월)	100%	100	100	100
⊟ 설계	☺	35 일	10-06-01 (화)	10-07-20 (화)	10-06-01 (화)	64%	77.02	67.38	87.48
화면설계		10일	10-06-01 (화)	10-06-15 (화)	10-06-01 (화)	100%	100	100	100
화면설계 리뷰	☺	5일	10-06-15 (화)	10-06-22 (화)	10-06-15 (화)	100%	100	100	100
상세 설계	☺	15일	10-06-22 (화)	10-07-13 (화)	10-06-22 (화)	40%	46	40	86.96
상세 설계 리뷰	—	5일	10-07-13 (화)	10-07-20 (화)	미정	0%	0	0	0
인터페이스 설계		5일	10-06-22 (화)	10-06-29 (화)	10-06-22 (화)	100%	100	100	100
데이터이행 설계	☹	5일	10-06-22 (화)	10-06-29 (화)	10-06-22 (화)	50%	100	50	50
테스트 계획		1일	10-06-30 (수)	10-07-01 (목)	10-06-30 (수)	100%	100	100	100

[그림 10] 7월 2일 기준 WBS 현황

여러 가지 상황에 대응하다 보니 이번 주에 투입되어야 할 인원 4명 중 하개발이 투입되지 않은 것에 대해 신경을 쓰지 못했다. 모두 투입되어 일을 하고 있지만 나는 거의 손을 놓고 있었고, 박피엘과 최피엘에게 관리를 하게 했었다. 투입되자 마자 모두들 고생하는 것 같아 미안한 마음이지만 어떻게 할 것인가? 상황이 상황인데…

최피엘은 상세 설계를 하면서 UML을 배우고 있다. 실제로 업무를 하면서 배우는 것이 가장 빠르다는 생각에, 한 시간만 UML에 대해 교육을 한 뒤 바로 자신이 담당한 업무를 UML로 상세 설계를 하게 했다. 처음은 어려워하더니, 이틀이 지나니 정말 어려운 부분을 제외하고는 곧 잘 해낸다. 역시 기본기가 있으면 응용 부분은 금방 따라 잡는다.

작성일: 7월 2일 PM

M+3 W14 설계: 상세 설계 리뷰

새로 온 허피엠

월요일에 드디어 허피엠이 Majorsoft사의 새로운 피엠으로 투입되었다. 얼굴을 보면서 깐깐하겠구나 싶었는데, 역시 월요일 수행 팀 주간 보고부터 깐깐하게 진행했다. 무조건 수행 팀의 잘못이란다. 고객의 마음을 휘어잡지 못하는 것 자체가 프로젝트 관리자로서 일을 잘못하고 있다는 것이다. 고객들이 원하는 것을 미리 알고 고객들에게 제시하는 것이 프로젝트 관리자와 중간 관리자가 해야 할 일이라며, 앞으로 각 업무 PL별로 고객의 만족도에 따라 업무에 대한 평가를 하겠다고 한다. 여기에서 PL과 PM이 혼동될 수 있을 것이다. Majorsoft사의 입장에서 보면 나는 업무 PL이다. 그러나 우리 회사와 업무 담당자 입장에서 보면 나는 업무 PM이다. 대부분 나와 같은 사람을 PM이라고 호칭하지만 총괄에서 보고할 때에는 PL로 된다. 하여튼 허피엠도 오자마자 인수 인계하랴, 중간 보고 준비하랴, 감리 대응을 위한 사내 품질 관리 팀 대응하랴 바쁘게 지냈을 것이다. 나도 바빠서 허피엠의 투입에 대한 건은 주간 보고 직전까지 잊고 있었다.

중간 보고를 위한 철야 행진

우리 개발 팀원들은 일정을 따라 잡기 위해, 저녁 12시는 물론이고, 지난 금요일에는 철야를 하고, 토요일 점심 시간쯤 출근해서 또 철야하고 일요일 저녁 식사 전에 퇴근했다. 월요일 아침에 출근했는데 얼굴이 말이 아니다. 이번 주도 지난 주와 같이 하면 팀원들의 사기가 많이 떨어질 것 같다. 개발자들은 투입되자마자 야근은 물론이고, 철야에, 휴일 근무까지 강행군 중이라 더 힘든 것 같았다. 이렇게 일을 하니 은개발 같은 개발자는 나이가 30 후반인데도 결혼은 고사하고 여자 친구도 없단다. 요즘 여자들이 소프트웨어 개발자들과는 사귀지 않으려고 한단다. 돈도 적고, 얼굴 볼 시간도 없고, 휴일에도 일해야 하니 누가 사귀고 싶겠는가?

요즘 낮은 출산율 때문에 문제라는데, 소프트웨어 개발 보수를 현실화하고, 소프트웨어 업종에 일하는 사람들에게 정상적인 삶을 살 수 있는 환경을 준다면 여자 친구 사귈 시간도 있을 것이고, 결혼도 하게 될 것이고, 출산율이 조금이나마 높아지지 않을까? 라는 쓸데 없는 생각도 해본다.

감리 준비

새로 투입된 개발자와 디자이너가 각 피엘과 인수 인계와 업무 분할을 할 때 나는 또 다른 업무로 일주일 내내 시달렸다. 중간 보고서 작성은 이미 알고 있는 업무이고, 계획 상 다음 주에 분석 및 설계 감리가 있다는 것을 지난 주간 보고 회의에서 알게 되었다. '감리가 있을 때가 됐는데'라는 생각은 했지만, 이렇게 빨리 다가온 줄은 모르고 있었던 것이다. 이고객과 함께 중간 보고 자료를 작성하면서, 문서의 정합성과 표준화 등 기본 감리 준비와 함께 지금까지 미뤄왔던 이슈 보고서 결과 작성, 형상 관리 문서 작성, 변경 관리 문서 작성, 회의록과 요구 사항 추적표 매칭, 요구 사항 추적표의 화면 설계서와 상세 설계서 매칭 등 1인 2, 3역을 한 것 같다. 이럴 때에는 내가 홍길동처럼 3~4명이 되었으면 좋겠다.

나피엠은 파워포인트 디자이너

중간 보고서 작성은 기획 이사의 지시와 총괄 이사의 지시에 따라 이고객이 작성해야 한다. 그러나 이고객이 자기는 MS 파워포인트를 잘못 하니 나보고 하란다. 그래서 지난 주 금요일 저녁부터 일요일까지 작성하여 이고객에게 보여줬고, 이고객은 기획실의 고고객과 만나 얘기를 해보겠다며 가더니 "기획 이사는 이런 것 좋아하지 않는다고 합니다. 이렇게 하면 안 될 것 같습니다."라고 한다. 다시 수정하라는 것이다. "어떻게 바꿀까요?" 물어보자 고고객과 얘기하란다. 차장까지 되었으면서 보고서 작성의 기본인 파워포인트도 잘 사용하지 못한다는 것이 이해가 되지 않지만, 그렇다 치더라도 적어도 내가 작성한 것이 기획 이사가 마음에 들어 하지 않는다고 말할 때면 어떤 내용이 보고서에 나와야 하는 것인지 정도는 알려줘야 하지 않을까?

고고객과 만나서 이야기를 해 보니, 내용의 문제가 아니라 꾸미는 것의 문제란다. 그림도 조금 더 산뜻하게 그리고, 글로만 적지 말고 그림으로 표현하란다. 한숨이 절로 나온다. '내가 화가도 아니고, 그렇다고 디자이너도 아닌데, 그림을 조금 더 산뜻하게 하라고 하면 어떻게 해야 하고, 글로 설명해야 하는 것을 그림으로 그리라고 하면 또 어떻게 해야 하나?' 목구멍까지 차오르지만 할 수 없다. 이고객이 발표할 자료이니 이고객이 원하는 대로 만들어줘야 한다. 낮에는 중간 보고 자료 작성으로, 저녁에는 감리 준비로 바쁘게 지낸 한 주였다.

결국 목요일에 중간 보고서 작성이 완료되었고, 이고객에게 넘겼다. 목요일 전에도 이고객은 다른 업무에서 작성한 자료를 일부 가져와서 이렇게 만들어라 저렇게 만들어라 하며, 자기는 말로만 열심히 만들었다. 누더기가 될 것 같았는데, 그래도 목차는 계속 유지를 해서 일관성은 있어 보였다. 수요일에는 화면 그래픽을 위해 투입된 디자이너에게 전체를 봐달라고 했더니, 자기는 웹 디자이너지 파워포인트 디자이너가 아니라서 어렵다는 얘기만 들었다. 결국 있는 실력 없는 실력 모두 쏟아 부어 목요일에 완성한 것이다. "이 정도 만들었으니 이제 이고객님이 변경하실 것이 있으면 직접 변경하세요"라고 말하자 또 같은 얘기를 한다. "나는 파워포인트 잘 못한다니까. 바꿀 것 있으면 나피엠에게 얘기할께요. 잘 부탁해요" 이 때까지 하지 않던 말도 한다. 으! 징그러워.

공정 준수율 98%. 100%를 향해서 야근, 철야, 휴일 근무

모두의 피눈물 나는 야근과 철야, 휴일 근무 덕분에 공정 준수율이 98%까지 올라왔다. 박피엘과 최피엘은 월요일부터 금요일까지 집에도 가지 않고, 주변에 있는 찜질방에서 자면서 일을 했다. 은개발도 몇 일 찜질방을 이용했다고 한다. 미안하면서도 고맙다. 주간 보고 회의 때 드디어 이고객의 얼굴 표정이 누그러진다. 이번 주 내내 찡그린 얼굴에, 아무 것도 아닌 일에 화를 내면서, 우리를 잡아 먹을 듯이 지냈었다. "다음 주까지는 무조건 100% 달성해야 합니다."라고 강조하며 주간 보고 회의를 끝낸다.

작업 이름	현황	기간	계획시작날짜	계획완료날짜	실제 시작 날짜	완료율	계획진 척률	실적진 척률	공정준 수율
⊟ NormalClient GroupWare 재구축 Project	☺	216 일	10-05-03 (월)	11-02-28 (월)	10-05-03 (월)	26%	16.73	16.42	98.12
⊟ 계발	☺	216 일	10-05-03 (월)	11-02-28 (월)	10-05-03 (월)	26%	16.25	15.92	97.96
⊞ 준비	☺	4 일	10-05-03 (월)	10-05-07 (금)	10-05-03 (월)	100%	100	100	100
⊞ 요구분석	☺	17.25 일	10-05-10 (월)	10-06-01 (화)	10-05-10 (월)	100%	100	100	100
⊟ 설계	☺	35 일	10-06-01 (화)	10-07-20 (화)	10-06-01 (화)	80%	91.06	88.65	97.35
화면설계	☺	10 일	10-06-01 (화)	10-06-15 (화)	10-06-01 (화)	100%	100	100	100
화면설계 리뷰	☺	5 일	10-06-15 (화)	10-06-22 (화)	10-06-15 (화)	100%	100	100	100
상세 설계	☺	15 일	10-06-22 (화)	10-07-13 (화)	10-06-22 (화)	80%	79	80	101.27
상세 설계 리뷰	-	5 일	10-07-13 (화)	10-07-20 (화)	미정	0%	0	0	0
인터페이스 설계	☺	5 일	10-06-22 (화)	10-06-29 (화)	10-06-22 (화)	100%	100	100	100
데이터이행 설계	☺	5 일	10-06-22 (화)	10-06-29 (화)	10-06-22 (화)	80%	100	80	80
테스트 계획	☺	1 일	10-06-30 (수)	10-07-01 (목)	10-06-30 (수)	100%	100	100	100

[그림 11] 7월 9일 기준 WBS 현황

결과에 대한 팀원 격려와 보상 약속

주간 보고 회의가 끝나고, 우리 팀원들을 모아서 다시 회의를 시작한다. '노력한 것에 대해 감사 드린다. 다음 주까지 이렇게 한다면 중간 보고는 잘 끝날 것이다. 그러나 다음 주에는 감리가 있어 이번 주 토요일과 일요일에도 출근을 해 주어야겠다. 이렇게 하기 싫지만 중간 보고는 깨지면 피곤해지는 것뿐이지만, 감리 결과가 좋지 않으면 지금까지 우리가 한일 모두를 의심 받게 된다. 따라서 감리 준비를 하면서 문제될 것에 대한 목록을 작성해 두었으니 이에 따라 산출물을 변경해야 할 것이다.' 라고 어렵지만 해야 할 얘기를 한다. '오늘은 저녁에 간단하게 술 한 잔 하면서 저녁을 먹고 집에 갑시다, 내일 출근해서 우리가 작성한 목록에 따라 일을 할당해서 진행하고, 다음 주에 중간 보고 회의 하고 나서 고객 회식비 남은 것으로 찐하게 한 잔 하자. 그리고 무슨 일이 있어도 그 주 휴일에는 푹 쉴 수 있도록 하겠다.'라고 현재 상태에서 제시 가능한 조건을 내 건다.

저녁 식사 시간이다. 모두들 피곤할 텐데 식당에 와 있다. 정말 대단한 팀이다. 저녁을 먹으면서 간단하게 소주를 시켜 먹는다. 오늘은 많이 먹지는 못하겠지만 그래도 지난 주에 비해서는 편안한 상황이다. 소주가 한 병 한 병 늘어나면서 박피엘은 정신을 못 차린다. 하긴 매일 철야하는 것처럼 일주일 동안 일만 했으니 피곤하지 않으면 이상한 것이다. 거의 기절할 상태가 다 되어서야 집에 간다. 기절할 상태라고 하지만 실제로는 식사 시작한지 2시간도 되지 않았다. 늦지는 않았지만 모두 택시를 태우고 얼마쯤 나오냐고 기사에게 물어봐서 돈을 주고 보낸다. 모두에게 힘든 한 주였다.

작성일: 7월 9일 PM

M+3 W15 설계: 상세 설계 리뷰

감리 착수 보고

감리 착수 보고를 시작으로 감리가 시작되었다. 이런 규모의 프로젝트에 5일로 감리를 하겠다는 것도 말이 안되고, 실제 감리가 품질이나 프로젝트의 성공적인 수행에 도움을 많이 주는 것도 아닌데, 이런 복잡한 절차를 거쳐야 한다는 것이 힘들다.

나피엠의 소고: 프로젝트 품질과 소프트웨어 품질

프로젝트를 수행하면서 품질에 대해 남 다른 생각이 있다. 프로젝트를 위해서는 2개의 품질이 만족해야 한다. 하나는 프로젝트 자체의 품질이고, 다른 하나는 소프트웨어의 품질이다. 대부분의 자료를 찾아 보면 프로젝트 품질보다는 주요 산출물인 소프트웨어에 대한 품질 요소가 대부분이다. 프로젝트의 품질은 거의 없다. 그런데 프로젝트의 품질이 좋지 않으면서 소프트웨어의 품질이 좋아진다는 것은 설명이 되지 않는 이상한 현상이다. 품질에 대한 우리나라의 특이한 생각이 이런 이상한 현상을 만든 것 같다.

대부분의 사람이 프로젝트 수행 중에는 '지금이야 어떻든 마지막만 좋으면 좋다'라는 말을 하면서 계획된 일정에 오픈 되기를 바란다. 이것은 당연히 프로젝트의 존재 이유이며, 주요 산출물인 소프트웨어가 잘 개발되어 문제 없이 계획된 일정에 오픈을 하고 문제 없이 운영되면 좋다. 그러한 품질의 소프트웨어를 만들기 위해서는 프로젝트 자체의 품질에도 관심을 쏟아야 한다고 생각한다. 프로젝트 자체의 품질이란 무엇인가? 가장 중요한 것은 프로젝트 수행에 따른 고객과 팀원의 만족도이다. 팀원의 만족도가 높아야 고객들에게 잘 할 것이고, 만족도가 높은 팀원들이 고객들에게 잘 하게 되고, 그러면 고객의 만족도가 높아질 것이다. 또한 팀원의 만족도가 높아야 소프트웨어를 만들어 가는 과정에서 나오는 모든 산출물들의 품질 또한 높아질 것이다.

시작은 팀원의 만족도이다. 그런데 이번 프로젝트처럼 팀원들은 죽어라 일만 한다. 이번 프로젝트가 어려운 프로젝트이지만 대부분의 프로젝트가 이 프로젝트와 같을 것이다. 이러한 상황에서 팀원의 만족도를 높이기 위해서는 무엇을 해야 할까? 근무 강도는 어쩔 수 없다고 하면 금액적인 부분에서 달라져야 하고, 무엇보다도 미래가 있어야 한다. 우리나라는 개발자가 40대가 되면 '무엇을 할까? 뭘 해 먹고 살아야 하나? 이 일을 계속해야 하나?' 등 이 업계에 대한 실망감과 발전할 방향이 없다는 허무함이 밀려든다고 한다. 이렇게 되니 대학교를 입학하는 사람들도, 졸업하는 사람들도 가능하면 이 업계에 들어오지 않으려고 하는 것이다.

소프트웨어는 일반 제조업과는 다르다. 제조업과 같이 다른 사람에 의해 표준으로 설계하고, 설계에 있는 치수와 크기만 지키면 제품이 개발되는 것이 아니다. 개발자 각자가 연구원이며, 의사여야 한다. 처음에는 실수도 하면서 위에서 시키는 일을 수행하고, 이를 밑거름 삼아 점차 발전을 해야 한다. 점차 발전을 하면 의사와 같이 어려운 수술처럼 돈이 되는 가치가 있는 업무, 즉 코더가 아닌 설계자로 발전을 하면서, 신규 개발자들이 하지 못하는 어려운 부분을 개발하는 단계로 올라서야 한다. 그렇게 발전을 하면서 프로젝트 관리자로 발전을 할 것인지, 업무 전문가(컨설턴트)가 될 것인지, 아키텍트로 발전할 것이 인지에 따라 경력 관리를 하면서 각 분야의 전문가로 발전해야 한다.

그런데 우리는 어떤가? 과장이나, 차장급이 되면 무조건 관리자가 되어야 한다. 개발을 하고 싶어도 할 수 없는 환경이 되는 것이다. 대부분의 개발자들이 나중에 프로젝트 관리자가 되고 싶어 하고, 실제로 많은 개발자들이 프로젝트 관리자로 일하고 있다. PMBOK 달랑 하나 읽고는 프로젝트 관리자로 일을 하다 보니 프로젝트 관리도 안 되고, 개발자와 같은 생각으로 진행하면서 방법론이니 프로세스니 문서와 같은 것들이 철저하게 무시되는 현실이 되는 것이다.

감리: 5일? 3일?

왜 이런 쓸데 없는 생각이 들지? 하여튼 감리가 시작되면서 그룹웨어를 담당한 3명의 감리사에 대응하기 위해 바쁘게 자료를 작성하고 보냈다. 데이터 영역, 업무 영역, 프로젝트 관리 영역으로 나누어져 있어, 나는 주로 프로젝트 관리 영역을, 각 PL은 데이터 영역과 업무 영역의 감리사들과 만나게 된다. 금주 공정 준수율을 100%로 맞추기 위해서도 시간이 없는데, 감리로 인해 감리사들에게 계속 불려 다니니 일이 진행되지 않는다. 감리사들과 미팅을 가져 오후 4시와 5시 사이에만 면담을 하는 것으로 결정했다. 그러나 바로 다음날 급하다고 하며 오전에도, 점심 시간에도 PL들을 부른다. 그들도 5일 만에 감리를 끝내야 하고, 아니지 4일, 아니 3일만에 감리를 끝내야 한다. 첫 날은 착수 보고와 프로젝트

분석으로, 마지막 날은 감리 보고서 작성과 종료 보고로 하루를 몽땅 써야 하기에 실제로는 화요일부터 목요일까지 3일 동안만 실제 감리가 가능하니 급한 것이다.

감리: 부적정과 미흡 없애기

첫 착수 보고 후 점심 식사를 같이하면서 잘 부탁드린다는 말을 했는데도 중간 결과를 보니 미흡이 많고, 부적정도 하나나 있다. 이래서는 안 된다. 보통 이상으로 되어야 하고, 정말 잘 못되었을 때 하나 혹은 두 개 정도만 미흡이 되어야 한다. 프로젝트 관리 영역을 담당한 감리가 그룹웨어 감리의 수석이다. 따라서 프로젝트 관리 영역의 감리사와 대화를 하면서 부적정을 없애고, 미흡을 보통으로 바꾸자고 한다. 일단 따진다. "이 업무가 왜 부적정인가요?" "이렇고 저래서 부적정입니다." "아닌 것 같습니다. 말씀하신 것과 우리가 가진 자료가 다릅니다." 등 따질 것은 따지고 나니 부적정은 없어졌고, 4개이던 미흡이 2개로 줄었다. 적어도 1개 이상은 더 보통으로 바꿔야 하는데, 따질 것이 없다. 이고객에게 이야기를 한다. "이고객님 감리가 미흡으로 2개를 주었는데, 변경할 수 없다고 합니다. 어떻게 할까요?"라고 묻자 "잘 하고 있고, 문제가 없는데 뭐가 미흡이야"라고 목소리를 높인다. "내가 가서 이야기 해보지요"하고는 감리사가 있는 사무실로 간다.

이고객도 자신이 담당한 업무에서 미흡이나 부적정이 떨어지면 좋을 것 하나 없기 때문에 적극적일 것이다. 다른 업무 담당과 비교가 되면서 중간 보고에서 좋지 않은 결과를 낳을 수 있기 때문이다. 이고객이 들어 간지 한 시간이 다 되어서야 나온다. 얼굴로 봐서는 별로 좋은 것 같지 않은데, 궁금하다. 이고객은 미흡을 1개로 줄였는데, 한 개는 절대 안 된다고 했단다. 나로서는 만족하는데, 이 고객은 만족하지 못하는 것이다. 문제가 되는 데이터 부분은 우리 회사 패키지가 발전해 오면서 다양한 고객을 만족시키기 위해 만들어진 컬럼인데, 데이터 전문가가 보기에는 문제가 있다고 판단한 것이다. 데이터 전문가가 미흡이라고 해도, 패키지를 변경하지 않는 이상, 불가능한 것이라 굳이 감리사와 대립할 필요가 없다고 판단되어 어느 정도 주장만 하고 그만 둔 것이다.

이 고객은 나에게 와서 어떻게든 미흡을 없애라고 한다. 데이터 담당 감리사를 만나러 가기 전에 본사의 R&D 팀장에게 전화를 했다. 문제가 되는 컬럼이 만들어져야 하는 당위성과 이렇게 되어도 문제가 없다는 것을 문서로 작성해서 보내달라고 했다. "아니 지금까지 10년 넘게 일하면서 그런 것에 지적이 나온 적이 없는데, 왜 그런 것까지 문제로 삼는 거야? 패키지라고 얘기했어?"라고 묻는다. 당연히 패키지로 알고 들어왔고, 면담을 하면서 그렇게 주장을 했다고 하니, 방법을 찾아 보자며 전화를 끊었다.

팀장이 보내준 자료를 박피엘과 최피엘에게 보여주고, 감리에게 대응할 만한 자료인지 검토해 달라고 했다. 박피엘과 최피엘은 이 정도면 얘기할 수 있겠다는 결론을 내리고, 나는 감리사에게 회의를 부탁했다. 감리사는 데이터 때문에 그런 것이면 얘기할 필요 없다며 바쁘단다. 다시 부탁을 했다. 이 곳 한 곳을 위해 만든 패키지가 아니라 일반 기업과 공기업에도 적용을 해야 하는 패키지라 이 컬럼을 없애면 안 된다고 얘기를 했다. "그건 당신 회사 사정이고, 20년이 넘게 데이터 분야에서 일을 했고, 몇 백만 건이 넘는 데이터를 하루에 다루어야 하는 시스템도 만들면서 이렇게 하는 경우는 처음 봤다."고 했다. 말을 할 때마다 자신은 대형 은행과 대기업에서 프로젝트를 하면서 대용량 데이터를 다루어 왔다는 경력 자랑을 20분 이상하면서, 표정은 우리를 무시하는 것 같이 한다. '너희들이 뭘 알겠냐?'는 표정이다.

일방적인 감리

똑 같은 말이 몇 번 오가도, 절대 미흡을 철회할 생각이 없다고 못을 박으며 회의를 끝내자고 한다. 이고객에게 미흡 한 개는 없앨 수 없을 것 같다고 하자. "진짜 시스템에 문제 있는 것 아닙니까?"라고 묻는다. 예상한 것처럼 이상하게 흘러간다. "아닙니다. 자료를 보면서 설명을 드릴까요?"라고 묻자 "아닙니다." 라고 하면서도 얼굴은 문제가 있어 보인다는 눈치다. 조금 있다가 IT를 담당한 구고객을 데려와서 같은 얘기를 하자고 한다. 구고객에게 이런 저런 이유로 "이 컬럼이 필요합니다."라고 자료를 보여주며 이야기를 하자. 구고객은 "이 컬럼이 없으면, 조직 형태가 다른 곳에서는 적용이 안 되겠군요."라고 하며 너무나 고맙게도 이 컬럼은 있어야 하는 것이라고 결론을 내린다. 이제서야 이고객은 "그렇습니까? 기술적인 부분이라 혹시 했는데, 그런데 왜 이런 것 가지고 미흡을 준거야" 오히려 감리사를 원망한다.

이고객과 구고객 그리고 피엘들과 다시 감리사를 만나러 간다. 구고객이 다시 설명을 하며, 이 컬럼으로 인한 문제가 될 것이 없다고 판단하며, 설사 문제가 된다고 해도 패키지를 바꿀 수 없는 상황이니 보통으로 달라고 했다. 고객이 와서 이 정도 얘기하면 보통은 바꾸어 준다. 그런데 해당 감리사는 바꿀 수 없다고 하며 오히려 구고객에게 우리에게 했던 얘기를 하면서 그 컬럼은 없애야 한다고 목소리를 높였다. 구고객도 어쩔 수 없는 것이다.

이런 감리를 하는 이유를 모르겠다. 설사 부적정으로 한다고 해도 다양한 조건의 조직을 위해 필요한 컬럼을 없앨 수는 없다. 이런 부분을 설명을 하고 본 프로젝트의 적용에도 문제가 없음을 확인하면 대개는 보통으로 하고, 권고 사항으로 넣기 마련이다. 그런데 무조건 데이터 설계에서는 없어야 하는 컬럼이라고 자신의 주장을 일방적으로 받아들이라고 하는 감리를 어떻게 받아 들여야 하는 것인가?

ISP의 유용성

그룹웨어는 ISP를 먼저 하지 않아 문제가 되지 않았지만 인사와 다른 업무는 ISP에서 문제가 발생했다. ISP를 한 결과와 현재 개발 중인 프로세스가 완전히 다르게 나타난 것이다. 많은 돈을 주고 길게는 4개월을 들여 ISP 컨설팅을 받은 후 결과를 시스템에 적용시키는 것이 정상적인 절차다. 그러나 실제로는 ISP 결과가 시스템에 반영되는 경우는 거의 없다. 그렇게 때문에 ISP를 한 후 시스템을 개발하는데도 요구 분석을 다시 해야 하고, 개발 기간이 길어지게 되는 것이다.

결국 ISP는 새로운 시스템을 도입하고자 하는 입장에서 윗분들에게 보고할 시스템 도입의 명분을 만들어 주는 단계일 뿐이다. 윗분들에게 시스템 도입을 주장하려면 "현재의 프로세스가 효율적이지 못해 업무 프로세스를 전환하여 효율적으로 변경해야 합니다."라는 보고를 해야 하고, 이러한 주장을 뒷받침 해주는 것이 ISP이다. 처음에는 비싼 돈을 들여서 한 ISP 결과를 무시하라는 일부 고객들의 말에 이해가 가지 않았지만, 단지 명분일 뿐이라고 이해를 하면서 '그래 그런 방법이 가장 편하겠구나'라는 생각이 들었다. 그러나 아직도 비싼 ISP를 적용하지 않는 경우를 보면 '그 돈을 우리한테 주면 더 좋은 시스템으로 개발이 가능할 텐데...'라는 생각이 드는 것은 어쩔 수 없다.

감리 결과 보고: 미흡 1개

결국 미흡을 하나 달고 감리 결과 보고를 했다. 오후 4시로 계획되어 있었으나 중간 보고 관계로 1시에 시작하여 2시 전에 끝이 났다. 다행인 것은 종합적으로 우리 업무는 보통으로 평가되어, 미흡인 몇 개의 다른 업무들 보다 좋은 결과로 보고가 된 것이다.

중간 보고 회의: 내부 PT의 중요성

감리 결과 보고가 끝나고 바로 중간 보고를 위해 대회의장으로 이동했다. 대회의장에는 이미 기획 이사와 함께 고객사 부장들 그리고 현업들이 모두 모여 있었다. 각 업무별로 중간 보고를 해야 하기 때문에 추진단의 각 업무 담당들은 바쁘게 움직였다. 발표 순서를 보니 그룹웨어는 3번째에 이름이 있다.

일반 회사들을 보면 과장 이상이 되면 보고서 작성과 프레젠테이션을 자주 하게 되는 것을 보았다. 과장 이상이 되면 PT에는 달인이 되는 경우가 대부분으로 알고 있었다. 그런데 이고객을 보니 이 회사는 어떻게 진급을 하는지 알 수가 없었다. PT를 한다고 하는 것이 완전히 자료를 그대로 읽는다. 강조하는 것도 없고, 이야기 하려는 주제도 없다. 문서의 흐름에 그냥 그대로 따라가니 PT를 하는 것인지 국어책을 읽는 것인지 헷갈릴 정도였다. 다른 업무 담당들 중에서는 너무 잘하는 사람도 있었고, 보통 이상은 하는 것 같은데, 이고객만 그렇다.

자료를 아무리 잘 만들면 뭐하나? 자료 발표를 엉망으로 하니 자료의 내용이 살지를 못한다. 다른 업무에 비해 그렇게 늦지도 않고, 감리 준비와 감리 대응에도 불구하고 모든 팀원이 최선을 다하여 공정 준수율도 100%가 되었는데도 다른 업무에 비해 장점이 없어 보였다. 이고객이 자신이 없어 보이는 것 같고, 그렇다 보니 업무 분석이 잘 되지 않은 것 같이 보였다. 기획 이사도 똑 같이 본 것 같다. 총론을 하면서 이고객을 쳐다보며 추진단이 이렇게 업무를 파악하지 못하고 있으니 프로젝트가 제대로 되겠느냐 라며 앞으로 월간 보고에는 자신이 참석할 것이니 추진단이 보고를 하라는 지시를 내리며 중간 보고 회의를 끝냈다.

중간 보고 회의 종료: 본격적인 전쟁 전야

중간 보고 회의가 끝나고 팀원들을 모았다. 잘 끝났으며 정말 수고 많이 했다고 하며, 앞으로 개발 계에서도 지금과 같이 100%의 공정 준수율을 지켜가자고 다짐을 했다. 이고객은 기분이 나쁜지 회의실을 나오면서부터 아무 말도 하지 않는다. 어쩔 것인가. 내가 봐도 그 정도로 끝난 것이 다행이라는 생각이 들 정도인데… 이고객에게 인사를 하고 오늘은 조금 일찍 퇴근을 하겠다고 했다. 이고객은 아무 말도 없이 고개를 끄덕인다.

작업 이름	현황	기간	계획시작날짜	계획완료날짜	실제 시작 날짜	완료율	계획진 척률	실적진 척률	공정준 수율
⊟ NormalClient GroupWare 재구축 Project	☺	216 일	10-05-03 (월)	11-02-28 (월)	10-05-03 (월)	29%	17.9	17.9	100
⊟ 개발	☺	216 일	10-05-03 (월)	11-02-28 (월)	10-05-03 (월)	30%	17.48	17.48	100
⊞ 준비	☺	4 일	10-05-03 (월)	10-05-07 (금)	10-05-03 (월)	100%	100	100	100
⊞ 요구분석	☺	17.25 일	10-05-10 (월)	10-06-01 (화)	10-05-10 (월)	100%	100	100	100
⊟ 설계	☺	35 일	10-06-01 (화)	10-07-20 (화)	10-06-01 (화)	100%	100	100	100
화면설계	☺	10 일	10-06-01 (화)	10-06-15 (화)	10-06-01 (화)	100%	100	100	100
화면설계 리뷰	☺	5 일	10-06-15 (화)	10-06-22 (화)	10-06-15 (화)	100%	100	100	100
상세 설계	☺	15 일	10-06-22 (화)	10-07-13 (화)	10-06-22 (화)	100%	100	100	100
상세 설계 리뷰	☺	5 일	10-07-13 (화)	10-07-20 (화)	10-07-13 (화)	100%	38	100	263.16
인터페이스 설계	☺	5 일	10-06-22 (화)	10-06-29 (화)	10-06-22 (화)	100%	100	100	100
데이터테이블 설계	☺	5 일	10-06-22 (화)	10-06-29 (화)	10-06-22 (화)	100%	100	100	100
테스트 계획	☺	1 일	10-06-30 (수)	10-07-01 (목)	10-06-30 (수)	100%	100	100	100

[그림 12] 7월 16일 기준 WBS 현황

지금까지의 회식은 가격이 저렴한 식당에서 했으나 이번에는 고객 회식비도 남아 있고, 모두 고생한 것에 대한 보상을 위해서 만든 자리인 만큼 보통 때에는 가기 힘든 대게집으로 예약을 했다. 술을 제외하고도 일인당 6만원이다. 다른 프로젝트에 있어 투입되지 못했지만 다음 주 월요일에 투입될 하개발까지 9명의 팀원과 본부장님, 영업을 불러서 총 11명이니 그냥 계산해도 66만원이고, 술값을 하면 약 70만원 정도가 나온다. 본부장님이 오시더니 이렇게 해도 되냐고 묻고는 "나피엠이 통이 크군"하며 즐기라고 하신다. 모두들 편안하게 술을 마시고 얘기를 하면서 즐겁게 자리를 이어갔다. 1차가 끝나고 본부장님이 쏜다고 하여 2차를 가서 맥주를 마셨고, 박피엘과 최피엘, 그리고 영업을 데리고 3차 노래방까지 거치고 난 후 새벽 3시가 넘어서야 집으로 향했다. 끝난 것이 아니다. 다음 주부터 본격적인 전쟁이 벌어질 것이다. 어떻게 집에 왔지?

작성일: 7월 16일 **PM**

M+3 W16
설계: 상세 설계 리뷰
개발: 프로그램 개발

개발 전 설계 승인 받기: 하루에 2번씩 찾아가기

분석과 설계를 끝내, 고객에게 설계 문서에 대한 승인을 부탁했다. 이고객은 현업이 사인을 하면 자신도 사인을 한다고 했다. 고고객에게 사인을 부탁하자 아직 리뷰를 하지 않았기 때문에 사인을 해주지 못 한단다. 또 똑 같은 이야기다. 분석 때 했던 방식은 통하지 않는다. 이미 감리를 위해 리뷰 완료율을 문서상 100%로 해버렸기 때문이다. 사인을 받지 않으면 100%가 되지 못한다. 이고객에게 다시 가서 고고객을 설득해 줄 것을 부탁했다. 만약 고고객이 사인을 하지 못하면 상세 설계 리뷰만 종료한 진척율인 50%로 돌려 놓게 되고, 이렇게 되면 전체 공정 준수율이 다시 낮아질 것이기 때문이다.

이고객은 알았다고 하지만 고고객에게 말하지 않을 거라는 느낌을 받았다. 개발에 들어가기 전에 설계 승인을 받아야 한다. 월요일부터 부탁을 하고, 매일 고고객에게 찾아 갔지만 안 된다고 한다. 아직 리뷰를 하지 않았다는 것이다. 전체 상세 설계에 대하여 리뷰를 했다는 리뷰 결과 보고서가 있는데도, 아직 승인을 하지 못하겠다는 것이다. 마지막 방법에 대한 욕구가 올라온다. 아니다. 아직은 최후의 방법을 쓰기에는 너무 이르기도 하지만 다시는 사용하지 않기로 스스로 약속했었다. 먼저 구고객에게 승인을 부탁한다. 구고객은 모두 승인을 해 주었다. 고고객만 승인을 하면 이고객도 승인을 할 것이다. 하루에 2번씩 찾아 갔다. 없을 때는 자리에 앉아 기다렸다가 꼭 얼굴을 보고 승인을 부탁했다. 목요일에 고고객의 팀장님이 "왜 매일 와서 이렇게 앉아 있는냐?"고 물어봐서 그대로 대답했다. "설계 리뷰가 종료되었는데, 아직 승인을 받지 못해 그렇습니다."

드디어 금요일 오전에 고고객으로부터 연락이 왔다. 승인해 줄 테니 문서를 가지고 오라는 것이었다. 됐다. 이럴 때는 무식해야 한다. 고객의 윗사람들이 내가 매일 찾아가고 자리에 앉아 있는 것을 귀찮게 생각해야 한다. "웬만하면 승인 해주지 그래. 승인하지 못할 무슨 문제가 있나?"라고 했을 것이다. 고고객으로부터 승인을 받자, 이고객도 승인을 하여 변경 없이 실제 완료율을 보고할 수 있게 되었다.

모든 팀원 투입 완료-개발 시작

하개발까지 투입되어 전체 9명의 팀이 구성되었다. 다른 프로젝트에 비해 쉽게 온 편이다. 팀원 투입도 조금 늦기는 했지만 나름대로 필요할 때 투입되었고, 투입된 인원들도 불만이 있겠지만 아직까지는 묵묵히 일을 잘해 주고 있다. 이번 주부터 Majorsoft사의 품질 관리 팀에서 품질 관리가 있었으나, 감리 준비부터 투입된 팀이고, 감리를 완료한 후에 진행되어 별 다른 지적 사항 없이 진행되었다. 결과도 감리와 같아 별 다른 조치가 필요 없게 되었다.

이번 주부터는 본격적으로 개발이 시작된다. 지금까지는 준비 기간이었다. 준비는 잘 되어 온 것이다. 그러나 실제 소프트웨어를 개발하기 시작하는 오늘부터가 프로젝트를 시작하는 것이다. '시작이 반이다'라는 말이 있다. 그러나 소프트웨어 개발은 '반이 지나야 시작이다.' 5월부터 시작하여 지금까지 3개월이 지났지만 본격적인 시작을 위한 준비 기간이었던 것이다. 그래도 준비는 잘 되어 있으니 큰 변동이 없는 한 잘 진행될 것이다.

하개발이 들어와서 컴퓨터와 보안 프로그램 설치 등을 마치고, 최피엘로부터 담당해야 할 업무에 대한 설명을 듣고, 목요일부터는 본격적으로 프로그래밍에 들어가면서 634본의 프로그램 개발에 착수했다. 금주에는 총 48개 계획에 50개를 개발하면서 기분 좋게 출발했다. 늦게 투입되어 걱정했던 하개발도 9월부터 시작하려던 인터페이스를 담당하며 빨리 진행하고 있다. 표를 보면 다음 주 계획 본수가 56개로 이번 주 실적보다 많다. 본격적으로 개발이 시작되는 것은 다음 주라는 얘기다. 다음 주와 그 다음 주 계획 대비 실적을 분석해 보면 현재의 인력으로 가능할 지, 인력을 얼마나 더 늘여야 할 지를 결정할 수 있을 것이다. 분석과 설계를 거치면서 처음 계산했던 본수에서 14본이 늘어난 정도로, 아주 양호한 범위 관리가 되고 있기에 가능할 것 같은데, 처음 계획했던 것보다는 94본이 증가한 상태라 어떻게 될 지에 대한 최종 결론은 2주 정도 지나면서 상황을 분석한 후 날 것이다.

번호	업무 구분	프로그램 총계		금주 누계			금주 실적			차주 계획			비고(지연사유 및 대안)
		개수	진척율	계획	완료	진척율	계획	실적	계획대비	누계	차주 계획	진척율	
	합계	634	7.9%	48	50	104.2%	48	50	104.2%	106	56	16.7%	
1	박피엘	49	8.2%	4	4	100.0%	4	4	100.0%	9	5	18.4%	
2	른개발	119	6.7%	8	8	100.0%	8	8	100.0%	18	10	15.1%	
3	장개발	126	7.9%	10	10	100.0%	10	10	100.0%	21	11	16.7%	
4	최피엘	60	8.3%	5	5	100.0%	5	5	100.0%	11	6	18.3%	
5	정개발	127	7.1%	9	9	100.0%	9	9	100.0%	19	10	15.0%	
6	강개발	120	9.2%	10	11	110.0%	10	11	110.0%	22	11	18.3%	
7	하개발	33	9.1%	2	3	150.0%	2	3	150.0%	6	3	18.2%	
	합계	620	8.1%	48	50	104.2%	48	50	104.2%	106	56	17.1%	
1	업무 1	215	3.7%	8	8	100.0%	8	8	100.0%	18	10	8.4%	
2	업무 2	73	19.2%	14	14	100.0%	14	14	100.0%	30	16	41.1%	
3	업무 3	138	6.5%	9	9	100.0%	9	9	100.0%	19	10	13.8%	
4	업무 4	161	9.9%	15	16	106.7%	15	16	106.7%	33	17	20.5%	
5	인터페이스	33	9.1%	2	3	150.0%	2	3	150.0%	6	3	18.2%	

[표 9] 7월 23일 기준 개발 실적 비교 표

작업 이름	현황	기간	계획시작날짜	계획완료날짜	실제 시작날짜	완료율	계획진척률	실적진척률	공정준수율
NormalClient GroupWare 재구축 Project	☺	216 일	10-05-03 (월)	11-02-28 (월)	10-05-03 (월)	27%	13.39	13.6	101.54
⊟ 개발	☺	216 일	10-05-03 (월)	11-02-28 (월)	10-05-03 (월)	23%	12.18	12.39	101.75
⊞ 준비	☺	4 일	10-05-03 (월)	10-05-07 (금)	10-05-03 (월)	100%	100	100	100
⊞ 요구분석	☺	17.25 일	10-05-10 (월)	10-06-01 (화)	10-05-10 (월)	100%	100	100	100
⊞ 설계	☺	35 일	10-06-01 (화)	10-07-20 (화)	10-06-01 (화)	100%	100	100	100
⊟ 개발	☺	61 일	10-07-20 (화)	10-10-13 (수)	10-07-20 (화)	2%	2.06	2.36	114.29
프로그램 개발	☺	51 일	10-07-20 (화)	10-09-29 (수)	10-07-20 (화)	8%	7	8	114.29
인터페이스 개발	—	20 일	10-09-01 (수)	10-09-29 (수)	미정	0%	0	0	0
단위테스트	—	51 일	10-07-27 (화)	10-10-06 (수)	미정	0%	0	0	0
단위테스트 보완	—	51 일	10-08-03 (화)	10-10-13 (수)	미정	0%	0	0	0

[그림 13] 7월 23일 기준 WBS 현황

공정 준수율 114%; 감리 결과 조치 계획서 작성

지난 주 계획 진척율 17.9%보다 금주 계획 진척율이 13.39%로 낮아진 이유에 대해 고고객이 문제를 제기했으나, 금주에 설계가 종료됨에 따라 상세 개발 일정이 수립되었고, 변경 관리를 통한 개발 일정 조정에 따라 WBS의 계획 진척율이 낮아졌으며 공정 준수율이 100%를 넘었다고 보고하였다. 모든 고객이 만족하는 눈치였다. 본격적으로 시작되었으나 문제 없이 진행되니 당연히 기분이 좋을 것이다. 지난 번 감리까지도 설계를 하지 못했던 업무들은 아직 감리 결과에 대한 조치로 바쁘다. 감리 결과에 대한 조치 계획서를 작성하고, 감리 결과가 조치되면 감리 결과 조치 결과서를 작성해야 하니 많은 지적 사항이 나온 업무는 당연히 더 바빠지게 된다. 우리도 당연히 감리 결과 조치 계획서를 작성해서, 주간 보고서와 함께 이를 제출하였다. 미흡으로 평가되었으나 어떻게 할 수 없는 데이터 영역은 조치 불가로 제출되었다. 현업과 이고객 모두 알고 있는 상황이라 '조치 불가'라는 표현만 걸고 넘겨졌을 뿐 이견이 없었다. '조치 불가'라는 용어가 너무 과격하다는 것이었다. 그래서 '패키지의 특성으로 대응하지 못함'으로 변경했다. 모두 만족이다.

작성일: 7월 23일 **PM**

 **개발: 프로그램 개발, 단위 테스트**

단위 테스트 동시 진행

이번 주는 본격적으로 개발에 들어가고 속도가 나기 시작하는 주이기 때문에, 아침 9시부터 프로그램을 시작해서 저녁 7시 30분까지만 하기로 했다. 그러나 월요일부터 거의 12시가 다 되어서야 퇴근하기 시작했다. 이번 주 계획은 총 56본이었는데 44본이 완료되어 92.5% 공정율을 보이고 있고, 누계에서도 계획 17%에 1.5% 모자라는 15.5%가 되어 있다. 이 정도면 결국 휴일 근무를 하지 않으면 앞으로 계획을 지키기 어렵다는 결론이다. 7시 30분 퇴근은 불가한 나만의 생각이었다.

번호	업무 구분	프로그램 총계		금주 누계			금주 실적			차주 계획			비고(지연사유 및 대안)
		개수	진척률	계획	완료	진척률	계획	실적	계획대비	누계	계획	진척률	
	합계	634	15.5%	106	98	92.5%	54	46	85.2%	145	47	22.9%	
1	박피빌	49	18.4%	9	9	100.0%	5	5	100.0%	14	5	28.6%	
2	은개발	119	13.4%	18	16	88.9%	8	7	87.5%	23	7	19.3%	
3	장개발	126	12.7%	21	16	76.2%	11	5	45.5%	22	6	17.5%	
4	최피빌	60	18.3%	11	11	100.0%	6	6	100.0%	18	7	30.0%	
5	정개발	127	15.0%	19	19	100.0%	10	10	100.0%	28	9	22.0%	
6	강개발	120	16.7%	22	20	90.9%	11	9	81.8%	30	10	25.0%	
7	하개발	33	21.2%	6	7	116.7%	3	4	133.3%	10	3	30.3%	
	합계	620	15.8%	106	98	92.5%	54	46	85.2%	145	47	23.4%	
1	업무1	215	7.4%	18	16	88.9%	8	7	87.5%	23	7	10.7%	
2	업무2	73	34.2%	30	25	83.3%	16	10	62.5%	36	11	49.3%	
3	업무3	138	13.8%	19	19	100.0%	10	10	100.0%	28	9	20.3%	
4	업무4	161	19.3%	33	31	93.9%	17	15	88.2%	48	17	29.8%	
5	인터페이스	33	21.2%	6	7	116.7%	3	4	133.3%	10	3	30.3%	

[표 10] 7월 30일 기준 개발 실적 비교 표

단위 테스트와 같이 진행되기 때문에 일요일까지 근무를 해야 할 것 같다. 월요일부터 토요일까지는 개발 및 단위 테스트를 진행하고, 일요일에는 일주일 동안 진행된 단위 테스트의 진행 결과에 대한 보완 작업을 해야 하기 때문이다. 가능하면 토요일 했으면 좋았는데, 불가능할 것 같다. 단위 테스트 보완이 별도의 액티비티로 일정이 잡혀있다.

이렇게 빠르게 진행하려고 하는 것은 혹시 모를 위험 때문이다. 단위 테스트 보완 액티비티를 별도로 잡아 놓은 것은 어떤 문제가 발생했을 때 프로그램이 조금 지연되더라도 이 기간을 이용하여 따라 잡을 수 있는 버퍼를 두기 위해서다. 따라서 지금과 같은 속도라면 예정보다 빨리 완료할 수 있다는 얘기다. 프로그램 실적 관리와 같은 방식으로 단위 테스트와 단위 테스트 보완 관리를 하고 있어, 정확한 수치를 알 수 있다.

장개발 개발 속도 지연, 이유는?

다른 팀원들은 정상적인 속도를 지키고 있는데 장개발이 문제였다. 장개발은 목표 11본에 5본만 완료했기 때문이다. 이에 반해 하개발은 인터페이스에 속도를 내면서 목표보다 빠르게 진행하고 있다. 다음 주에 장개발의 개발 속도가 계속 늦어진다면 늦어지는 이유를 알아보고, 대책을 세워야겠다. 다른 사람들도 같이 늦어진다면 프로그램 분량이 너무 많거나, 난이도가 높다는 것으로 분석이 되는데, 장개발만 늦어진다면 이는 장개발의 개발 속도가 다른 사람보다 늦거나, 장개발이 담당한 업무의 난이도가 높다는 얘기일 것이다.

월간 보고서 작성: 고객은 말로, 나피엠은 손으로

어김없이 이번 주도 월간 보고를 준비했다. 다른 개발자들과 PL들이 프로그램 개발과 단위 테스트에 집중할 동안, 나는 이고객과 함께 중간 보고서 작성에 매달렸다. 중간 보고서 작성 방법과 같이, 이고객은 말로만 하고, 내가 모두 작성해야 했다. 어차피 내가 작성해서 보고해야 하는 보고 문서라 중간 보고서와 같은 짜증은 나지 않았다. 그러나 이고객의 입맛에 맞게 작성하려니 내가 보고하는 것이 훨씬 편할 것 같다는 생각이 절로 들 정도였다. 지금까지 한 것과 동일하게 작성하고, 진척도, 진행 상황, 한 일, 해야 할 일, 이슈 등을 정리하였지만 이고객은 이것으로는 안 된단다. 뭔가 모자란다는 것이다. 뭘까? 나도 많이 생각해 보았지만 모르겠다. 이고객도 계속 '뭔가 넣으라'고만 요구하지 구체적으로 제시하지를 못한다.

더 필요한 것이 뭘까? 중간 보고서에서는 본 시스템을 통해 좋아지는 것들이라든지 바뀌는 모습이라든지 등을 넣어서 보고를 했지만, 월간 보고서에 그런 것을 넣을 수는 없고, 인력 변동 상황, 프로그램 진척 상황, 단위 테스트 진척 상황, 보완 상황 등 필요한 자료는 모두 넣었는데, 뭘 더 추가하라는 것인지 정말 모르겠다. 이고객은 계속 뭔가 모자란다고 얘기를 해서, 다른 업무의 월간 보고서를 모두 모아 봤다. 우리랑 비슷하다. 오히려 단위 테스트 진척 상황이나 보완 상황 등에 대한 계획과 실적 누적을 수치로 보여주는 곳은 우리 밖에 없었다. 이를 본 다른 추진단 업무 담당자가 업무 PM에게 "그룹웨어 보고서와 같이 작성하란 말야"라는 말만 더 했을 뿐이다.

아무런 추가 작성 없이 오늘 드디어 발표 시간이 돌아왔다. 기획 이사가 참석했다. 중간 보고 때 깨진 것이 있어서 그런지 오늘은 이고객이 더 얼어 붙은 것 같았다. 처음부터 말을 더듬더니 후반부에 있는 다음 주 계획을 발표할 때에는 써 있는 문장도 틀리게 읽었다. 그러나 다른 업무에 비해 공정 준수율이 좋은 상황이라 큰 지적 사항 없이 지나갔다.

작업 이름	현황	기간	계획시작날짜	계획완료날짜	실제 시작 날짜	완료율	계획진척률	실적진척률	공정준수율
⊟ NormalClient GroupWare 재구축 Project	☺	216 일	10-05-03 (월)	11-02-28 (월)	10-05-03 (월)	29%	16.93	16.7	98.64
⊟ 개발	☺	216 일	10-05-03 (월)	11-02-28 (월)	10-05-03 (월)	26%	15.8	15.59	98.65
⊞ 준비	☺	4 일	10-05-03 (월)	10-05-07 (금)	10-05-03 (월)	100%	100	100	100
⊞ 요구분석	☺	17.25 일	10-05-10 (월)	10-06-01 (화)	10-05-10 (월)	100%	100	100	100
⊞ 설계	☺	35 일	10-06-01 (화)	10-07-20 (화)	10-06-01 (화)	100%	100	100	100
⊟ 개발	☺	61 일	10-07-20 (화)	10-10-13 (수)	10-07-20 (화)	7%	7.08	6.78	95.83
프로그램 개발	☺	51 일	10-07-20 (화)	10-09-29 (수)	10-07-20 (화)	15%	17	15	88.24
인터페이스 개발	----	20 일	10-09-01 (수)	10-09-29 (수)	미정	0%	0	0	0
단위테스트	☺	51 일	10-07-27 (화)	10-10-06 (수)	10-07-27 (화)	8%	7	8	114.29
단위테스트 보완	----	51 일	10-08-03 (화)	10-10-13 (수)	미정	0%	0	0	0

[그림 14] 7월 30일 기준 WBS 현황

월간 보고가 종료된 후 이고객의 얼굴이 완전히 풀렸다. 자신이 잘못한 것은 알지만 아무런 지적을 받지 않았기 때문이다. 오랜만에 기분이 좋은지 저녁을 같이 하자고 한다. 고고객도 기분이 좋은 것 같다. 고고객, 구고객과 PL들에게 저녁을 같이 하자고 얘기를 하고, 적당한 식당을 알아본 후 예약을 한다.

고객들과의 화기애애한 회식

모두 모였다. 저녁은 핑계고 술부터 시켜 먹기 시작한다. 이고객은 나부터 시작하여 PL들에게 술을 한잔씩 돌리면서 수고했다고 하며, 앞으로도 잘 부탁한다고 한다. 고고객도, 구고객도 이고객과 같이 모두에게 한 잔씩 술을 돌린다. 분위기 이어 갈려면 나도 돌려야 할 것이다. 오히려 우리가 고맙다고 하며, 수고하셨다고 술을 한잔씩 돌린다. PL들에게는 진심으로 고맙다고 한다. 술을 돌리면서도 모두들 기쁜 표정이라 기분이 좋다.

공식 휴가 줄이기, 비공식 휴가 보장

이럴 때 얘기를 해야 한다. 분위기가 나빠지겠지만 고객들이 있는 곳에서 약속하듯이 얘기를 해 버려야 한다. 뒤통수 때리는 얘기겠지만 확인을 받아야겠다. "요즘 보니까 여름 휴가에 대한 얘기가 나오는 것 같은데, 죄송합니다만 이번에는 여름 휴가를 반납하는 것이 어떨까 싶습니다. 그 대신 개발까지 계획된 시간에 종료한다면 모두에게 1주일의 비공식 휴가를 드리도록 하겠습니다."

모두들 경악하는 표정이다. 나도 가능하면 휴가를 주고 싶지만 계획을 아무리 살펴보아도 휴가를 사용할 만한 여유가 없다. 좋은 기분에 술 마시다가 이건 또 무슨 뚱딴지 같은 소리냐는 듯이 나를 쳐다보았다. 이미 약속이 있었던 기혼자들은 특히 더 목소리가 커진다. 고객들은 자기들과 100% 연계된 일이 아니기에 조용히 술잔만 기울인다.

"여름 휴가를 빼면 어떻게 됩니까? 유일하게 아이들이 학교와 학원을 쉬는 날인데, 안 됩니다. 여름 휴가는 갈 것입니다."와 같이 통보하듯이 의견을 피력하는 팀원도 있다. 그러나 "휴가를 정상적으로 드리면 좋겠지만 현재의 일정 상 휴가를 모두 다녀오면 일정 지연이 보이기 때문에 제안하는 것입니다. 다만 모두가 휴가를 사용해야 한다고 하면 일정표를 이용하여 2일씩 돌아가면서 휴가를 이용하는 방법은 어떻습니까?" 불만 있는 표정이지만 동의를 한다. 먼저 꽉 막힌 안부터 제시를 해야 한다. 2일로 결정이 났다.

작성일: 7월 30일 **PM**

나피엠의 제안 4 (7월)

"인사가 만사다." 대부분이 알고 있으면서도 매출액이나 환경 탓을 하면서 직원들의 만족도에 신경 쓰지 않고 있는 업체가 많다. 그러면서도 고객 만족도를 위해 항상 노력하라고 한다. 외부 고객의 만족도를 높이는 방법은 단순하다. 내부 고객의 만족도를 높이면 된다.

내부 고객의 만족도가 낮은 상태에서 내부 고객을 통해 외부 고객의 만족도를 높이는 방법은 없다. 「숨겨진 힘: 사람」, 「야마다 사장, 샐러리맨의 천국을 만들다」, 「괴짜 경영학」 등 레드오션으로 분류되는 업종에서도 경이적인 성장을 하고 있는 업체들을 분석한 책을 보면 내부 고객(직원)의 만족도를 높이는 것이 결국 매출액, 수익성, 외부 고객 만족도를 높이는 최선의 방법이었음을 알 수 있다.

금전적 보상뿐 아니라 미래에 대한 비전을 가질 수 있어야 한다. 프로그램 작업은 단순한 조립을 하는 것이 아니라 의사의 일과 같다. 건축 공학 등에서 아이디어를 빌려온 소프트웨어 공학에서 첫 단계의 실수는 다른 공학에서 말하는 것처럼 설계가 잘 되고, 표준화 되면 건물을 짓듯이 소프트웨어를 개발할 수 있다는 생각이라고 생각한다.

그래서 그런지 소프트웨어 개발자를 건물을 짓는 일반 노동자로 생각하는 것 같다. - 노동자를 무시하는 것은 아니다. - 일반 단순 업무로 받아들이면 소프트웨어 개발은 이미 실패한 것이다. 인턴 시절을 거치면서 학교에서 배운 지식을 현장에 이용할 수 있도록 발전을 하고, 레지던트와 일반 의사를 거치면서 점차 업무에 대한 부가가치를 높여간다. 한 병과의 과장이 되면 간단한 수술은 일반 의사가 담당하고, 자신은 더 어렵고 복잡한 수술을 집도하거나 비싼 비용을 들여야 진료라도 받을 수 있게 된다.

소프트웨어도 그렇게 되어야 한다. 처음에는 단순히 인턴 수준에서 프로그램을 만들겠지만, 점차 경력이 늘어나면서 더 많은 현장 경험을 쌓고, 이를 이용하여 좀 더 높은 수준의 프로그래머가 되어야 한다. 결국 아키텍트 혹은 전문 프로그래머가 되든 어떤 방향이든 다른 사람들이 하기 어려운 설계나 프로그램을 하면서 고부가가치를 창출할 수 있도록 되어야 한다.

이런 체계가 갖추어진다면 이 업계에 들어오는 새내기들도 꿈을 가지게 되고, 자신도 선배의 자리에 서게 되기를 바라면서 자신의 자리에서 최선을 다하게 되는 것이다. 이렇게 되면 소프트웨어 업계의 꿈인 높은 생산성과 품질을 만족시킬 수 있는 기본적인 조건이 되고, 상상력을 발휘할 수 있게 되는 것이다. "인사가 만사다."

M+4

- W18 개발: 프로그램 개발, 단위 테스트, 단위 테스트 보완
- W19 개발: 프로그램 개발, 단위 테스트, 단위 테스트 보완, 인터페이스 개발
- W20 개발: 프로그램 개발, 단위 테스트, 단위 테스트 보완, 인터페이스 개발
- W21 개발: 프로그램 개발, 단위 테스트, 단위 테스트 보완, 인터페이스 개발

M+4 W18 | **개발:** 프로그램 개발, 단위 테스트, 단위 테스트 보완

장개발 개발 속도 계속 지연-1주일 기다리기

지난 주 금요일 저녁 식사 자리에서 장개발에게 슬쩍 프로그램 속도가 늦는 이유를 물어보았다. 장개발은 이번 주까지는 따라 잡을 수 있을 것이라고 얘기를 했는데, 막상 뚜껑을 열어보니 지난 주보다 더 늦어지고 있다. 계획 대비 실적이 50%밖에 되지 않는다. 대책을 세워야 한다. 이유를 물어보니 업무 흐름도, 화면 설계, 상세 설계서를 보고 개발하기가 어렵다고 한다. 초급이긴 하지만 정 직원이고, 다른 PM들에게 물어보니 잘 하는 인력이라고 했는데, 이상하다. 뭐가 문제일까? 내가 뭔가를 잘못하고 있나? 여러 생각이 든다. 지금 대책을 수립해서 바로 시행에 들어가야 하나? 다음 주까지 기다렸다가 시행을 해야 하나? 이런 것이 문제다. 개발자들을 믿고 가야 하는데, 문제가 터졌다고 바로 조르기 시작하면 개발자의 능력을 제대로 발휘하기 힘든 상황이 될 것이고, 그렇다고 문제가 보이는데 대책을 수립하고도 개발자가 스스로 해결할 수 있을 때까지 기다려야 하는지?

번호	업무 구분	프로그램 총계		금주 누계			금주 실적			차주 계획			비고(지연사유 및 대안)
		계수	진척률	계획	완료	진척률	계획	실적	계획대비	누계	계획	진척률	
	인적별 실적												
	합계	634	22.7%	145	144	99.3%	47	46	97.9%	190	46	30.0%	
1	박피엘	49	30.6%	14	15	107.1%	5	6	120.0%	20	5	40.8%	
2	은개발	119	19.3%	23	23	100.0%	7	7	100.0%	30	7	25.2%	
3	장개발	126	16.7%	22	21	95.5%	6	5	83.3%	27	6	21.4%	
4	최피엘	60	30.0%	18	18	100.0%	7	7	100.0%	26	8	43.3%	
5	정개발	127	21.3%	28	27	96.4%	9	8	88.9%	35	8	27.6%	
6	강개발	120	24.2%	30	29	96.7%	10	9	90.0%	38	9	31.7%	
7	하개발	33	33.3%	10	11	110.0%	3	4	133.3%	14	3	42.4%	
	업무별 실적												
	합계	620	23.2%	145	144	99.3%	47	46	97.9%	190	46	30.6%	
1	업무 1	215	10.7%	23	23	100.0%	7	7	100.0%	30	7	14.0%	
2	업무 2	73	49.3%	36	36	100.0%	11	11	100.0%	47	11	64.4%	
3	업무 3	138	19.6%	28	27	96.4%	9	8	88.9%	35	8	25.4%	
4	업무 4	161	29.2%	48	47	97.9%	17	16	94.1%	64	17	39.8%	
5	인터페이스	33	33.3%	10	11	110.0%	3	4	133.3%	14	3	42.4%	

[표 11] 8월 6일 기준 개발 실적 비교 표

박피엘과 협의를 한 후 어떻게 해야 할지 결정해야겠다. 계획 대비, 지금까지 지연된 본수가 13본으로 현재 보여주는 장개발의 능력이면 약 2주가 넘는 개발 기간을 가져야 하지만 박피엘은 일주일이면 할 수 있는 분량이라고 하기에 일주일은 더 기다려 줄 수 있을 것이라고 한다. 일단 장개발에게는 다음 주까지 금주 분량까지 따라 잡으면 지금처럼 담당하는 부분에 대해 문제시 하지 않겠지만, 금주 분량을 하지 못하면 조치를 취할 것이라고 얘기를 하고 그대로 진행하기로 한다.

고객사의 강제 구매

NormalClient사가 제조하는 제품이 일반인과 상관이 없어 강제 구매는 없을 것이라고 생각했는데, 완전히 잘못된 생각이었다. 나는 우리나라에 있는 신용카드는 모두 가지고 있다. 은행 프로젝트를 할 때마다 고객이 '자사 카드를 만들어 주세요' 부탁을 해서 하나씩 만들다 보니 사용하지 않는 신용카드만 몇 십장이다. 말이 좋아서 부탁이지 거의 강제다. 은행을 고객으로 하면 신용카드, 핸드폰 만드는 제조업체를 고객으로 하면 핸드폰, 통신사를 고객으로 하면 통신사의 변경을 고객으로부터 부탁받는다. 어떤 전자 회사에서는 PDP 텔레비전 구입을 부탁 받은 적도 있다. 소위 대기업이라는 곳에서 이런 부탁을 받을 때면 난감하다. 이번 고객은 중견 기업이고, 제품이 일반인과는 전혀 상관이 없어 이런 일이 발생하지 않을 것이라 생각 했는데…

고객사가 납품하는 대기업에서 만든 제품을 우리에게 구매를 하라는 부탁이다. 일반 판매 가격보다 40% 저렴하게 준다는 조건이다. 이미 하나를 가지고 있고, 사용하지도 않을 것이 뻔하지만 적어도 우리 팀에서 1개는 팔아 주어야 한다. 팀원들에게 물어보니 당연히 아무도 사지 않으려고 한다. 본사 직원들에게 혹시 필요한 분이 있으면 저렴하게 구매할 수 있는 기회라고 공고를 보냈다. 구매하려는 사람이 아무도 없다. 어쩔 수 없이 내가 사야 했다. 집사람은 왜 쓸데 없는 걸 고객이 부탁한다고 사야 하느냐고 하지만, 이런 부탁을 거절했다가 프로젝트 후반에 피곤해 진 경험이 있어, 가능하면 최소 단위라도 구매를 해 예의를 보여 주는 것이다. 결국 내가 구매를 했지만 구매를 하자 마자 누구에게 선물로 줄까를 고민한다.

고객사도 이해가 가는 것이, 자기들도 납품을 하는 대기업으로부터 일정 수량을 할당 받아 판매를 해야 할 것이기 때문이다. 나쁜 놈은 대기업이지, 힘 없는 이런 업체가 아닌 것이다. 그렇게 보면 여기 고객들도 참 불쌍하다. 대기업에 납품하여 먹고 살고, 얼마나 많은 수익을 올리는 지 모르겠지만 그 남는 수익으로 대기업에서 파는 제품을 구입해야 하는 것이 현실이다. 이런 방법으로 제품을 판매하고, 통신사는 고객을 끌어들이고, 은행은 카드를 만들어 시장 점유율을 높인 것이 얼마나 될까? 뒤로는 이렇게 하면서 점유율이 높다고 자랑하고 있는 걸 보면, '저렇게까지 해야 하나'라는 생각이 들지만 그렇게 해야 하니까 하나 보다라는 생각도 한다.

작업 이름	현황	기간	계획시작날짜	계획완료날짜	실제 시작 날짜	완료율	계획진 척률	실적진 척률	공정준 수율
⊟ NormalClient GroupWare 재구축 Project	☺	216 일	10-05-03 (월)	11-02-28 (월)	10-05-03 (월)	32%	22.5	21.47	95.41
⊟ 개발	☺	216 일	10-05-03 (월)	11-02-28 (월)	10-05-03 (월)	29%	21.56	20.49	95.06
⊞ 준비	☺	4 일	10-05-03 (월)	10-05-07 (금)	10-05-03 (월)	100%	100	100	100
⊞ 요구분석	☺	17.25 일	10-05-10 (월)	10-06-01 (화)	10-05-10 (월)	100%	100	100	100
⊞ 설계	☺	35 일	10-06-01 (화)	10-07-20 (화)	10-06-01 (화)	100%	100	100	100
⊟ 개발	☺	61 일	10-07-20 (화)	10-10-13 (수)	10-07-20 (화)	14%	15.03	13.56	90.2
프로그램 개발	☺	51 일	10-07-20 (화)	10-09-29 (수)	10-07-20 (화)	23%	27	23	85.19
인터페이스 개발	—	20 일	10-09-01 (수)	10-09-29 (수)	미정	0%	0	0	0
단위테스트	☺	51 일	10-07-27 (화)	10-10-06 (수)	10-07-27 (화)	15%	17	15	88.24
단위테스트 보완	☺	51 일	10-08-03 (화)	10-10-13 (수)	10-08-03 (화)	8%	7	8	114.29

[그림 15] 8월 6일 기준 WBS 현황

개발 지연, 지친 개발자들, 추가 투입?

공정 준수율이 95.41%이다. 지난 주의 98.64%에서 크게 떨어진 것이다. 프로그램 개발이 지연되면서 저절로 단위 테스트도 지연되기 시작한다. 단위 테스트가 지연되면 다음 데스크들이 저절로 밀리기 시작할 것이다. 다음 주에 공정 준수율이 이번 주보다 더 떨어지면 고객들도 그냥 있지는 않을 것이다. 다음 주에는 일 단위로 진척율을 확인해야 할 것 같다.

처음부터 개발 임정에 무리가 있다는 것을 알았지만 3주를 개발해 보니 계획 대비 진척율에 무리가 있음을 알게 되었다. 밤 12시가 넘어서야 개발자들이 퇴근을 하고 있기 때문이다. 지금의 개발 속도에 무리가 따른다는 얘기다. 계속 이런 상태로 간다면 1개월이 조금 넘으면 팀원들이 피곤해 지기 시작할 것이다. 4주가 되는 다음 주까지 계속 이런 상황으로 간다면 본사에서는 좋아하지 않겠지만 본사에 이슈로 보고하여 개발자 1명을 4개월 정도 추가 투입을 해야 할 것이다.

배코더 투입-사용자 화면 나오기 시작

배코더가 월요일부터 투입되어 주간 보고 후에 전체 회식을 하기로 했다. 배코더의 투입으로 개발자들에게는 화면을 프로그램 속에 적용할 수 있게 되어 고객들이 원하는 화면이 완성되어 갈 것이다. 조금 늦은 감은 있지만 고객들이 요구한 화면들이 나오기 시작하면서 고객들이 좀 더 관심을 가지는 계기가 되었으면 하는데, 실제로는 별 다른 변화가 보이지 않았다. 고객들의 관심을 끌 수 있는 무엇인가를 시작해야 하는 시기이다. 단위 테스트는 개발자가 담당을 하지만, 지금부터 화면과 사용에 익숙해져야 통합 테스트나 시스템 테스트 시 정확한 테스트가 가능할 것이기 때문이다.

작성일: 8월 6일 **PM**

**M+4
W19**

개발: 프로그램 개발, 단위 테스트,
단위 테스트 보완, 인터페이스 개발

단위 테스트 중, 소프트웨어 품질에 대한 논쟁

단위 테스트를 하던 중 개발 팀 내에서 소프트웨어 품질에 대한 논쟁이 벌어졌다. '박피엘은 요구 사항이 정확하게 적용되는 것이 품질의 시작이다.'라는 의견이었고, 개발자들은 '에러 없이 원하는 기능이 제대로 동작하는 것이 품질이다.'라는 의견이었다. 누가 옳은 것 보다 나는 품질에 대해 의문을 제시하고 싶다. 우리나라는 소프트웨어에서는 에러(error)나 버그(bug) 라는 용어가 더 익숙하지만 외국의 경우 defect 즉, 결함이 더 중요한 요소로 인식된다. defect에는 기능의 에러뿐 아니라 사용에 대한 불편, 요구 사항을 만족시키지 못하는 것까지 다양하다. 에러나 버그보다 defect가 소프트웨어 품질에 대한 정의를 하기에 더 정확한 용어가 아닐까?

나피엠의 소고: 소프트웨어 품질

소프트웨어 품질이란 무엇인가? ISO 9126 표준을 보면 여섯 가지의 제품 특성을 표현하고 있다. Functionality, Reliability, Usability, Efficiency, Maintainability, Portability가 그것이다. 또 다른 소프트웨어 품질에 관련된 문서를 봐도 위의 여섯 가지 특성에 몇 가지 특성을 더 추가한 것에 불과하다. 과연 이것을 품질 요소라고 할 수 있을까? 예를 들어 Washing Machine을 만들어 달라는 고객의 요구가 있다. 연구자들과 개발자들은 열심히 개발하여 최상의 품질을 가진 세탁기를 만들었다. 개발 팀원들은 모두 만족하였고, 더 이상 좋은 세탁기를 만들 수 없다는 결론에 이르러, 고객에게 전달했다. 그런데 막상 고객이 세탁기를 설치한 후 세탁을 하는데, 고객은 고개를 갸우뚱 한다. "세탁기가 왜 이렇습니까? 신발을 세탁하는 세탁기를 생각했는데, 이것은 옷을 세탁하는 세탁기를 만드신 것 같습니다. 처음에 말씀 드렸던 요구와 다릅니다."

우리는 신발을 세탁하는 세탁기를 원하는 고객에게 옷을 세탁하는 일반적인 세탁기를 개발해 준 것이다. 세탁기는 잘 돌아 간다. 고장도 거의 없을 것이다. 위에서 말하는 품질 기준에는 완전하게 맞아 들어 간다. 그러나 고객이 원하는 제품이 아닌 것이다. 고객은 세탁기를 요구하면서 세탁기가 완성될 때 까지는 옷을 세탁하는 세탁기와 신발을 세탁하는 세탁기의 차이에 대하여 개발 팀에 말하지 못한 것이다. 기능은 동일했기 때문이다. 이런 상황에서 개발 팀은 최고 품질의 제품을 만든 것일까? 지금까지 품질에 대한 요건들을 보면 위의 예가 틀리지 않음을 보여 준다. 품질에 대한 요건이 바뀌어야 한다. 최고의 품질은 제품을 만들려고 하는 고객의 경영 전략적 결정에 대한 이해부터 시작해야 한다.

대부분의 시스템 개발은 RFP를 기준으로 시작된다. 그런데 RFP를 보면 거의 필요한 기능 위주로 기술되어 있다. 4월 19일 주에도 언급을 했지만 RFP를 읽고서는 시스템에 대한 고객의 전략적 결정을 정확하게 파악하기 어렵다. 따라서 시스템 개발에 투입된 개발 팀은 현업에 대한 요구 분석을 수행하기 전에 최고위 경영자 및 본부장, 실장, 부장 등과 먼저 면담해야 한다. 그들이 시스템 구축을 결정한 이유와 구축 후에 시스템 도입에서 바라는 점들을 정확하게 분석한 후 현업 면담이 수행되어야 좋은 품질의 시스템을 개발할 수 있을 것이다. 이렇게 장황하게 기술하는 이유는 최 고위층에서는 일단 시스템 도입이 결정되면 당연히 현업들이 추진해야 한다고 생각하는 자체가 시스템 구축에 대한 품질을 일단 낮추고 가는 결정적 이유이기 때문이며, 또한 대부분이 그렇게 하고 있기 때문이다.

인터페이스 문제 해결

개발이 한창 진행 중이라 별 다른 이슈가 없었다. 인터페이스에서 문제가 발생했다. 그룹웨어와 인터페이스를 해야 하는 업체에서, 같이 협의하여 테이블을 정의하기로 하고는 지금까지 자신들의 패키지에 적합한 형태로 개발을 해 버려, 서로 주고 받는 메시지가 달라진 것이다.

장개발 속도 지연 원인은?

매일 확인하고 있지만 주간 보고를 위해 개발 실적을 분석해 보니, 장개발은 결국 지난 주 계획을 완성하지 못했다. 박피엘이 자신의 개발 본을 조금씩 하면서 장개발을 돕고 있는데도 불구하고, 정상적인 속도가 나지 않는 것이다. 박피엘과 협의하여 장개발이 늦어지는 정확한 이유를 파악하기로 했다. 장개발과 박피엘 그리고 나 이렇게 3명이 모여 원인을 분석하기 시작했다. 장개발은 아직도 완료된 문서를 읽고서는 이해가 되지 않아 개발하기가 어렵다고 했다. 다른 개발자들도 같이 어렵다고 하면 문서에 문제가 있다고 봐야겠지만 다른 개발자들은 늦게 퇴근하지만 일단 개발 속도는 지키고 있고, 사소한 문제는 있지만 박피엘이나 최피엘에게 물어보면 개발 가능한 수준이라는 의견이 많아 문서에는 문제가 없다고 판단했다.

장개발에게 물어 봤다. "계속 이렇게 진행되면 전체적으로 지연이 됩니다. 어떻게 하면 좋을까요?" "제가 개발하는 부분이 조금 지연되지만 전체적으로 공정 준수율을 일정 수준 유지하고 있고, 다른 모듈과 연관 관계가 거의 없는 부분이라 문제가 되지는 않을 것 같은데…" 라고 장개발이 말했다. "소프트웨어는 도로에서의 막히는 병목 현상과 같습니다. 한 대의 차가 천천히 가면 뒤의 차들이 다른 차선으로 변경하게 되고, 변경된 차선에 있는 차들이 막히기 시작하면 전체 도로가 늦어지는 것과 같습니다. 다른 모듈과 상관이 있던 없던, 다른 모듈이 모두 완성되었지만 장개발의 모듈이 완성되지 못한다면 시스템은 완전히 개발된 것이 아닙니다. 따라서 그런 생각은 하지 마시고, 어떻게 해드리면 정상적인 개발 속도를 낼 수 있는지 말씀해 주십시오."

장개발은 말이 없다. 지원할 수 있는 방법을 찾아보려고 노력했으나 장개발은 자신이 최선을 다하고 있으며, 더 이상의 개발 속도를 낼 수 있는 방법은 없다는 자신의 의견을 고수했다. 장개발과 2시간이 넘게 회의를 한 후 박피엘과 다시 마주 앉았다. "장개발을 프로젝트에서 철수하고 다른 개발자를 투입하는 것은 어떻습니까?" 박피엘이 얘기한다. 그렇지 않아도 본사에 문의하여 장개발 투입 건과 별도로 추가 투입 문제를 거론하며 투입 가능한 개발자를 알아 보고는 있는데, 아직 별 다른 성과가 나오지 않고 있었다. "장개발을 대체할 만한 인력이 없습니다. 그리고 장개발의 개발 속도가 늦지만 다른 사람으로 변경 투입할 경우 약 2주는 지연될 것인데, 문제가 더 커질 수 있습니다." 나는 얘기한다.

번호	업무 구분	프로그램 총계		금주 누계			금주 실적			차주 계획			비고(지연사유 및 대안)
		개수	진척률	계획	완료	진척률	계획	실적	계획대비	누계	계획	진척률	
	합계	634	29.5%	190	187	98.4%	46	45	97.8%	234	47	36.9%	
1	박피일	49	40.8%	20	20	100.0%	5	5	100.0%	25	5	51.0%	
2	론개발	119	25.2%	30	30	100.0%	7	7	100.0%	37	7	31.1%	
3	장개발	126	19.0%	27	24	88.9%	6	4	66.7%	30	6	23.8%	
4	최피일	60	41.7%	26	25	96.2%	8	7	87.5%	33	8	55.0%	
5	정개발	127	27.6%	35	35	100.0%	8	8	100.0%	43	8	33.9%	
6	강개발	120	31.7%	38	38	100.0%	9	10	111.1%	47	9	39.2%	
7	하개발	33	45.5%	14	15	107.1%	3	4	133.3%	19	4	57.6%	
	합계	620	30.2%	190	187	98.4%	46	45	97.8%	234	47	37.7%	
1	업무 1	215	14.0%	30	30	100.0%	7	7	100.0%	37	7	17.2%	
2	업무 2	73	60.3%	47	44	93.6%	11	9	81.8%	55	11	75.3%	
3	업무 3	138	25.4%	35	35	100.0%	8	8	100.0%	43	8	31.2%	
4	업무 4	161	39.1%	64	63	98.4%	17	17	100.0%	80	17	49.7%	
5	인터페이스	33	45.5%	14	15	107.1%	3	4	133.3%	19	4	57.6%	

[표 12] 8월 13일 기준 개발 실적 비교 표

또 다른 문제는 이번 주도 팀원들이 거의 밤 12시가 넘어서야 퇴근을 하고 있다는 것이다. 이렇게 계속 하면 팀원들이 피곤해 진다. 이렇게 가면 개발 속도는 지킬 수 있겠지만 오류가 많아지기 시작한다. 오류가 많아 지면 나중에 수정해야 하는 양이 많아 질 것이고, 결국 통합 테스트부터 고객들에게 불평을 듣게 될 것이다. 통합 테스트는 요구된 업무 프로세스에 적합한지를 결정하는 단계인데, 테스트를 하면서 기능상의 오류가 많이 나면 고객들도 테스트를 진행하는 데 짜증이 나기 때문이다. 그렇게 되면 고객들은 일단 기능 오류부터 해결한 후 다시 통합 테스트를 하자고 요구를 할 것이고, 통합 테스트가 연기되면 그때부터 고객들에게 끌려 다니게 되는 것이다.

장개발 속도 지연 해결책은?

개발자 1명을 더 투입하여, 원인을 찾지 못한 장개발이 늦어지는 부분을 지원하고 전체적으로 늦은 퇴근 시간을 10시 이전으로 당겨야 한다는 결론에 이르렀다. 다음 주 월요일에는 본사에 방문하여 가능한 인력을 알아보고, CCB에 변경 요청을 해야 할 것 같다. 일단 본사 인력 담당자에게 문의를 해 보았다. "추가 투입이 필요한데, 1주 내에 투입 가능한 인력이 있나요?" "없습니다." "그러지 마시고 외주라도 찾아봐 주십시오. 이번 주는 지난 주보다 공정 준수율이 2%가 넘게 떨어졌지만, 점차 격차가 커질 것 같습니다. 이렇게 되면 본 프로젝트에 투입된 인력의 철수 일정에도 문제가 있을 수 있어 차기 프로젝트 투입에도 문제가 될 수 있습니다." "가능한지 알아보고 전화 드리겠습니다." 전화를 끊는다. 프로젝트가 종료되어 가는 프로젝트 PM에게 전화를 건다. "프로젝트 잘 Closing하고 계십니까?" 일단 인사로 시작한다. "본사에 보고했던 철수 계획보다 2주 정도 늦어질 것 같아. 9월 말이나 되어야 완전 철수가 가능할 것 같습니다." 예상했던 대답이다.

물어 볼 것도 없었다. "잘 마무리 하시고, 술 한잔 하시죠." 전화를 끝낸다. 다른 PM들에게 전화를 했으나 모두 비슷한 얘기다. 결국 우리 회사 프로젝트를 한 번도 수행해 보지 않은 외주 개발자를 투입할 수 밖에 없다. 다시 본사에 전화를 해서 프로그램 가능한 외주 개발자를 알아 봐달라고 얘기를 했다. 가능한 사람은 있는데, 다른 PM들이 투입을 꺼려서 한 번도 같이 일해보지 않은 개발자가 있다고 했다. 일단 그 개발자 프로파일을 보내달라고 하고는 전화를 끊었다. 잠시 후 프로파일을 받아 보았다. 개발 경험은 꽤 많은데, 개발 경험이 모두 홈페이지 개발이었다.

개발자 1명 추가 제안, 본사와 격돌

이슈 보고서를 작성하여 부사장님과 본부장님께 보고했다. 현재 지연되는 본수와 퇴근 시간 그리고, 앞으로의 개발 본수를 비교하여 수치적으로 분석해 보니 1명의 추가 개발자가 투입되어 개발 및 통합 테스트까지는 같이 해야 계획된 기간에 종료할 수 있다는 보고서였다. 이슈 보고서를 등록하자 마자 본부장님으로부터 전화가 왔다. 다른 프로젝트도 휴일 근무까지 하면서 진행하고 있고, 이에 대해 불평이 없는데 왜 이 프로젝트만 다르게 요구를 하느냐는 것이었다. 맞는 말이다. 그러나 프로젝트는 모두 고유하다. 같은 프로젝트는 있을 수 없다. 다른 프로젝트 관리자가 그렇게라도 하겠다고 하면 그렇게 하면 된다. 그러나 내가 진행하는 프로젝트는 현재 상태로 진행하기가 싫다. 지금까지 한 것과 다르게 하고 싶다. 같은 방법을 반복하면 계속 반복되는 행태로만 진행된다는 것을 알기 때문이다. 점차 변해야 한다. 발전해야 한다. 사실 별 다른 '다른' 것도 없다.

무조건 팀원들을 편하게 하기 위해 추가 투입을 결정한 것은 아니다. 시스템 자체의 품질과 안정화 기간 및 유지보수 기간에 추가되는 자원을 먼저 사용해보자는 것이다. 회사도 다른 프로젝트와 같이 기존의 방식과 프로세스로 하기를 원한다. 그러면서도 프로젝트 수익성이 높아지길 바라고 있다. 프로젝트 관리자들도 같은 방식과 같은 산출물로 반복되는 프로젝트를 수행하면서 회사를 원망한다. 이렇게 해서는 출구가 없는 미로를 뱅뱅 도는 것 아닌가? 지금까지 다양한 방법으로 프로젝트를 수행하면서 느낀 점은 점차 변화를 주면서 작은 문제라도 하나씩 해결해 나가야 한다는 것이다. 그래야 다음에는 조금이라도 나아지지 않을까?

본부장님을 설득하지 못하면 부사장님도 설득하지 못할 것이다. 보내드린 자료는 미리 보고하는 것으로 월요일에 CCB에서 직접 말씀을 드리겠다고 하며, 전화를 끊었다. 자료를 더 이상 만들 필요는 없을 것 같다. 수치적으로나 현재까지의 실적으로 보면 강개발을 대체하거나 추가 개발자를 투입하는 것이 당연하게 보이기 때문이다. 다른 프로젝트 관리자들이 보면 한가한 소리가 될 수 있다.

비슷한 상황이라도 일단 수익성을 확보한 상태에서 프로젝트를 종료하는 것이 자신의 평가에 좋기 때문이다. 프로젝트가 종료된 후 발생하는 문제들은 평가와 상관이 없다. 모두들 '프로젝트 관리란 정해진 기간에 한정된 자원을 이용하여 원하는 품질의 결과물을 만드는 것이다.'라고 말하면서 일정과 예산만 관리하고 있기 때문이다. 물론 일정 수준의 품질을 이루는 것이 사실이지만, '품질이란 유지보수의 용이성이다.'라는 말로 하면 일정과 예산은 맞추려고 노력하지만 품질이라는 측면에서는 실패한 프로젝트가 거의 대부분일 것이다.

작업 이름	현황	기간	계획시작날짜	계획완료날짜	실제 시작 날짜	완료율	계획진척률	실적진척률	공정준수율
NormalClient GroupWare 재구축 Project	☺	216 일	10-05-03 (월)	11-02-28 (월)	10-05-03 (월)	36%	28.7	26.63	92.8
─ 개발	☺	216 일	10-05-03 (월)	11-02-28 (월)	10-05-03 (월)	33%	27.95	25.82	92.37
⊞ 준비	☺	4 일	10-05-03 (월)	10-05-07 (금)	10-05-03 (월)	100%	100	100	100
⊞ 요구분석	☺	17.25 일	10-05-10 (월)	10-06-01 (월)	10-05-10 (월)	100%	100	100	100
⊞ 설계	☺	35 일	10-06-01 (화)	10-07-20 (화)	10-06-01 (화)	100%	100	100	100
─ 개발	☺	61 일	10-07-20 (화)	10-10-13 (수)	10-07-20 (화)	21%	23.88	20.93	87.65
프로그램 개발	☺	51 일	10-07-20 (화)	10-09-29 (수)	10-07-20 (화)	30%	37	30	81.08
인터페이스 개발	─	20 일	10-09-01 (수)	10-09-29 (수)	미정	0%	0	0	0
단위테스트	☺	51 일	10-07-27 (화)	10-10-06 (수)	10-07-27 (화)	23%	27	23	85.19
단위테스트 보완	☺	51 일	10-08-03 (화)	10-10-13 (수)	10-08-03 (화)	18%	17	18	105.88

[그림 16] 8월 13일 기준 WBS 현황

본사와 고객사 사이에서 샌드위치된 나피엠

역시 생각대로다. 이고객과 고고객은 지난 주 보다 떨어진 공정 준수율을 문제 삼았다. 95.41%에서 92.8%로 2%가 훨씬 넘게 떨어져 버렸다. 또한 주간 보고서의 이슈 보고에서도 이에 대한 해법을 제시하지 않은 것이다. 1명을 추가하려고 하고 있지만 본사에서 어떻게 결정할지 모르기에 보고를 하지 않았다. "나피엠 지금까지 주간 보고서를 보면 그때 그 때 이슈가 되는 것들에 대해서는 이슈를 기술하고, 원인과 대응 방안까지 작성해서 보고를 하더니 이번 건은 왜 이렇게 미적지근하게 대응을 하시죠? 다른 피엠들과 다르게 문제를 투명하게 얘기하고 방안을 제시하는 것이 마음에 들었는데, 이상하네요." 이고객이 한 마디 한다.

고고객도 한 마디 한다. "혹시 이걸 심각하게 보지 않고 있는 건가요?" "아닙니다. 심각성을 알고 있습니다. 다만 아직 결정된 사항이 아니고, 어떻게 결정이 날지 모르기에 방안을 제시하지 못한 것입니다. 다음 주까지만 기다려 주시면 대응 방안을 보고하도록 하겠습니다." 그러나 고고객은 "다음 주면 너무 늦지 않나요? 다음 주에는 90% 아래로 떨어지지 않는다고 장담할 수 있습니까?"라고 하며, 대책을 세우라고 한다. 이런 상황도 역시 정말 난감하다. 현재 상황을 보면 다른 대안이 없는 것이다. 수치적인 근거와 정황으로는 당연히 1명을 추가 투입해야 하지만, 다른 프로젝트와 비교하면 1명 추가 투입 요청이 문제 시 될 수 있기 때문이다. 강력하게 밀어 붙여야 한다. 주말에도 편하게 쉬기는 틀렸다. 주말이라도 마음 편하게 쉬어 봤으면...

작성일: 8월 13일 **PM**

M+4 W20 **개발:** 프로그램 개발, 단위 테스트, 단위 테스트 보완, 인터페이스 개발

개발자 1명 추가 투입 결정-순이익 하락

월요일에는 본사에 출근하여 본사 CCB에 참석했다. 추가 인력의 필요에 대한 자료를 제시하여, 현재의 상황과 앞으로 전개될 가능성 있는 시나리오 등을 보고했다. 역시 어려웠다. 참석한 부사장님과 본부장님을 포함하여 모두들 다른 프로젝트도 다 어렵게 진행되고 있는데, 어떻게 내 프로젝트에만 인력을 추가 투입하느냐가 집중적인 의견이었다. 나는 추가 투입을 통해 시스템의 안정성과 품질을 높일 수 있다는 주장과 변화를 주지 않으면 발전하지 못한다는 주장으로 일관하여 1명 추가 투입에 대한 주장을 통과시켰다. 4개월이 아닌 3개월이지만 프로젝트에는 엄청난 도움이 될 것이고, 특히 고객에게 신뢰를 주기에도 충분할 것이다.

조건이 있었다. 안정화 단계에서 투입 인력을 조금 줄이는 것이었다. 1월에 8명이 잔류하는 것으로 계획을 했는데, 초급 개발자 2명은 먼저 프로젝트에서 철수해야 할 것이다. 본사에는 장개발과 하개발을 1월에 철수하는 것으로 보고를 하겠지만 아직은 인력 계획에 철수 계획은 넣지 않았다. 조건이었을 뿐 1월에 가봐야 철수 여부를 결정할 수 있을 것이다. 예산 계획을 보니 순이익이 29백 만원으로 줄어 들었다. 결국 현재 시점에서 보면 6% 조금 안 되는 순이익이 되는

것이다.

구분	역할	성명	등급	5월	6월	7월	2010 8월	9월	10월	11월	12월	2011 1월	2월	MM	표준단가	합계
정규직	PM	김피엠	특급	1	1	1	1	1	1	1	1	1		9	8,000	72,000
	PL	박피엘	고급	1	1	1	1	1	1	1	1	1	1	10	6,500	65,000
	PL	최피엘	고급		1	1	1	1	1	1	1	1		8	6,500	52,000
	개발자	온개발	중급		0.5	1	1	1	1	1	1	1		7.5	5,000	37,500
	개발자	강개발	초급		0.5	1	1	1	1	1	1	1	1	8.5	4,000	34,000
	디자이너	주디자인	고급			1	1							2	6,500	13,000
	MM			2	4	6	6	5	5	5	5	5	2	45		
	금액			14,500	25,500	36,500	36,500	30,000	30,000	30,000	30,000	30,000	10,500			273,500
외주 계약직	개발자	정개발	중급			1	1	1	1	1	1	1		7	4,200	29,400
	개발자	장개발	초급			1	1	1	1	1	1	1		7	3,800	26,600
	개발자	하개발	초급			1	1	1	1	1	1	1		7	1,867	13,067
	HTML코더	배코더	중급				1	1						2	4,000	8,000
	개발자		초급					1	1	1				3	3,200	9,600
	MM			0	0	3	4	5	4	4	3	3	0	23		
	금액			0	0	9866.67	13866.7	17066.7	13066.7	13066.7	9866.67	9866.67	0			77,067
합계	MM			2	4	9	10	10	9	9	8	8	2	68		
	금액			14,500	25,500	46,367	50,367	47,067	43,067	43,067	39,867	39,867	10,500			350,567

[표 13] 추가 3MM를 포함한 인력 계획

구 분		합계	5 (M+1)	6 (M+2)	7 (M+3)	8 (M+4)	9 (M+5)	10 (M+6)	11 (M+7)	12 (M+8)	1 (M+9)	2 (M+10)
I. 매출계획	당기	500,000	50,000	50,000	50,000	50,000	50,000	50,000	50,000	50,000	50,000	50,000
	누적	500,000	50,000	100,000	150,000	200,000	250,000	300,000	350,000	400,000	450,000	500,000
II. 수금계획		500,000	150,000			150,000					200,000	
III. 원가		470,433	66,740	45,960	47,179	51,245	47,835	43,769	43,769	70,669	42,549	10,720
1. 정규직원가		282,710	16,740	25,960	37,180	37,180	30,570	30,570	30,570	30,670	32,550	10,720
1) 내부원가		273,500	14,500	25,500	36,500	36,500	30,000	30,000	30,000	30,000	30,000	10,500
2) 프로젝트경비		9,210	2,240	460	680	680	570	570	570	670	2,550	220
- 식비		2,970	132	264	396	396	330	330	330	330	330	132
- 여비교통비		1,980	88	176	264	264	220	220	220	220	220	88
- 고객회식비			2,000								2,000	
- 도서인쇄비										100		
- 소모품비			20	20	20	20	20	20	20	20		
- 기타 비용												
2. 외주 원가		87,723	-	-	9,999	14,065	17,265	13,199	13,199	9,999	9,999	-
1) 외주 인건비		86,667	-	-	9,867	13,867	17,067	13,067	13,067	9,867	9,867	-
2) 외주경비		1,056	-	-	132	198	198	132	132	132	132	-
- 식비		1,056	-	-	132	198	198	132	132	132	132	-
- 기타 비용		-	-	-	-	-	-	-	-	-	-	-
3. 소프트웨어			50,000	20,000						30,000		
1) 패키지			50,000									
2) 상용				20,000						30,000		
- WAS				20,000								
- Reporting tool										20,000		
- Grid										10,000		
IV. 손익	당기	29,567	-16,740	4,040	2,821	-1,245	2,165	6,231	6,231	-20,669	7,451	39,280
(매출 - 간)	누적	29,567	-16,740	-12,700	-9,879	-11,123	-8,958	-2,727	3,505	-17,164	-9,713	29,567
V. 현금수	누적	29,567	83,260	37,300	-9,879	88,877	41,042	-2,727	46,495	-117,164	40,287	29,567
정규직 투입		45.0	2.0	4.0	6.0	6.0	5.0	5.0	5.0	5.0	5.0	2.0
정규직 인당평균단가		8,505										

[표 14] 3MM 추가에 따른 예산 변경

개발자 1명 추가 투입에 팀원들의 사기 올라감

개발자의 공간은 확보했지만 아직 어떤 업무를 어느 만큼 할당할 지는 결정하지 못했다. 다음 주 월요일에 피엘들과 협의하여 추가 개발자에 대한 업무 배분과 할당을 결정하기로 했다. 주간 보고를 위해 공정 준수율을 계산해 보니, 88.09%였다. 지난 주 92.8%에서 90% 아래로 떨어진 것이다. 그래도 다행인 점은 팀원들이 새로운 개발자 투입 소식에 사기가 많이 올랐다는 것이다. 특히 장개발은 자신이 담당한 몫을 다 하지 못하고 있다는 책임감 때문에 많은 스트레스를 받고 있었는데, 장개발 몫을 일부 지원할 인력의 투입 소식에 계획과 같은 성과를 냈다. 역시 팀도 힘이 나야 잘 한다. 추가 투입을 강력하게 밀어 붙인 것이 효과가 난 것이다.

번호	업무 구분	프로그램 총계		금주 누계			금주 실적			차주 계획		비고(지연사유 및 대안)
		개수	진척율	계획	완료	진척율	계획	실적	계획대비	누계	계획	진척율
	합계	634	37.4%	235	237	100.9%	47	49	104.3%	294	57	46.4%
1	박피일	49	53.1%	26	26	100.0%	5	5	100.0%	31	5	63.3%
2	은개발	119	31.1%	37	37	100.0%	7	7	100.0%	47	10	39.5%
3	장개발	126	23.8%	30	30	100.0%	6	6	100.0%	37	7	29.4%
4	최피일	60	56.7%	33	34	103.0%	8	9	112.5%	44	10	73.3%
5	정개발	127	33.9%	43	43	100.0%	8	8	100.0%	54	11	42.5%
6	강개발	120	40.0%	47	48	102.1%	9	10	111.1%	58	10	48.3%
7	하개발	33	57.6%	19	19	100.0%	4	4	100.0%	23	4	69.7%
8	개발자											
	합계	620	38.2%	235	237	100.9%	47	49	104.3%	294	57	47.4%
1	업무 1	215	17.2%	37	37	100.0%	7	7	100.0%	47	10	21.9%
2	업무 2	73	76.7%	56	56	100.0%	11	11	100.0%	68	12	93.2%
3	업무 3	138	31.2%	43	43	100.0%	8	8	100.0%	54	11	39.1%
4	업무 4	161	50.9%	80	82	102.5%	17	19	111.8%	102	20	63.4%
5	인터페이스	33	57.6%	19	19	100.0%	4	4	100.0%	23	4	69.7%

[표 15] 8월 20일 기준 개발 실적 비교 표

작업 이름	현황	기간	계획시작날짜	계획완료날짜	실제 시작 날짜	완료율	계획진척률	실적진척률	공정준수율
☐ NormalClient GroupWare 재구축 Project	☺	216 일	10-05-03 (월)	11-02-28 (월)	10-05-03 (월)	39%	34.68	30.56	88.09
☐ 개발	☺	216 일	10-05-03 (월)	11-02-28 (월)	10-05-03 (월)	36%	34.13	29.87	87.51
⊞ 준비	☺	4 일	10-05-03 (월)	10-05-07 (금)	10-05-03 (월)	100%	100	100	100
⊞ 요구분석	☺	17.25 일	10-05-10 (월)	10-06-01 (화)	10-05-10 (월)	100%	100	100	100
⊞ 설계	☺	35 일	10-06-01 (화)	10-07-20 (화)	10-06-01 (화)	100%	100	100	100
☐ 개발	☺	61 일	10-07-20 (화)	10-10-13 (수)	10-07-20 (화)	27%	32.43	26.53	81.82
프로그램 개발		51 일	10-07-20 (화)	10-09-29 (수)	10-07-20 (화)	37%	46	37	80.43
인터페이스 개발		20 일	10-09-01 (수)	10-09-29 (수)	미정	0%	0	0	0
단위테스트	☺	51 일	10-07-27 (화)	10-10-06 (수)	10-07-27 (화)	30%	37	30	81.08
단위테스트 보완		51 일	10-08-03 (화)	10-10-13 (수)	10-08-03 (화)	23%	27	23	85.19

[그림 17] 8월 20일 기준 WBS 현황

이슈 해결 방안 제시, 여세 몰아 고객에게 단위 테스트 부탁

주간 보고를 하면서 다음 주 계획에 대해 이고객이 가능성 있는 계획인지를 물어 봤다. 금주 실적이 49본으로 상당히 진도를 많이 나갔는데 다음 주 계획이

이 보다 많은 57본인 것이다. 피엘들과 처음 계획했던 개발 일정에 따라 진행되고 있으며, 지난 주까지는 신규 본수를 주로 개발해 왔고 이번 주부터는 변경분이 대부분이라 가능하다고 보고를 했다. 추가 인력 1명을 투입하여 프로그램 개발이 완료되는 9월 29일까지 계획과 같이 종료할 수 있도록 하겠다는 보고를 하자 모두들 그 방안이 조금 의심스럽지만 그래도 만족하는 분위기였다. 고객들도 팀원들이 휴일까지 반납하면서 개발하고 있다는 것을 알고 있기 때문이다. 이런 분위기를 몰아 단위 테스트가 종료되고, 보완된 모듈 중 업무 흐름상 테스트가 가능한 것들에 대해 고객에 의한 단위 테스트를 부탁했다.

일주일 동안 테스트한 결과를 단위 테스트 내역서에 작성해서 우리에게 전달하면 일요일에 결과에 대한 조치를 수행하는 방식으로 하기로 했다. 이렇게 되면 프로그램 개발과 동시에 통합 테스트를 위한 기본적인 테스트가 가능할 것이고, 변경 요건들도 미리 나올 것이다. 현업들이 열심히 해 줘야 할 텐데…

작성일: 8월 20일 PM

M+4 W21　개발: 프로그램 개발, 단위 테스트, 단위 테스트 보완, 인터페이스 개발

신규 투입 인력 면접 및 확정

월요일부터 새로 투입될 인력에 대한 면접으로 시작했다. 새로운 인력은 우리 프로젝트를 아주 하고 싶어했다. 몇 개월 전부터 우리 회사에 프로파일을 넣었는데, 모두 떨어져 다른 프로젝트를 수행하고 있었으나, 거의가 홈페이지 개발 혹은 개선이라 개발자로서 좀 더 업무에 집중된 분야를 하고 싶었던 것이다. 조개발(신규 투입 개발자)은 자신의 일정과 비교하더니 다음 주 월요일부터 투입이 가능하다고 했다. 또한 조개발은 공식 투입전이라도 금주 수요일부터는 인수 인계를 위해 밤에 출근할 수 있다고 하여, 25일부터는 밤에 출근을 하고 있다. 다른 PM들은 왜 이런 사람을 투입하지 않았을까? 나는 좋기만 한데…

나피엠의 소고: 프로그래머 요건과 테스트 방법

당연히 내가 항상 하는 테스트를 조개발은 받았고, 조개발은 테스트를 통과했다. 테스트 방법은 아래에서 기술하겠다. 조개발은 로직을 UML의 Activity Diagram으로 잘 표현했고, 로직과 프로그램과의 정합성도 좋았다. 단, 디버깅을 해 보니 8개의 에러가 났다. 또한 전체 LOC가 36으로 일반적인 LOC에 비해 많은 것이 흠이었다. 로직이 복잡하다는 것이다. 또한 8개 에러 / 36LOC이면 대략 4LOC 당 1개의 에러가 난다는 얘기다. 이 부분에는 좋지 않은 평가를 받았지만 앞의 두 항목을 통과한 것만 해도 다행이라는 생각이 들었다. 1시간 중 로직 디자인 34분, 프로그램 25분으로 시간 배분은 좋은 편이다. 또한 코드 분석도 40분 만에 완벽하게 해 냈다.

사실 개발자를 선택하는 기준으로 대부분이 개발 경력과 사용한 언어를 본다. 나는 조금 다르다. 어떤 언어를 사용하든 프로그램에 대한 지식보다 로직을 만들 수 있으면 사용하지 않던 언어라도 빨리 적응이 되는 것을 보았다. 또한 업무 경력이 없어도 이해력이 빠른 개발자들은 쉽게 업무에 적응되는 것도 보았다. 그래서 경력이나 언어보다는 이해력과 그 이해력을 로직으로 설계할 수 있는 개발자를 선호하는 편이다.

이를 위해 개발자에 대한 단순한 두 가지 테스트를 한다. 먼저 프로그램에서 아주 단순한 로직인 6개의 숫자를 배열로 주고, 작은 숫자 순으로 재 배열하여 화면에 출력하는 프로그램이다. 단, 컴퓨터를 사용하지 않고, A4 용지에 로직을 플로우로 설계하고, 로직에 따라 역시 A4 용지에 프로그램 코딩을 하라고 한다. 플로우는 UML이든 플로우챠트를 사용하든 자기가 편한 것을 선택하여 설계하면 된다. 로직을 디자인하는 시간과 프로그램 코딩 시간을 답안지에 작성하게 하여 로직 디자인하는 시간과, 코딩을 하는 시간의 배분을 확인한다. 대부분의 개발자들은 20~30분 후 왜 이런 테스트를 받아야 하는지 모르겠다며 가버린다. 그들이 가고 난 후 버려진 답안지를 보면 '정말 이런 사람들을 채용하는 회사가 불쌍하다.'라는 생각이 들 때가 많다. 경력으로 보면 충분하기 때문이다.

두 번째 테스트는 기존 코드 분석 및 프로그램이다. 작성된 코드를 보여주고, 여기에 요구 사항을 하나 추가하여 코드를 변경하라고 하는 것이다. 이 테스트 역시 1시간을 주며, 타인이 작성한 코드를 분석할 수 있는 능력을 보고, 기존 코드에 요구 사항을 추가하여 자신이 직접 코딩을 할 수 있는지를 확인하는 것이다.

경력 많다고 자랑하던 사람도 종이에 연필로 프로그램이란 것을 해보지 않았기 때문에, 어려워한다. 그러나 신규 개발자 중에는 오히려 더 능숙하게 잘 하는 사람들도 있다. 그래서 나는 경력자보다는 가능성을 가진 신규 개발자를 더 좋아한다. 발전 가능성이 있기 때문이다. 테스트에서는 플로우, 플로우와 프로그램의 정합성, 프로그램의 에러율, 로직 구상과 설계, 코딩 시간을 본다. 가장 많은 개발자들이 당황스러워 하는 것이 자신이 설계한 플로우로 프로그램을 하면 문제로 제시된 출력이 나오지 않는다는 것이다. 결국 로직이 틀렸다는 것이다. 이런 사람은 필요가 없다.

플로우와 프로그램의 정합성도 대부분이 틀린다. 자신이 그린 로직과 프로그램이 일치하지 않는 경우다. 이는 대부분의 개발자가 설계를 하지 않고 직접 개발에 착수하면서 설계를 할 수 있는 능력이 없기 때문이다. 다행히 앞의 두 항목에서 통과를 하여, 코드를 입력하고 프로그램을 돌려보면 100% 에러가 난다. 자바의 경우 세미 콜론이 없어서 나는 에러부터 마침표가 틀리거나, 변수 명을 잘못 적는 등 다양한 에러가 나게 된다. 디버깅을 하고 몇 번의 수정을 거친 후에야 정확하게 돌아가기 시작한다. 이렇게 선발된 개발자는 100명의 지원자 중 1명이 되지 않는다. 이것이 우리나라 개발자의 현실이다. 이 글을 읽을 개발자 중 만약 내가 하는 테스트가 잘못되었고, 결과에 대해 오해를 하고 있다고 생각하면 언제든지 연락주기 바란다.

어떤 회사에서는 개발자를 채용할 때 SOA 개발 3년 이상, SaaS 경험 00년 이상 등 말도 안 되는 조건을 건다. SOA라는 개념이 도입되어 이제 현실화 되고 있는 상황에서 SOA 혹은 SaaS에 대해 원하는 년수 이상의 경력을 가지고 있을 사람도 없고, 있다고 해도 단순 개발자일 것이다. 그런 개발자를 모셔다 회사에서 원하는 제품을 정말 SOA 혹은 SaaS를 적용하여 개발할 수 있을 것이라고 생각한다면 정말 순진(Naïve) 한 경영자일 것이다. 이러한 개념을 쏟아 내어 새로운 방향을 제시하려는 소프트웨어 업계의 노력은 가상하지만, 실제 이러한 개념을 이용하여 성공했다는 얘기 들어 봤는가? 미국에서는 잠시 그런 성공 스토리(salesforce.com 등)가 있었지만 요즘은 조용하다.

개념을 현실화하기 위해서는 기술적인 뒷받침이 되어야 한다. 좋은 개념을 도입하려고 해도, 실제 그 개념을 소프트웨어 적용하기 위해 필요한 기본 설계 기술을 가진 인력이 없는 상태에서 개념을 적용한 소프트웨어가 나올 수가 없고, 결국 제품 소개서에서 나오는 멋진 말들도 꾸며진 껍데기뿐인 광고에 적용된다. 언론을 보면 우리나라는 기술력은 있는데, 기획력이 없어서 오라클이나 마이크로소프트와 같은 회사가 없다고 한다. 그러나 현장에서 일하는 사람의 눈으로 보면 기술력도 없다. 코더는 있지만 프로그래머가 없는 것이다. 진짜 프로그래머가 될 정도인 과장급이 되면 관리자로 변하면서 프로그래머가 될 기회가 없어진다는 것이 더 정확할 것이다. 이런 상황에서 좋은 프로그래머를 얻으려고 하는 노력이 가상하고, 프로그래머로 채용하고는 결국 코더로 전락(down grade)시키고 있다는 것을 알았으면 한다. 또 쓸데 없는 얘기를 늘여 놓고 말았다. 하나를 생각하면 여러 가지가 막 줄줄이 생각이 나서 나도 어쩔 수 없다. 이해해주기 바란다. PM이 이런 생각도 하지 않으면 앞으로 발전할 수 있겠는가?

개발 속도 개선: 패키지의 위력

일반 SI 프로젝트에서는 꿈도 꾸지 못할 일인데, 역시 패키지라 가능했다. 일주일에 10~11본의 프로그램이 가능하다고 하면 누가 믿겠는가? 신규 개발이 아닌 기존 프로그램 변경으로 전환되면서 개발 속도가 많이 개선되었다. 장개발은 아직 신규 개발을 진행하고 있어, 다른 사람들보다 늦어지고 있는 상황이다. 그래도 걱정했던 계획보다 실적이 더 좋아져 앞으로의 일정에 초록불이 들어올 수 있을 것 같다.

보고용 표에 문제

금주 진척율을 확인하던 중 표에 문제가 있음을 알았다. 지난 주까지 작성된 표를 보면 '인력별 실적'은 634본으로 변경되어 있는데 아래의 '업무별 실적'이 620본으로 예전 본수로 계산되어 있는 것이다. 주간 보고 회의 때 표에 문제가 있었음을 알려야겠다. 이런 표가 잘못되면, 보고의 신뢰성이 깨진다. 보고의 신뢰성이 깨지면 프로젝트 전반에 대해 보고했던 것들이 의문시 되기 시작하고, 전체적으로 신뢰성이 무너지는 큰 영향을 주게 된다. 따라서 이런 문제는 빨리 고객들에게 알리고, 정정하는 것이 문제를 최소화 하는 방법일 것이다.

번호	업무 구분	프로그램 총계		금주 누계			금주 실적			차주 계획			비고(지연사유 및 대안)
		개수	진척율	계획	완료	진척율	계획	실적	계획대비	누계	계획	진척율	
인력별 실적													
	합계	634	46.5%	294	295	100.3%	57	58	101.8%	354	59	55.8%	
1	박피벌	49	63.3%	31	31	100.0%	5	5	100.0%	36	5	73.5%	
2	론개발	119	40.3%	47	48	102.1%	10	11	110.0%	59	11	49.6%	
3	장개발	126	28.6%	37	36	97.3%	7	6	85.7%	42	6	33.3%	
4	최피벌	60	73.3%	44	44	100.0%	10	10	100.0%	55	11	91.7%	
5	정개발	127	43.3%	54	55	101.9%	11	12	109.1%	66	11	52.0%	
6	강개발	120	48.3%	58	58	100.0%	10	10	100.0%	69	11	57.5%	
7	하개발	33	69.7%	23	23	100.0%	4	4	100.0%	27	4	81.8%	
8	개발자												
업무별 실적													
	합계	634	46.5%	294	295	100.3%	57	58	101.8%	354	59	55.8%	
1	업무 1	119	40.3%	47	48	102.1%	10	11	110.0%	59	11	49.6%	
2	업무 2	175	38.3%	68	67	96.5%	12	11	91.7%	78	11	44.6%	
3	업무 3	127	43.3%	54	55	101.9%	11	12	109.1%	66	11	52.0%	
4	업무 4	180	56.7%	102	102	100.0%	20	20	100.0%	124	22	68.9%	
5	인터페이스	33	69.7%	23	23	100.0%	4	4	100.0%	27	4	81.8%	

[표 16] 8월 27일 기준 개발 비교 표

단위 테스트 결과 좋지 않음

주간 보고를 하면서 새로운 개발자의 투입과 공정 준수율이 88.09%에서 97.31%로 1% 미만으로 낮아지는 것을 보며 고객들은 일단 안도감을 표시했다. 그러나 처음 실시한 고객의 단위 테스트 결과가 좋지 않게 나타났다. 68개의 모듈이 있는 단위 업무를 테스트 했는데, 11개의 에러가 발견된 것이었다. 에러를 분석해 보니 9개가 입력 필드 체크 불량이었다. 숫자를 입력해야 하는 곳에 문자를 넣고, 문자 수가 한정된 필드에 한정된 문자 수를 넘겨도 입력이 되고, DB에서 필드 에러가 난 것이었다. 프로그램을 작성할 때 기본인데도 개발자들이 개발 시에는 신경을 쓰지 않는 것 중 하나다. 기능이 원활하게 동작하는 것이 중요하지, 입력 필드에 대한 체크는 나중에 해도 된다는 생각이 많기 때문이다.

나머지 2개도 크게 문제가 되지 않아 쉽게 수정할 수 있는 내용이었다. 다음 주까지 오늘 나온 에러를 조치하고, 앞으로 수행할 프로그램에서는 필드 체크를 필수적으로 하겠다고 보고를 했다. 몇 개의 스크립트 개발과 적용으로 해결할 수 있다는 것을 고객들은 알지 못한다. 고객들은 화면에서 에러가 나오면 에러가 나는 것으로 판단하지 수정이 얼마나 쉽고, 어렵냐는 상관이 없기 때문이다. 이러한 오류가 많아지면 고객들 입장에서는 프로그램이 잘 되고 있다는 것에 대해 의문을 가지게 되고, 결국 계속 반복하면 근본적인 신뢰성에 문제가 발생할 수 있기에 조심해야 한다.

작업 이름	현황	기간	계획시작날짜	계획완료날짜	실제 시작 날짜	완료율	계획진척률	실적진척률	공정준수율
⊟ NormalClient GroupWare 재구축 Project	☺	216 일	10-05-03 (월)	11-02-28 (월)	10-05-03 (월)	42%	40.67	35.51	87.31
⊟ 개발	☺	216 일	10-05-03 (월)	11-02-28 (월)	10-05-03 (월)	40%	40.31	34.98	86.78
준비	☺	4 일	10-05-03 (월)	10-05-07 (금)	10-05-03 (월)	100%	100	100	100
⊞ 요구분석	☺	17.25 일	10-05-10 (월)	10-06-01 (화)	10-05-10 (월)	100%	100	100	100
설계	☺	35 일	10-06-01 (화)	10-07-20 (화)	10-06-01 (화)	100%	100	100	100
⊟ 개발	☺	61 일	10-07-20 (화)	10-10-13 (수)	10-07-20 (화)	34%	40.98	33.61	82.01
프로그램 개발	☺	51 일	10-07-20 (화)	10-09-29 (수)	10-07-20 (화)	47%	56	47	83.93
인터페이스 개발	—	20 일	10-09-01 (수)	10-09-29 (수)	미정	0%	0	0	0
단위테스트	☺	51 일	10-07-27 (화)	10-10-06 (수)	10-07-27 (화)	37%	46	37	80.43
단위테스트 보완	☺	51 일	10-08-03 (화)	10-10-13 (수)	10-08-03 (화)	30%	37	30	81.08

[그림 18] 8월27일 기준 WBS 현황

일요일에 쉴 수 있다는 것은?

조개발의 적극적인 인수 인계 활동으로 토요일부터 프로그램 착수가 가능한 수준까지 갔다. 이에 따라 피엘들과 협의하여 장개발과 정개발이 개발해야 할 것 중 일부를 조개발이 개발하고, 박피엘은 은개발의 개발 부분을 지원하는 것으로 결정을 했다. 또한 퇴근 시간을 가능하면 10시 이전에는 하거나, 지금과 동일하게 하되 일요일 하루는 쉬는 것을 선택하게 하였다. 결론은 일요일 하루라도 쉬는 것이 좋다는 의견이 만장일치로 통과되어 다음 주 실적을 본 후 계획대로 진행된다면 일요일은 쉬는 것으로 합의가 되었다. 이런 결정을 하고도 좋다고 하는 팀원들을 보면 '안쓰럽고 미안하다'는 생각이 절로 든다. 새로운 인력이 투입되었으니 간단하게 소주 한 잔 해야겠다.

번호	업무 구분	프로그램 총계		금주 누계			금주 실적			차주 계획			비고(지연사유 및 대안)
		개수	진척률	계획	완료	진척률	계획	실적	계획대비	누계	계획	진척률	
	합계	634	46.5%	294	295	100.3%	57	58	101.8%	364	69	57.4%	
1	박피엘	49	63.3%	31	31	100.0%	5	5	100.0%	36	5	73.5%	
2	은개발	119	40.3%	47	48	102.1%	10	11	110.0%	59	11	49.6%	
3	장개발	85	42.4%	37	36	97.3%	7	6	85.7%	42	6	49.4%	
4	최피엘	60	73.3%	44	44	100.0%	10	10	100.0%	55	11	91.7%	
5	정개발	93	59.1%	54	55	101.9%	11	12	109.1%	66	11	71.0%	
6	강개발	120	48.3%	58	58	100.0%	10	10	100.0%	69	11	57.5%	
7	하개발	33	69.7%	23	23	100.0%	4	4	100.0%	27	4	81.8%	
8	조개발	75	0.0%		0	-				10	10	13.3%	
	합계	634	46.5%	294	295	100.3%	57	58	101.8%	364	69	57.4%	
1	업무 1	119	40.3%	47	48	102.1%	10	11	110.0%	59	11	49.6%	
2	업무 2	209	32.1%	68	67	98.5%	12	11	91.7%	88	21	42.1%	
3	업무 3	93	59.1%	54	55	101.9%	11	12	109.1%	66	11	71.0%	
4	업무 4	180	56.7%	102	102	100.0%	20	20	100.0%	124	22	68.9%	
5	인터페이스	33	69.7%	23	23	100.0%	4	4	100.0%	27	4	81.8%	

[표 17] 조개발 투입에 따른 계획 변경

작성일: 8월 27일

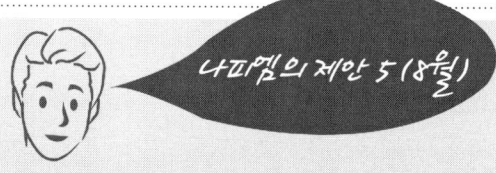
나피엠의 제안 5 (8월)

우리나라의 개발자 채용을 가만히 보면 유행에 정말 민감하다는 생각이 든다. 자바가 유행하면서 자바 개발자의 몸 값은 순식간에 폭등했고, EJB가 나오면서 자바 개발자 중에서 EJB 가능한 개발자, SOA가 나오면 SOA 가능한 개발자, 안드로이드가 나오면 안드로이드 가능한 개발자 등 계속 변해가는 흐름에 적합한 개발자를 찾기 위해 기업들은 엄청난 노력을 기울인다.

이러한 흐름이 문제가 있다는 것은 아니다. 단지 이러한 흐름에 적합한 개발자를 계속 찾기만 하고 자사의 개발자를 이용하지 않는다는 데 문제가 있어 보인다. 요즘 몸 값도 따지지 않는다는 안드로이드 개발자를 보자. 안드로이드는 자바 기반이다. 자바를 할 수 있는 개발자는 사내에도 많을 것이다. 자바 개발자로 하여금 길게는 몇 개월, 짧게는 몇 주 안드로이드 교육을 받게 하거나, 회사에서 시간을 줄 테니 관심 있는 개발자는 공부를 하라고 해보라.

내부 직원을 발전시키면 믿을 수 있고, 이력서 상에서 몇 개 프로그램을 해 봤다는 경력조차 의심스러운 안드로이드 개발자보다 훨씬 잘 할 것이다. 그렇게 발전하는 직원에게 외부 개발자 정도의 급여를 주면 누구보다 열심히 일을 할 것이고, 채용에 필요한 여러 가지 부대 비용도 필요 없을 것이다.

어차피 몇 년 지나면 또 다른 프로그래머가 필요할 것이고, 그 때가 되면 내부에 있던 안드로이드 개발자를 지금의 자바 개발자 취급을 할 것이다. 이러한 고리를 끊어야 한다.

개발

M+5

- W22 개발: 프로그램 개발, 단위 테스트, 단위 테스트 보완, 인터페이스 개발
- W23 개발: 프로그램 개발, 단위 테스트, 단위 테스트 보완, 인터페이스 개발
- W24 개발: 프로그램 개발, 단위 테스트, 단위 테스트 보완, 인터페이스 개발
- W25 개발: 프로그램 개발, 단위 테스트, 단위 테스트 보완, 인터페이스 개발

M+5 W22 개발: 프로그램 개발, 단위 테스트, 단위 테스트 보완, 인터페이스 개발

본사 창사 기념일; 미안한 2일짜리 여름 휴가

9월 1일이 본사 창사 기념일이었다. 다른 프로젝트는 쉬었는지 모르겠지만, 우리 팀원들은 평일과 다름없이 일을 했다. 다음 날이 창사기념일이고 쉬는 날이라고 해서, 8월 31일 저녁에 주변에서 프로젝트를 하고 있는 다른 팀원들과 늦은 저녁을 같이 했다. 술잔을 돌리면서 이런 저런 얘기를 해 보니, 예상은 했지만 다른 프로젝트도 우리와 같은 형편이었다. 이번 주 실적을 봐야겠지만 일요일에는 쉴 가능성이 있어 보이는데, 다른 프로젝트는 시스템 오픈까지 일요일을 반납해야 한단다. 모두들 피곤한 얼굴이다. 빨리 끝내고 집에 갔으면 해, 1시간도 되지 않아 끝내야 했다.

8월 초부터 개인별로 휴가를 나누어 사용했기 때문에 전체 일정에 무리가 가지 않았다. 다행이다. 사실 내가 조금 무리한 것도 있다. 그러나 개발 초반에 있었던 여름 휴가라 일정 때문에 더욱 조심스러웠고, 팀원들에게는 미안했지만 전체 일정에 큰 차질이 없었던 것이 좋은 결과를 가져올 것이다. 모두들 2일이었지만 필요한 날짜에 만족한 휴가를 보낸 것 같았다. 모두에게 한마디 하고 싶다. "미안합니다. 고맙습니다."

추가 개발자 투입-사기 오름

조개발이 본격적으로 투입되면서 팀에 활력이 생겼다. 정개발도 표정이 밝아졌고, 자기 개발 본수가 지연되어서 스트레스를 받던 장개발도 조개발의 투입으로 개발 본수가 줄어들면서 계획에 따른 진행이 가능해졌다. 12시를 넘기면서 작업을 했지만 일요일에 하던 단위 테스트 결과 보완이 토요일에 가능하게 되었다. 8월 이후 처음으로 일요일을 쉴 수 있게 된 것이다. 조금 높게 잡았던 계획도 실적과 동일하게 진행되면서 1주일 분량의 간격으로 좁혀 졌다.

번호	업무 구분	프로그램 총계		금주 누계			인력별 실적			차주 계획			비고(지연사유 및 대안)
		개수	진척률	계획	완료	진척률	계획	실적	계획대비	누계	계획	진척률	
	합계	634	57.4%	364	364	100.0%	69	69	100.0%	444	80	70.0%	
1	박피일	49	73.5%	36	36	100.0%	5	5	100.0%	41	5	83.7%	
2	은개발	119	49.6%	59	59	100.0%	11	11	100.0%	73	14	61.3%	
3	장개발	85	49.4%	42	42	100.0%	6	6	100.0%	52	10	61.2%	
4	최개발	60	91.7%	55	55	100.0%	11	11	100.0%	67	12	111.7%	
5	정개발	93	69.9%	66	65	98.5%	11	10	90.9%	76	11	81.7%	
6	강개발	120	57.5%	69	69	100.0%	11	11	100.0%	80	11	66.7%	
7	하개발	33	81.8%	27	27	100.0%	4	4	100.0%	32	5	97.0%	
8	조개발	75	14.7%	10	11	110.0%	10	11	110.0%	23	12	30.7%	
	합계	634	57.4%	364	364	100.0%	69	69	100.0%	444	80	70.0%	
1	업무 1	119	49.6%	59	59	100.0%	11	11	100.0%	73	14	61.3%	
2	업무 2	209	42.6%	88	89	101.1%	21	22	104.8%	116	27	55.5%	
3	업무 3	93	69.9%	66	65	98.5%	11	10	90.9%	76	11	81.7%	
4	업무 4	180	68.9%	124	124	100.0%	22	22	100.0%	147	23	81.7%	
5	인터페이스	33	81.8%	27	27	100.0%	4	4	100.0%	32	5	97.0%	

[표 18] 9월 3일 기준 개발 비교 표

보고용 표에 또 오류

주간 보고를 준비하면서 지난 주 주간 보고 시 표의 오류에 대해 고객에게 보고를 했는데, 또 다른 문제가 나타났다. 아래의 WBS에서 보이는 우는 얼굴, '인터페이스 개발'이었다. 개발 비교표를 보면 하개발은 인터페이스를 개발하고 있는데, 하개발의 분량이 전체 개발 본수에 합쳐져 있고, 아래의 WBS에서는 인터페이스로 분리되어 있는 것이다. 표를 다시 만들어 보아야겠다. 만약 하개발 분을 제외해서 전체적인 개발 진척율이 많이 떨어진다면 고객들에게 보고할 때

할 말이 없기 때문이다. 2주 연속 표에 오류가 발견되어 고객에게 보고를 해야 하는 것이다.

작업 이름	현황	기간	계획시작날짜	계획완료날짜	실제 시작 날짜	완료율	계획진척률	실적진척률	공정준수율
⊟ NormalClient GroupWare 재구축 Project		216 일	10-05-03 (월)	11-02-28 (월)	10-05-03 (월)	46%	47.71	41.09	86.11
⊟ 개발		216 일	10-05-03 (월)	11-02-28 (월)	10-05-03 (월)	44%	47.58	40.74	85.62
⊞ 준비		4 일	10-05-03 (월)	10-05-07 (금)	10-05-03 (월)	100%	100	100	100
⊞ 요구분석		17.25 일	10-05-10 (월)	10-06-01 (화)	10-05-10 (월)	100%	100	100	100
⊞ 설계		35 일	10-06-01 (화)	10-07-20 (화)	10-06-01 (화)	100%	100	100	100
⊟ 개발		61 일	10-07-20 (화)	10-10-13 (수)	10-07-20 (화)	42%	51.03	41.57	81.46
프로그램 개발		51 일	10-07-20 (화)	10-09-29 (수)	10-07-20 (화)	57%	66	57	86.36
인터페이스 개발		20 일	10-09-01 (수)	10-09-29 (수)	미정	0%	13	0	0
단위테스트		51 일	10-07-27 (화)	10-10-06 (수)	10-07-27 (화)	47%	56	47	83.93
단위테스트 보완		51 일	10-08-03 (화)	10-10-13 (수)	10-08-03 (화)	37%	46	37	80.43

[그림 19] 9월 3일 기준 WBS 현황

인터페이스를 제외한 업무 합계를 하니 1%정도 낮아졌으나 인터페이스가 81.8%로 계획에 비해 많이 진척된 상황이라 WBS에 대입하자 공정 준수율이 86.11%에서 88.5%로 높아 졌다. 인터페이스 개발이 계획보다 빨라지면서 전체 일정에 영향을 준 것이다. 다행이다. 고객들이 표의 오류를 인정하기에는 좋은 조건이기 때문이다. 그러나 벌써 몇 번째 표에 오류가 나타남으로써, 계획 관리에 문제가 발생한 것은 절대적으로 잘못한 것이다. 아는 사람이라면 나의 관리자로서의 능력에 대해 의문을 가질 수 있는 사유가 되는 것이다.

번호	업무 구분	프로그램 총계		금주 누계			금주 실적			차주 계획			비고(지연사유 및 대안)
		개수	진척률	계획	완료	진척률	계획	실적	계획(대비)	누계	계획	진척률	
	합계	634	57.4%	364	364	100.0%	69	69	100.0%	442	78	69.7%	
1	박개발	49	73.5%	36	36	100.0%	5	5	100.0%	41	5	83.7%	
2	은개발	119	49.6%	59	59	100.0%	11	11	100.0%	73	14	61.3%	
3	집개발	85	49.4%	42	42	100.0%	6	6	100.0%	52	10	55.5%	
4	최피벌	60	91.7%	55	55	100.0%	11	11	100.0%	60	5	100.0%	
5	정개발	93	69.9%	66	65	98.5%	11	10	90.9%	76	11	81.7%	
6	감개발	120	57.5%	69	69	100.0%	11	11	100.0%	85	16	70.8%	
7	하개발	33	81.8%	27	27	100.0%	4	4	100.0%	32	5	97.0%	
8	조개발	75	14.7%	10	11	110.0%	10	11	110.0%	23	12	30.7%	
	합계	634	57.4%	364	364	100.0%	69	69	100.0%	442	78	69.7%	
	인터페이스 제외 합계	601	56.1%	337	337	100.0%	65	65	100.0%	410	73	68.2%	
1	업무 1	119	49.6%	59	59	100.0%	11	11	100.0%	73	14	61.3%	
2	업무 2	209	42.6%	88	89	101.1%	21	22	104.8%	116	27	55.5%	
3	업무 3	93	69.9%	66	65	98.5%	11	10	90.9%	76	11	81.7%	
4	업무 4	180	68.9%	124	124	100.0%	22	22	100.0%	145	21	80.6%	
5	인터페이스	33	81.8%	27	27	100.0%	4	4	100.0%	32	5	97.0%	

[표 19] 변경된 9월 3일 기준 개발 비교 표

작업 이름	현황	기간	계획시작날짜	계획완료날짜	실제 시작 날짜	완료율	계획진척률	실적진척률	공정준수율
⊟ NormalClient GroupWare 재구축 Project	☺	216 일	10-05-03 (월)	11-02-28 (월)	10-05-03 (월)	50%	50,79	44,95	88,5
⊟ 개발	☺	216 일	10-05-03 (월)	11-02-28 (월)	10-05-03 (월)	49%	50,75	44,71	88,09
⊞ 준비	☺	4 일	10-05-03 (월)	10-05-07 (금)	10-05-03 (월)	100%	100	100	100
⊞ 요구분석	☺	17,25 일	10-05-10 (월)	10-06-01 (화)	10-05-10 (월)	100%	100	100	100
⊞ 설계	☺	35 일	10-06-01 (화)	10-07-20 (화)	10-06-01 (화)	100%	100	100	100
⊟ 개발	☺	61 일	10-07-20 (화)	10-10-13 (수)	10-07-20 (화)	51%	55,93	47,31	84,6
프로그램 개발	☺	51 일	10-07-20 (화)	10-09-29 (수)	10-07-20 (화)	56%	66	56	84,85
인터페이스 개발	☺	20 일	10-08-10 (화)	10-09-29 (수)	10-08-10 (화)	82%	52	82	157,69
단위테스트	☺	51 일	10-07-27 (화)	10-10-06 (수)	10-07-27 (화)	47%	56	47	83,93
단위테스트 보완	☺	51 일	10-08-03 (화)	10-10-13 (수)	10-08-03 (화)	37%	46	37	80,43

[그림 20] 변경된 9월 3일 기준 WBS 현황

고객, 다른 부서로 발령

이고객이 월간 보고를 준비하면서도 싱글벙글이다. 예전과는 전혀 다른 표정이다. 뭔가 좋은 일이 있나? 월간 보고도 그럭저럭 잘 한 편이다. 자꾸 해보니 실력이 빠르게 늘어나는 것이 보인다. 이제야 직급이 공짜가 아닌 것을 보여 주는 것이다. '어느 책에선가 '상사는 한방이 있다'라는 글이 있었다. 역시 맞는 말이다. 월간 보고가 끝난 후 이고객과 잠시 얘기를 했다. "기분이 좋으신 것 같네요? 같이 알면 안 되는 일입니까?"라고 묻자. "나에게는 좋은 일인데, 나피엠 입장에서는 좋은 일이 아닐 것 같아 말하기가 어렵네요. 인사부 동기에게 얘기를 들으니 매년 11월경에 있는 정기 인사 이동에서 다른 부서로 발령이 날 것 같다고 합니다." 허걱. 큰일이다. "나뿐만 아니라 고고객과 몇몇 현업들이 다른 부서로 발령이 날 것 같습니다."라고 얘기한다. 생각지도 않은 최대의 위험이 11월에 오는 것이다.

다른 부서 발령은 90% 이상 확실하고, 이고객이 기다리던 인사 이동이란다. 고고객도 마찬가지다. 11월에 발령이 나면 이고객과 고고객은 이 프로젝트 종료에 책임을 지지 않아도 된다. 이렇게 되면 지금까지 했던 모든 것이 추진단에 새로 발령이 난 고객들에 의해 완전히 뒤집힐 수 있다. 본사에는 일단 보고를 했다. 아직 발령이 난 것이 아니기 때문에 수행 총괄에는 구두로 이런 가능성이 있다는 보고를 하고, 대응책 마련을 부탁한다. 이고객과 고고객 모두 바뀌면 안 되지만 특히 이고객이 바뀌면 큰일인 것이다.

작성일: 9월 3일 PM

M+5 W23 개발: 프로그램 개발, 단위 테스트, 단위 테스트 보완, 인터페이스 개발

개발자들 안정-개발 속도 향상

주간 보고 준비를 위해 개발 실적을 집계해 보니 역시 조개발의 투입이 정확했음을 보여주었다. 장개발도 신규 개발에서 변경으로 전환되면서 원래의 페이스를 찾았고, 이에 조개발이 받쳐주면서 계획보다 3본이나 많은 실적을 올린 것이다. 이에 따라 공정 준수율도 94.12%로 안정권에 가까워 졌다. 이번 주 계획인 76%는 약 482본이다. 482본 중 현재 433본이 완료된 상태이므로 약 49본이 지연되고 있으며, 이는 이번 주 실적인 85본으로 계산해 보면 2.5일이면 따라 잡을 수 있는 분량인 것이다. 더 고무적인 것은 고객의 단위 테스트 결과에 따르면 이번 주까지 약 200여 본을 테스트 한 결과 4개의 에러만이 나왔다는 것이다.

지난 주 입력 필드 확인과 관련하여 팀원들에게 경고를 한 후, 에러가 확연하게 낮아진 것이다. 그래도 고객에게는 "팀원들이 단위 테스트를 수행했음에도 불구하고, 또 기능상의 오류가 나는 것에는 문제가 있습니다. 다음 주에는 더 확실하게 단위 테스트를 수행하여 1개도 나오지 않는 상황으로 가도록 노력하겠습니다."라고 약속을 했다. 물론 미리 피엘들과 협의된 내용이다. 지금까지는 개발자 자신과 각 담당 피엘이 단위 테스트를 수행하는 방식이었는데, 담당 피엘 테스트 후, 다른 업무를 바꾸어 한 번 더 테스트 하기로 한 것이다.

번호	업무 구분	프로그램 총계		금주 누계			금주 실적 (인력별 실적)			차주 계획			비고 (지연사유 및 대안)
		개수	진척률	계획	완료	진척률	계획	실적	계획대비	누계	계획	진척률	
	합계	634	68.3%	442	433	98.0%	74	77	104.1%	509	76	80.3%	
1	박피엘	49	83.7%	41	41	100.0%	5	5	100.0%	46	5	93.9%	
2	은개발	119	62.2%	73	74	101.4%	14	15	107.1%	88	14	73.9%	
3	찰개발	85	62.4%	52	53	101.9%	10	11	110.0%	63	10	74.1%	
4	최피엘	60	100.0%	60	60	100.0%	5	5	100.0%	60	0	100.0%	
5	정개발	93	82.8%	76	77	101.3%	11	12	109.1%	88	11	94.6%	
6	강개발	120	70.8%	85	85	100.0%	16	16	100.0%	104	19	86.7%	
7	하개발	33	97.0%	32	32	100.0%	1	1	100.0%	37	5	112.1%	
8	조개발	75	14.7%	23	11	47.8%	12	12	100.0%	23	12	30.7%	
	합계	634	68.3%	442	433	98.0%	74	77	104.1%	509	76	80.3%	
	인터페이스 제외 합계	601	66.7%	410	401	97.8%	73	76	104.1%	472	71	78.5%	
1	업무 1	119	62.2%	73	74	101.4%	14	15	107.1%	88	14	73.9%	
2	업무 2	209	50.2%	116	105	90.5%	27	28	103.7%	132	27	63.2%	
3	업무 3	93	82.8%	76	77	101.3%	11	12	109.1%	88	11	94.6%	
4	업무 4	180	80.6%	145	145	100.0%	21	21	100.0%	164	19	91.1%	
5	인터페이스	33	97.0%	32	32	100.0%	1	1	100.0%	37	5	112.1%	

[표 20] 9월 10일 기준 개발 비교 표

작업 이름	현황	기간	계획시작날짜	계획완료날짜	실제 시작 날짜	완료율	계획진척률	실적진척률	공정준수율
NormalClient GroupWare 재구축 Project		216 일	10-05-03 (월)	11-02-28 (월)	10-05-03 (월)	57%	57.62	54.23	94.12
개발		216 일	10-05-03 (월)	11-02-28 (월)	10-05-03 (월)	57%	57.82	54.31	93.94
준비		4 일	10-05-03 (월)	10-05-07 (금)	10-05-03 (월)	100%	100	100	100
요구분석		17.25 일	10-05-10 (월)	10-06-01 (화)	10-05-10 (월)	100%	100	100	100
설계		35 일	10-06-01 (화)	10-07-20 (화)	10-06-01 (화)	100%	100	100	100
개발		61 일	10-07-20 (화)	10-10-13 (수)	10-07-20 (화)	65%	66	61.01	92.43
프로그램 개발		51 일	10-07-20 (화)	10-09-29 (수)	10-07-20 (화)	68%	76	68	89.47
인터페이스 개발		20 일	10-08-10 (화)			97%	66	97	146.97
단위테스트		51 일	10-07-27 (화)	10-10-06 (수)	10-07-27 (화)	62%	66	62	93.94
단위테스트 보완		51 일	10-08-03 (화)	10-10-13 (수)	10-08-03 (화)	51%	56	51	91.07

[그림 21] 9월 10일 기준 WBS 현황

또한 12시 이후에 퇴근하던 것이 점차 속도가 붙으면서 11시 전에 퇴근이 가능하게 되었다. 결국 1인이 1일당 2본이 넘는 프로그램 개발 속도를 유지하면서도 점점 앞당겨 지고 있는 것이다. 이것이 사기의 효과라고 생각한다. 무조건 밀어 붙이는 것 보다 빠져 나갈 수 있는 방안을 제시하고, 이를 행동으로 이행하면 팀원들도 힘이 나는 것이다. 계속 이렇게 유지가 된다면 12시 퇴근으로 다시 돌리고, 토요일 근무를 반일로 줄이는 방법이 좋을 것이다. 지금은 토요일도 평일과 동일하게 근무를 하고 있어 일요일 하루 쉬는 것으로는 피곤이 덜 풀리기 때문이다. 다음 주 실적을 본 후 얼마 되지 않는 기간이지만 개발 기간에는 토요일도 반일로 줄이는 것을 팀원들과 협의를 해 보아야겠다.

설계부터 통합 테스트 시작 전까지 프로젝트 관리자는?

이런 좋은 생각을 하면 당연히 기분이 좋아진다. 또한 프로젝트 관리자 입장에서는 개발 기간 동안에는 할 일이 없어지는 것이다. 계획대로 진행되었다면 설계 단계부터 통합 테스트 시작 전까지는 프로젝트 관리자는 할 일이 없어, 무엇을 할까 하면서 개발자들을 귀찮게 해야 한다. 그래야 프로젝트가 제대로 되는 것이다. 반대로 프로젝트 관리자가 프로젝트 기간 내내 바쁘고, 허드렛일에 치중한다는 것은 프로젝트가 제대로 수행되고 있지 않다는 것이다. 일부 PM들은 이견이 있을 것이다. 그러나 내 생각이 그렇다는 것이지 모든 PM들에게 이게 옳다고 우길 생각도 없다. PM 마음이니까.

작성일: 9월 10일 PM

M+5 W24 개발: 프로그램 개발, 단위 테스트, 단위 테스트 보완, 인터페이스 개발

나피엠의 실수: 일정에 추석 휴무 잡지 않음

이번 주는 상황이 더욱 좋아 졌다. 지난 주 자신의 분량이 완료된 하개발이 조금 지연되던 강개발의 개발 분량을 나누어 개발을 시작했고, 최피엘은 장개발이 개발하던 분량을 나누어 개발하면서 계획했던 것 보다 5본이 증가한 것이다. 그러나 WBS를 살펴 보던 중 생각지도 않은 어이 없는 실수가 발견되었다.

번호	업무 구분	프로그램 총계		금주 누계			금주 실적			차주 계획			비고(지연사유 및 대안)
		개수	진척율	계획	완료	진척률	계획	실적	계획대비	누계	계획	진척률	
	합계	634	80.3%	504	509	101.0%	72	77	106.9%	576	67	90.9%	
1	박피엘	49	93.9%	46	46	100.0%	5	5	100.0%	49	3	100.0%	
2	은개발	119	74.8%	88	89	101.1%	14	15	107.1%	104	15	87.4%	
3	장개발	85	75.3%	63	64	101.6%	10	11	110.0%	78	14	91.8%	
4	최피엘	60	100.0%	60	60	100.0%	0	0	-	60	0	100.0%	확율
5	정개발	93	95.7%	88	89	101.1%	11	12	109.1%	93	4	100.0%	
6	강개발	120	86.7%	103	104	101.0%	19	20	105.3%	120	0	100.0%	
7	하개발	33	100.0%	33	33	100.0%	1	1	100.0%	33	0	100.0%	완료
8	조개발	75	32.0%	23	24	104.3%	12	13	108.3%	39	15	52.0%	
	합계	634	80.3%	504	509	101.0%	72	77	106.9%	576	67	90.9%	
	인터페이스 제외 합계	601	79.2%	471	476	101.1%	71	76	107.0%	543	67	90.3%	
1	업무 1	119	74.8%	88	89	101.1%	14	15	107.1%	104	15	87.4%	
2	업무 2	209	64.1%	132	134	101.5%	27	29	107.4%	166	32	79.4%	
3	업무 3	93	95.7%	88	89	101.1%	11	12	109.1%	93	4	100.0%	
4	업무 4	180	91.1%	163	164	100.6%	19	20	105.3%	180	16	100.0%	
5	인터페이스	33	100.0%	33	33	100.0%	1	1	100.0%	33	0	100.0%	

[표 21] 9월 17일 기준 개발 비교 표

작업 이름	현황	기간	계획시작날짜	계획완료날짜	실제 시작 날짜	완료율	계획진척율	실적진척율	공정준수율
NormalClient GroupWare 재구축 Project		216 일	10-05-03 (월)	11-02-28 (월)	10-05-03 (월)	62%	62.19	62	99.71
개발		216 일	10-05-03 (월)	11-02-28 (월)	10-05-03 (월)	63%	62.54	62.36	99.7
준비		4 일	10-05-03 (월)	10-05-07 (금)	10-05-03 (월)	100%	100	100	100
요구분석		17.25 일	10-05-10 (월)	10-06-01 (화)	10-05-10 (월)	100%	100	100	100
설계		35 일	10-06-01 (화)	10-07-20 (화)	10-06-01 (화)	100%	100	100	100
개발		61.04 일	10-07-20 (화)	10-10-13 (수)	10-07-20 (화)	75%	72.78	72.51	99.63
프로그램 개발		51 일	10-07-20 (화)	10-09-29 (수)	10-07-20 (화)	80%	82	80	97.56
인터페이스 개발		20 일	10-08-10 (화)	10-09-29 (수)		100%	79	100	126.58
단위테스트		56 일	10-07-27 (화)	10-10-13 (수)	10-07-27 (화)	73%	73	73	100
단위테스트 보완		51.04 일	10-08-03 (화)	10-10-13 (수)	10-08-03 (화)	63%	63	63	100

[그림 22] 9월 17일 기준 WBS 현황

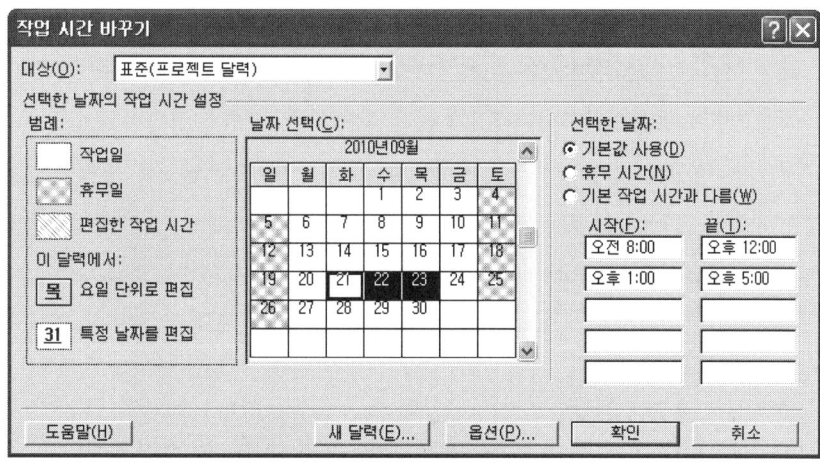

[그림 23] MS Project 작업 시간 바꾸기의 2010년 9월 설정

프로젝트 착수 시점에서 MS Project에 틀림없이 추석을 휴무로 지정했다고 생각했는데, 혹시나 해서 열어보니 휴무로 등록되어 있지 않은 것이다. 즉 MS Project에서는 개발 일수를 51일로 계산을 했는데 실제로는 3일이 줄어든 48일이 되는 것이다. 이렇게 되면 지금까지 보고해 온 계획 진척율, 실적 진척율, 공정 준수율은 물론이고 전체 일정이 변하게 된다. 작은 실수지만 영향은 크다. 고객들이 어떻게 생각했겠는가? '저 PM 생각 없이 계획을 잡은 것 같은데... 저래 가지고 일 제대로 하겠어?' 고객들의 생각은 둘째 치고 같은 팀원들에게도 부끄러운 상황이다. 왜 그랬을까? WBS를 수정하려면 변경 보고서를 제출해야 하는데, 이유가 너무 부끄럽다.

또 다른 문제가 나타난다. WBS에 3일을 휴일로 설정을 하고 있지만 이미 대부분의 팀원들이 월요일과 금요일 휴가계를 냈고, 내가 승인을 해버렸기 때문이다. 이번만큼은 거절하기가 어려웠던 것이다. 분석을 해보자. 다음 주 완료되어야 할 분량이 67본이다. 이 분량이 다 다음 주로 연기되는 것이다. 결국 어느 정도 따라 잡은 일정이 1주일 또 뒤쳐지게 되는 것이다. '어, 이렇게 되면 그랜드 오픈은 가능한가?' WBS를 확인해 본다. 다행이다. 이번의 지연이 그랜드 오픈에는 큰 영향을 주지 않는다는 것이었다. 처음에 WBS로 일정을 계획할 때 약 20일을 미리 버퍼로 설정해 두었기 때문에 5일이 지연되어도 약 15일 정도가 버퍼로 남아 있기 때문이다.

프로젝트 시작 후 5개월 만에 작업 진행 관리 변경, 부끄러운 일

이런 저런 변명을 해도 변경 보고서를 작성하고, 사유를 적는데 역시 부끄러웠다. 내 자신이 생각해도 이해가 안 된다. '왜 그랬을까?' 변경 보고서는 다 다음 주 월요일에 제출하면서 고객에게 보고하면 되는데, 지금 WBS 작업 진행 관리를 변경해야 할까? 프로젝트 시작한지 5개월 만에 작업 진행 관리를 변경하게 되다니 어이가 없다. '본사에도 보고를 해야 하는데, 어떻게 설명을 해야 하나? 정말 부끄럽다.'

주간 보고를 하면서 내가 저지른 실수를 고객들에게 말했다. 이고객은 그냥 이해한다는 눈치지만 고고객은 '벌써 몇 번째냐. 개발 실적 표도 제대로 작성하지 못해 몇 번을 수정하더니, 이제는 WBS 자체를 변경해야 한다니 이해가 되지 않는다.'라는 주장을 하며, 이렇게 진행하면 프로젝트 진행을 어떻게 믿느냐고 한다. 맞는 말이다. 할 말이 없다. 내 자신이 부끄러울 뿐이다. 쥐 구멍이 있었다면 쥐 구멍이라도 숨었을 것이다. 팀원들과 고객에게 일정 변경을 설명하면서 '다른 계획은 문제가 없겠죠?'라고 묻는 고객의 질문에 '예'라고 자신 있게 대답하고 싶었는데 저절로 목소리가 기어들어가 버린 것이다.

버퍼로 잡은 일정이 없었다면…

구고객은 "일정이 변경되면 오픈 일자도 변경되어야 하나요?"라고 묻는다. "아닙니다. 다른 일정을 조정하여 그랜드 오픈에는 차질이 없도록 했습니다."라고 하자, 어떤 일정이 변경되었냐고 물어본다. 가능하면 버퍼에 대해서는 알리지 않아야 하는데, 어떻게 할 수 없는 상황이다. "사실은 테스트 단계에서 어떤 문제가 발생할지 몰라서 미리 20일의 버퍼를 만들어 두었습니다. 미리 말씀 드리지 않아 죄송합니다."라고 대답했다. 다행히 모두들 안심이 되는 표정으로 넘어간다.

다행이다. 어떤 고객들은 '왜 버퍼를 만들었느냐?'부터 시작하여 '프로젝트 기간을 너무 길게 준 것 아니냐, 가격을 조금 내려야 겠다.' 등 다양한 의견을 제시한다. 20일이면 사실 한 달을 버퍼로 둔 것이니 고객들 입장에서는 그렇게 얘기할 수 있다는 것을 알기에 가능하면 숨겨 두는 것이다. 그러나 실제로는 감리 준비 등에 대부분 사용되고, 개발 단계에서도 많이 사용되는 기간이다. 감리 준비 같은 경우는 공식적으로 WBS에 액티비티로 하기에는 문제가 있다. 감리 준비가 어디에 있는가? 감리는 프로젝트가 진행된 상태 그대로 받아야 하기 때문이다. 그러나 실제로는 약 1주일의 준비 기간을 통해 산출물을 정리해야 한다.

또 이번 프로젝트와 같이 개발 진척율이 어느 정도 계획과 비슷하게 유지되면 문제가 없지만, 아무리 해도 안 되는 상황이 발생하기 때문에 버퍼는 무조건 두는 것이다. 버퍼로 인해 고객들과 별 다른 마찰 없이 변경 요청에 승인을 받게 되었다. 다만 공정 준수율이 99.71%에서 97.2%로 낮아졌고, 프로그램 개발 완료 계획도 9월 29일에서 10얼 1일로 2일이 늘어난 것이다. 이것은 화요일 ~ 목요일까지 공식 휴일만 적용한 것으로 휴가를 이미 제출하여 휴가로 사용하게 될 월요일과 금요일은 제외한 것이다. 따라서 2일의 분량을 따라 잡지 않으면 또 지연이 될 수 있다. 팀원들에게 당부를 한다. "다음 주 휴가는 계획과 같이 진행하겠습니다. 고객사와 수행 팀도 일주일 내내 휴무를 하자고 하니 우리도 그렇게 하겠습니다. 또한 여름 휴가를 짧게 보내드린 것에 대한 작은 보상으로 생각해 주시면 감사하겠습니다. 다만 보시는 것과 같이 2일은 포함하지 않아도 지연이 됩니다. 휴가 후 주간 보고 시 공정 준수율이 떨어진다면 그만큼 우리에게는 부담이 되니, 휴가 후 일하는 주에는 지금 보다 많은 실적으로 보답해 주시기 바랍니다. 즐거운 추석 보내십시오."

[그림 24] 9월 17일 추석 휴무 지정에 따른 변경 현황

작성일: 9월 17일 PM

M+5 W25 개발: 프로그램 개발, 단위 테스트, 단위 테스트 보완, 인터페이스 개발

장기 휴가 후 사라지는 개발자

금주에는 주간 보고가 없다. 추석이 화요일부터 목요일까지 있어 추진단과 총괄에서 월요일과 금요일을 휴무로 지정했기 때문에 한 주를 휴무로 하게 된 것이다. 이에 따라 팀원들이 제출한 휴가를 공식적으로는 다시 반려했다. 즉, 공식적으로는 휴가를 사용하지 않게 한 것이다. 가능하면 프로젝트 사정으로 쉬게 될 때에는 공식적인 휴가 사용을 하지 않게 하는 것이 나의 생각이다. 프로젝트에 투입된 이상 프로젝트 진행 여부에 따라 PM의 권한으로 비공식적으로 휴가를 수어도 된다고 생각하기 때문이다.

프로젝트 관리자가 프로젝트에 투입되면서 가장 싫은 것이 장기 휴일이다. 물론 계획을 짤 때 장기 휴일을 검토한 후 휴일을 제외하고 계획을 수립하지만 문제는 장기 휴일 전과 후이다. 장기 휴일 전날은 전날이라고 들떠 있고, 휴일 후에는 후유증이 심하다. 이번과 같이 일주일이 넘는 장기 휴일(9일)의 경우 휴일이 끝나고 돌아오는 주에는 대다수 개발자들의 생산성이 눈에 띄게 낮아 진다. 이런 생각을 하면 안 되지만 PM으로서 어쩔 수 없이 드는 생각이다.

다행히 프로젝트 초반에 장기 휴일이 있으면 나도 좋다. 그러나 이번과 같이 8월 휴가 바로 다음에 장기 휴일이 있으면 개발 일정에 많은 문제점이 발생하기 때문에 정말 싫다. 휴가를 다녀오고 나서 '멍 때리는' 개발자들이 많고, 계획보다 개발이 늦어지는 기간이기 때문이다.

어떤 개발자들은 장기 휴가 후에 아예 나오지 않는 경우도 있었다. 여기가 한국인지 중국인지 베트남인지 헛갈리는 모양이다. 그렇게 되면 또 다른 개발자 섭외부터 시작해서 정상적인 개발 단계로 진입하려면 2개월이 족히 걸린다. 2개월이면 개발 기간 4개월의 절반이고, 이 기간 동안 1명의 개발자가 개발해야 할 분량, 즉 (1.5본 X 22 X 2) = 66본의 변경 본 수가 개발되지 않는다는 것이다. 이를 만회하기 위해서는 또 다른 개발자 1명이 더 들어와서 2명의 개발자가 일해야 4개월 후 계획과 동일하게 된다는 것이다. 1명의 개발자로 인해 프로젝트에는 적어도 4MM가 추가되는 것이다.

개발자가 왜 나오지 않는가는 여기에서 묻지 말기로 하자. 내가 PM 노릇을 잘 못해서 그럴 수도 있을 것이고, 프로젝트가 너무 힘들어서 그럴 수도 있을 것이고, 이유를 알 수 없는 경우도 있을 것이다. 개발자가 나오지 않는 경우 문제가 되는 것으로 MM가 추가된다는 점 외에도 고객들의 신뢰도가 떨어진다는 점이 있다. '도대체 어떻게 하길래 개발자가 프로젝트 중반에 갑자기 나가버리는 것인가? 믿을 수 있는 업체라고 생각했는데 아닌가 보다.' 등 고객과 쌓아 온 신뢰가 한 순간에 무너져 버리는 순간이다. 신뢰가 무너지면 문제가 발생했을 때 우리 팀을 믿지 않게 된다. 신뢰가 무너지면 프로젝트 실패 확률은 두 배 이상 높아 진다.

물론 장기 휴가 후에만 개발자가 프로젝트에서 갑자기 나가는 것은 아니다. 그러나 필자가 14년 넘게 경험한 바로는 몇 번 없는 경우지만 갑자기 프로젝트에서 나가는 경우, 장기 휴가 후가 가장 많았다는 것이다. 이런 상황이니 PM인 내가 장기 휴가를 좋아하겠는가?

고객사의 배려로 추석을 충분히 지내고, 충분한 휴식을 취했다. 금요일까지는 일을 전혀 생각하지 않고 지냈다. 그러나 토요일이 되자 몸이 근질근질해 진다. 보통은 2일 정도 쉬면 다시 일을 하고 싶어지는데 이번은 추석 때문인지 거의 7일째가 되어서야 일을 하고 싶어 진다. 보통 주말에도 토요일은 아이들과 놀기도 하고, 일이 아닌 다른 것을 하지만 일요일 점심 시간이 지나면 다음 주 업무 준비를 하게 된다. 이번 주는 무엇을 해야 하는지 점검하고, 정신을 업무에 집중시키는 것이다. 일 중독이라고 하기에는 그렇고, 뭐라고 해야 할까?

작성일: 9월 24일 **PM**

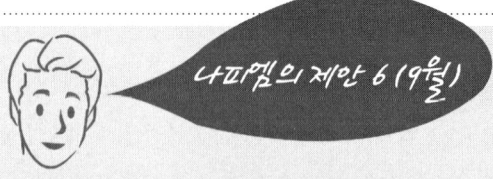
나피엠의 제안 6 (9월)

장기 프로젝트를 하다 보면 프로젝트 기간 중에 고객사의 인사 이동이 발생하는 경우가 있다. 정기든 비정기든 인사 이동을 하는 것은 고객사의 규정이다. 따라서 프로젝트 팀에서 이래라 저래라 할 권리도 없다. 아래에 제시되는 의견에 대해 생각해 보면 어떨까!

프로젝트는 적어도 몇 억이다. 특히 CRM, SCM, ERP 등 업무용 소프트웨어는 몇 십억에서 몇 백억을 넘어간다. 이러한 소프트웨어를 만들면서 담당자가 변경되고, 새로운 담당자가 업무를 잘 모른다고 할 때 큰 문제가 발생한다. 즉, 개발되는 시스템에 대해 정확하게 알지도 못하면서 종료 사인을 해야 하는 것이다. 새로운 담당자 입장에서는 사인을 하기가 어렵다. 잘 모르는 상황에서 책임을 지기가 어려운 것이다. 그렇다고 사인을 하지 않을 수 없는 상황이 발생한다. 이런 상황에서 발생할 수 있는 것은 심각할 수 있다. 예를 들면 선임자가 중요하다고 했던 기능인데, 잘 구동되지 않으면 기능을 제외시켜 버리는 것이다. 물론 대부분의 업체들은 이런 상황을 이용하지 않는다. 그러나 100% 장담은 못한다.

새로운 담당자가 업무를 잘 알아도 마찬가지다. 업무를 잘 알기에 기존 담당자가 했던 요구 사항이 자신에게는 만족스럽지 못할 것이다. 이에 따라 프로젝트 후반부에 요구 변경으로 인해 시스템이 누더기가 되어 버린다. 운영이 될 지는 모르지만 유지 보수도 어렵게 되고, 조그만 변경에도 엉뚱한 곳에서 문제가 발생할 수 있는 것이다.

이렇게 되었을 때 엄청난 돈을 쓰고서도 제 값 못하는 시스템을 도입하게 되는 것이다. 이런 상황은 누구나 원치 않을 것이다. 어쩔 수 없이 인사 이동을 한다면 해당 고유 업무 외에도 선임 담당자와 프로젝트 팀이 협의한 내용에 대해 철저하게 인수 인계를 하게 해야 한다. 부디 한 번은 생각해 보기 바란다.

M+6

- W26 개발: 프로그램 개발, 단위 테스트, 단위 테스트 보완, 인터페이스 개발
- W27 개발: 단위 테스트, 단위 테스트 보완
- W28 개발: 단위 테스트 보완
  테스트: 2차 데이터 이행
- W29 테스트: 2차 데이터 이행, 인터페이스 연동 테스트
- W30 테스트: 2차 데이터 이행[지연], 인터페이스 연동 테스트[지연]

M+6 W26

개발: 프로그램 개발, 단위 테스트, 단위 테스트 보완, 인터페이스 개발

장기 휴가 후유증 회복

드디어 장기 휴가를 마치고 돌아온 팀원들과 다시 업무를 시작했다. 역시 월요일에는 효율이 많이 떨어졌다. 몇 명은 멍한 얼굴로 앉아 있고, 대부분이 잡담으로 시작하여 몇 시간을 보냈다. 그러나 화요일부터는 정상적인 페이스로 돌아왔다. 역시 프로답다. 그러나 결과는 만족스럽지 못했다. 누계에 따른 공정 준수율은 높았지만, 자신의 분량이 완료된 팀원들이 완료되지 못한 다른 팀원들의 분량을 개발해 주었는데도 37본이 완료되지 못했다. 이번 주는 토요일 종일 그리고 일요일까지 일해서 부족한 것을 완료하기로 했다. 아무 것도 아닌 분량으로 괜한 지적을 받기 싫었기 때문이었다. 박피엘과 최피엘은 그냥 토요일 철야를 하더라도 토요일에 마무리하고, 일요일에는 쉬고 싶다는 의견을 제시했다. 당연히 나는 받아 들였다.

번호	업무 구분	프로그램 총계		금주 누계			금주 실적			차주 계획			비고(지연사유 및 대안)
		개수	진척률	계획	완료	진척률	계획	실적	계획대비	누계	계획	진척률	
	합계	634	94.2%	576	597	103.6%	67	88	131.3%	634	37	100.0%	
1	박피엘	49	100.0%	49	49	100.0%	3	3	100.0%	49	0	100.0%	완료
2	은개발	119	91.6%	104	109	104.8%	15	20	133.3%	119	10	100.0%	
3	장개발	85	100.0%	78	85	109.0%	14	21	150.0%	85	0	100.0%	완료
4	최피엘	60	100.0%	60	60	100.0%	0	0	-	60	0	100.0%	완료
5	정개발	93	100.0%	93	93	100.0%	4	4	100.0%	93	0	100.0%	완료
6	강개발	120	100.0%	120	120	100.0%	16	16	100.0%	120	0	100.0%	완료
7	하개발	33	100.0%	33	33	100.0%	0	0	-	33	0	100.0%	완료
8	조개발	75	64.0%	39	48	123.1%	15	24	160.0%	75	27	100.0%	
	합계	634	94.2%	576	597	103.6%	67	88	131.3%	634	37	100.0%	
	인터페이스 제외 합계	601	93.8%	543	564	103.9%	67	88	131.3%	601	37	100.0%	
1	업무 1	119	91.6%	104	109	104.8%	15	20	133.3%	119	10	100.0%	
2	업무 2	209	87.1%	166	182	109.6%	32	48	150.0%	209	27	100.0%	
3	업무 3	93	100.0%	93	93	100.0%	4	4	100.0%	93	0	100.0%	
4	업무 4	180	100.0%	180	180	100.0%	16	16	100.0%	180	0	100.0%	
5	인터페이스	33	100.0%	33	33	100.0%	0	0	-	33	0	100.0%	

[표 22] 10월 1일 기준 개발 비교 표

이고객 PT 능력 향상

주간 보고 대신 월간 보고를 했다. 이제는 이고객도 상당히 자연스럽게 발표를 한다. 처음 중간 보고에 비하면 천지 차이다. 조금 지연이 되고 있지만 휴일을 반납하고 일요일까지 마무리 한다고 하니 별 다른 지적이 없었다. 기획 이사도 다른 업무에 대해서는 지적을 하더니, 그룹웨어에 대해서는 특별한 지적 없이 '지금처럼 마지막까지 해주길 바란다.'는 말만 하고 다른 업무의 월간 보고를 시작하게 했다.

작업 이름	현황	기간	계획시작날짜	계획완료날짜	실제 시작 날짜	완료율	계획진척률	실적진척률	공정준수율
⊟ NormalClient GroupWare 재구축 Project	☺	211 일	10-05-03 (월)	11-02-28 (월)	10-05-03 (월)	67%	73.37	71.84	97.92
⊟ 개발	☺	211 일	10-05-03 (월)	11-02-28 (월)	10-05-03 (월)	69%	74.15	72.57	97.87
⊞ 준비	☺	4 일	10-05-03 (월)	10-05-07 (금)	10-05-03 (월)	100%	100	100	100
⊞ 요구분석	☺	17.25 일	10-05-10 (월)	10-06-01 (화)	10-05-10 (월)	100%	100	100	100
⊞ 설계	☺	35 일	10-06-01 (화)	10-07-20 (화)	10-06-01 (화)	100%	100	100	100
⊟ 개발	☺	58 일	10-07-20 (화)	10-10-15 (금)	10-07-20 (화)	89%	90.51	88.21	97.45
프로그램 개발	☺	48 일	10-07-20 (화)	10-10-01 (금)	10-07-20 (화)	94%	100	94	94
인터페이스 개발	☺	15 일	10-08-10 (화)	10-09-29 (수)	10-08-10 (화)	100%	100	100	100
단위테스트	☺	48 일	10-07-27 (화)	10-10-08 (금)	10-07-27 (화)	90%	91	90	98.9
단위테스트 보완	☺	48 일	10-08-03 (화)	10-10-15 (금)	10-08-03 (화)	80%	80	80	100

[그림 25] 10월 1일 기준 WBS 현황

이번 프로젝트처럼 쉽게 개발이 종료되는 프로젝트는 거의 없다. 매일 야근에 토요일까지 일을 했으면서 그런 얘기를 할 수 있느냐고 생각하는 분들은 아마 소프트웨어 개발 프로젝트에 참여해 보지 않았거나, 갑만 해본 분들일 것이다. 야근을 하고 철야를 해도 정확한 시간에 종료되는 경우가 별로 없다. 항상 개발 중간에 문제가 발생하거나 분석과 설계가 종료되지 않은 상태에서 개발에 들어 가면서 개발 중간에 요건이 변경되는 경우가 많기 때문이다.

나피엠의 소고: 요건 변경이 정당화될 수 있는 경우는?

WBS는 방법론에 의거해서 만들어 진다. WBS의 경우 각 단계별로 베이스라인을 만들고, 한 단계를 마무리 해야 다음 단계로 넘어 가는 방식이 주로 사용된다. Iteration 방법론과 Incremental 방법론 등 다양한 방법론이 나오지만 결국은 가장 오래된 Waterfall 방법론을 이용한 것들이고, 대부분은 Waterfall 방법론을 사용한다. Waterfall 방법론을 기반으로 한 WBS의 각 단계를 승인한다는 것은 각 단계가 종료되었음을 의미하는 것이다.

그런데 일부 고객들은 이를 무시하는 경우가 많다. 요구 분석이 종료된 후에 나오는 요구 변경은 틀림없는 요구의 변경이다. 그런데 프로젝트가 종료될 때까지 계속 요건을 변경하면서도 당연하다는 듯이, 요건 변경을 해주지 않으면 다음 산출물에 대해 승인을 하지 않겠다고 협박을 한다. 요구 분석은 요구 분석 단계에 종료되어야 한다. 물론 어느 정도의 요건이 추가될 수는 있다. 그러나 요구 분석 때와 전혀 다른 요구를 개발 기간이나 테스트 기간에 제시하면서 무조건 적용시켜 달라고 요구를 하는 것이다. 이렇게 할 것이면 요구 분석이 프로젝트 전체에 걸쳐 진행되도록 WBS를 처음부터 변경해야 한다.

그렇게 하면 개발 팀은 설계 단계, 개발 단계, 테스트 단계에서 다시 변경 요구 사항을 접수할 수 있도록 WBS를 변경할 것이고, 변경된 WBS에 따라 단계별 요구 정의 기간을 설정할 수 있을 것이다. 어떤 방법이 옳다고 주장하는 것은 아니다. 그렇다고 갑에게만 문제가 있다고 하는 것도 아니다. 다만 프로젝트 팀이 고객들의 요구를 만족시킬 수 있는 준비를 할 수 있도록 해 주어야 한다. 그래야 개발 팀도 요구에 따라 WBS를 작성하고, 이를 통한 체계적인 관리가 가능한 것이다. 만약 이번 프로젝트에서 설계가 끝나고 개발에 들어 갔는데 새로운 요구가 추가된다고 하자. 추가된 혹은 변경된 요구를 적용할 시간을 어디에선가 빼야 한다. 테스트 기간을 줄일 것인가? 개발 기간을 줄일 것인가? 그렇다면 그랜드 오픈일을 뒤로 미뤄 줄 것인가? 어떤 업무도 뺄 수 없는 상황에서 변경된 요구를 적용할 시간을 어디에서 찾아야 하는가? 결국은 프로젝트가 지연되거나 팀원들이 죽어라 일하는 것 외에 다른 방법이 있겠는가?

방법론 적용을 승인하고, WBS를 승인했다면 개발 팀이 WBS에 따라 관리할 수 있도록 도와줘야 한다. 결국 프로젝트의 성공이 고객에게도 좋은 평가를 주는 것이 아닌가? 평가를 무시하더라도 자신이 관련된 프로젝트가 성공적으로 종료된다면 기분이 좋지 않을까? 분석 단계를 승인했으면, 다음 요구 조건이나 변경은 개발 팀을 존중하여 개발 팀과 협의하여 적용 가능성 여부를 타진하려는 노력이 필요하다. '갑이니까 무조건 밀어 붙이면 된다'는 생각으로 프로젝트 추진단에 들어왔다면 그러한 생각과 함께 프로젝트는 실패를 향해 가고 있는 것이다.

기분이 좋아지면 개발자들은 마구 개발한다

개발자들은 기분이 좋으면 더 해주고 싶어 한다. 개발자들도 시간이 되고, 환경이 되면 고객이 원하는 것보다 더 많은 것을 해주고 싶어하기 때문이다. PM이상의 관리자는 능구렁이라 가능하면 없애고, 줄이려고 노력하지만, 개발자들은 그렇지 않다. 자신이 만드는 것에 대해 자부심을 가지려고 하며, 좋은 시스템을 개발하여 사용자들이 잘 사용하면 뿌듯해 한다. 프로그램 완료 후에 시간이 나면 100LOC로 되어 있는 라인 수를 80LOC로 줄이면서 동일한 기능을 할 수 있도록 프로그램을 수정하기도 한다. LOC가 줄어들면 그 만큼 에러가 날 확률이 낮아지고, 시스템이 안정화된다. 동일한 기능을 수행하는 경우라면 LOC가 가장 적은 것이 가장 좋은 프로그램인 것이다. 물론 확장성을 따진다면 꼭 그렇지 않을 수 있지만 가능하면 적은 LOC로 개발하는 것이 더 좋은 로직일 가능성이 높다.

그렇게 하고도 시간이 나면 더 편하게 사용할 수 있도록 변경을 해준다. 거짓말 인지 같이 개발하고 있는 팀원들이나, 소속 개발자들에게 시간을 줘보면 내 말이 틀렸는지 맞는지 알 것이다. 그래야 좋은 품질의 소프트웨어가 탄생한다. 어느 문서를 보니 개발된 모듈의 거의 50% 미만을(정확한 숫자인지 기억 나지 않지만 거의 비슷할 것이다) 매일 혹은 주기적으로 사용하고, 나머지 50% 이상은 아예 사용을 하지 않거나, 1년에 한 번 혹은 거의 사용하지 않는다는 통계를 본적이 있다. 한 번 할 때 하고 싶은 모든 것을 하고자 하는 고객들의 마음은 이해가 가지만 원래 필요로 했던 목적의 시스템을 구축하는 것을 목표로 튼튼한 시스템을 만들 것을 기대해야 한다. 사용하지도 않을 기능들을 이것 저것 붙이기 시작하면 시스템 복잡도가 높아져서 에러가 날 확률이 기하급수적으로 늘어나며, 원래 목적했던 시스템의 완전성이 떨어진다. 시스템에 기대하는 욕심의 50%만이라도 빼서, 100% 튼튼하게 구축되는 시스템에 대한 기대에 넣으면 어떨까!

월화수목금금금

말이 나왔으니 조금만 더 짚고 넘어가고 싶다. 고객뿐 아니라 우리나라 현실에서는 어쩔 수 없다며 외부 환경 탓만 하며, 직원들을 이용해 돈을 버는 기업들도 다시 생각해야 한다. 우리나라 최고의 소프트웨어 기업이라고 자부하는 많은 기업의 임원들을 보면 자기 회사는 외부 프로젝트 수행을 하든, 내부 프로젝트를 수행하든 '월화수목금금금'으로 일한다고 자랑스럽게 얘기한다. 이것이 과연 자랑할 일인가? 너무 심한 말일지 모르겠지만 소프트웨어 개발자들 중에는 자신의 회사를 '포주'라고 하는 사람들도 있다는 것을 알아야 한다. 개발자 몸을 팔아서 돈을 버는 것이 '포주'와 무엇이 다른가?

나피엠의 소고: 소프트웨어 업계에 대한 이야기

또한 궁지에 몰리면 항상 하는 얘기가 있다. "국가와 대기업이 변해야 한다"는 것이다. 모두 이구동성으로 주장하는 것을 보면 이것이 명확한 해결책인 모양이다. 그런데 국가와 대기업에서 발주하는 프로젝트 가격이 현실적이지 않다는 것이 문제다. 즉 현재보다 많은 금액으로 발주를 해야 하는데 그것이 가능한가?

국가, 공기업, 기업이 발주 금액을 현실화해 달라는 주장의 요지는 가격을 높여서 소프트웨어 개발업체가 충분한 돈을 가지고 개발하게 해 달라는 것인데, 이러한 해결책이 현실적으로 가능한가? 공기업과 국가 조직, 기업들도 예산 확보와 예산의 지출 결과에 점치 많은 제약을 받는다. 그래서 소프트웨어 투자에도 한계가 있기 때문에 가능한 한 저렴한 업체를 선택하는 것이 당연한 일 아닌가?

외부의 조건이 바뀌기를 기다리면 도태된다. 이는 자연에서도 나타나지 않는가? 외부의 조건이 그렇다면 내가 바뀌어야 살아남는다. 언제까지 외부의 환경이 변하기를 기다릴 것인가? 젊은 개발자들이 점차 줄어들고, 개발자들의 나이가 점차 높아지는 것은 기업들이 외부의 환경이 변하기를 기다리면서 내부적인 변화를 하지 않고 있어 나타나는 현상으로서 이러한 기업은 언젠가 도태될 것이다.

내부 변화라고 하니 관리자들과 학자들은 프로세스 개선, 방법론 적용, 문서의 표준화로 이를 해결하라고 한다. 소프트웨어 업계의 문제점, 낮은 품질의 소프트웨어, 개발 지연, 거의 매일 하는 야근, 잦은 휴일 근무 등이 프로세스 개선, 방법론 적용, 문서 표준화 등의 관리로 해결이 된다고 생각하는가? 그렇다면 주요 소프트웨어 개발 대기업들에서는 이런 문제점이 벌써 해결되었어야 한다. CMMI 레벨 4등급과 5등급을 받은 업체들이니 표준화된 방법론과 문서, 그리고 프로세스가 갖추어져 있는 것은 기본일 것이며, 체계적인 관리 체계를 가지고 있으니 소프트웨어 업계의 기본적인 문제점들을 해결했어야 했다.

「소프트웨어 컨플릭트 2.0」의 저자는 2판 서문에서 다음과 같은 글로 마무리를 한다. "진실을 밝히자면, 지난 15년 동안, 1판에서 지적하고 밝혀냈던 논쟁을 다루거나 해소하는 책이 거의 없었다. 이런 관점에서 보면 처음 출판 당시와 마찬가지로 오늘날에도 이 책은 여전히 현실을 반영한다. 너무나 불행하게도 말이다."

소프트웨어 컨플릭트의 저자가 말하는 것과 같이 소프트웨어 공학이 지금까지 소프트웨어 업계를 위해 도움을 준 것이 과연 무엇이었는지 궁금해진다. 연구실에 앉아서 만든 각종 방법론들을 현장에 적용하면서 정말 소프트웨어 품질이 좋아졌고, 개발자들의 야근은 줄어들어 행복해 졌는가? 15년 전의 상황이 지금도 나타나고 있고, 앞으로도 별 다른 해결 방안이 없는 것 같아 소프트웨어 업계에서 일하고 있는 본인 또한 답답하다.

소프트웨어 공학의 '공학'은?

어떤 이는 소프트웨어 공학에서 공학이라는 단어를 빼야 한다고 주장하기도 한다. '소프트웨어에서 공학이라고 할 만한 것이 무엇이 있는가?'라는 것이다. 어떤 방법론을 만들었을 때 '이 방법론을 적용하면 기존 보다 몇 %의 생산성이 있고, 품질 개선 효과가 몇 %입니다.'라고 주장하지만 과연 그것을 증명할 방법이 있는가에 물음이 생기는 것이다. 해당 방법론에 비해 더 좋아졌다는 것을 증명하려면 같은 프로젝트를 다른 방법으로 수행해서 결과를 얻어야 하는데, 같은 방법으로 수행해도 사람, 능력, 환경 등 다양한 프로젝트적인 변수로 비교가 불가능하기 때문이다. 소프트웨어 공학을 제대로 하려면, 소프트웨어 공학의 '공학'이 무엇을 의미하는지부터 명확하게 정의해야 할 것 같다.

작성일: 10월 1일 PM

 **개발:** 단위 테스트, 단위 테스트 보완

프로그램 완료

드디어 지난 주 일요일을 끝으로 634본의 프로그램이 완료되었다. 장장 2개월 반이 걸렸다. 전체 프로젝트 기간에 비하면 아무 것도 아니지만 하루를 이틀로 일했기에 기분은 일년이 지난 것 같다. 아무 것도 하지 않은 내가 이런 마음인데, 직접 개발한 팀원들은 어떨까? 다른 프로젝트에 비해 개발 기간이 짧게 계획되었던 것은 사실이다. 내년 1월에 오픈인데 10월 초에 프로그램이 완료되었으니 2개월 동안의 오픈 준비 기간이 있는 것이다.

번호	업무 구분	프로그램 총계		금주 누계			금주 실적			차주 계획			비고(지연사유 및 대안)
		개수	진척율	계획	완료	진척율	계획	실적	계획대비	누계	계획	진척율	
	합계	634	100.0%	634	634	100.0%	37	37	100.0%	634	0	100.0%	
1	박피발	49	100.0%	49	49	100.0%	0	0	-	49	0	100.0%	완료
2	은개발	119	100.0%	119	119	100.0%	10	10	100.0%	119	0	100.0%	완료
3	잣개발	85	100.0%	85	85	100.0%	0	0	-	85	0	100.0%	완료
4	칡피발	60	100.0%	60	60	100.0%	0	0	-	60	0	100.0%	완료
5	정개발	93	100.0%	93	93	100.0%	0	0	-	93	0	100.0%	완료
6	감개발	120	100.0%	120	120	100.0%	0	0	-	120	0	100.0%	완료
7	하개발	33	100.0%	33	33	100.0%	0	0	-	33	0	100.0%	완료
8	조개발	75	100.0%	75	75	100.0%	27	27	100.0%	75	0	100.0%	완료
	합계	634	100.0%	634	634	100.0%	37	37	100.0%	634	0	100.0%	
	인터페이스 제외 합계	601	100.0%	601	601	100.0%	37	37	100.0%	601	0	100.0%	
1	업무 1	119	100.0%	119	119	100.0%	10	10	100.0%	119	0	100.0%	
2	업무 2	209	100.0%	209	209	100.0%	27	27	100.0%	209	0	100.0%	
3	업무 3	93	100.0%	93	93	100.0%	0	0	-	93	0	100.0%	
4	업무 4	180	100.0%	180	180	100.0%	0	0	-	180	0	100.0%	
5	인터페이스	33	100.0%	33	33	100.0%	0	0	-	33	0	100.0%	

[표 23] 10월 8일 기준 개발 비교 표

WBS에서 보듯이 공정 준수율도 100%가 넘었다. 일요일에 개발 완료하고 월요일부터는 단위 테스트와 단위 테스트 보완에 집중하면서 단위 테스트 보완까지 완료한 것이다. 고객이 단위 테스트를 하고 있지만 공식적인 테스트가 아니고, 우리가 부탁해서 하고 있는 비공식인 테스트이기 때문에, WBS에는 액티비티로 등록되어 있지 않다. 고객의 단위 테스트는 거의 통합 테스트와 동일하게 진행되고 있다. 기능 오류에 집중해 왔던 개발 팀과는 달리 업무 프로세스에 따라 테스트를 진행하고 있기 때문에 실제로는 사전 통합 테스트인 것이다.

작업 이름	현황	기간	계획시작날짜	계획완료날짜	실제 시작 날짜	완료율	계획진척율	실적진척율	공정준수율
⊟ NormalClient GroupWare 재구축 Project	☺	211 일	10-05-03 (월)	11-02-28 (월)	10-05-03 (월)	72%	77.67	79.64	102.54
⊟ 개발	☺	211 일	10-05-03 (월)	11-02-28 (월)	10-05-03 (월)	75%	78.61	80.66	102.6
⊞ 준비	☺	4 일	10-05-03 (월)	10-05-07 (금)	10-05-03 (월)	100%	100	100	100
⊞ 요구분석	☺	17.25 일	10-05-10 (월)	10-06-01 (화)	10-05-10 (월)	100%	100	100	100
⊞ 설계	☺	35 일	10-06-01 (화)	10-07-20 (화)	10-06-01 (화)	100%	100	100	100
⊟ 개발	☺	58 일	10-07-20 (화)	10-10-15 (금)	10-07-20 (화)	100%	97.02	100	103.08
프로그램 개발		48 일	10-07-20 (화)	10-10-01 (금)	10-07-20 (화)	100%	100	100	100
인터페이스 개발		15 일	10-08-10 (화)	10-09-29 (수)	10-08-10 (화)	100%	100	100	100
단위테스트		48 일	10-07-27 (화)	10-10-08 (금)	10-07-27 (화)	100%	100	100	100
단위테스트 보완		48 일	10-08-03 (화)	10-10-15 (금)	10-08-03 (화)	100%	91	100	109.89

[그림 26] 10월 8일 기준 WBS 현황

주간 보고를 하면서 오늘 저녁에 회식을 제안했다. 개발자들도 프로그램을 끝내고 나니 여유가 생기는 것 같고, 계획에 따라 완료된 기념을 위해 이고객, 고고객, 구고객과 함께 저녁을 먹고, 다음 단계 진행에 필요한 도움을 요청하기 위해서였다. 모두들 시간이 된다고 하여 식당을 예약하고, 본사에 전화를 걸어 본부장님과 영업에게 참석을 부탁했다. 조개발을 추가 투입해준 것도 있고, 앞으로도 영업과 본부장님의 도움이 꼭 필요할 때가 올 것이기 때문에 미리 기름을 쳐 놔야 한다.

공정 준수율 103%, 3일 특별 휴가

"WBS를 보면 아시겠지만 10월 15일까지 계획되어 있던 단위 테스트 보완이 이번 주에 완료되었습니다. 따라서 다음 주 1주일은 계획한 업무가 없는 상태입니다. 혹시 다음 단계를 시작하기 전에 저희가 해야 할 일이 있습니까?" 좋은 분위기를 이용하여 이야기를 꺼냈다. 고객들은 "글쎄요 현재 현업이 하고 있는 단위 테스트에 대응하는 것 외에는 없을 것 같습니다."라고 한다. 좋은 출발이다. "다음 단계를 보셔도 아시겠지만 인터페이스 테스트와 통합 테스트를 위한 데이터 이행입니다. 따라서 다른 업무가 종료되는 15일까지는 말씀하신 단위 테스트 보완과 산출물 현행화에 집중하려고 합니다. 그래서 부탁을 드리는 것인데, 저희 팀이 지난 설계부터 지금까지 3개월이 넘게 매일 야근을 하고 휴일 근무를 했습니다. 또한 여름 휴가도 2일만 사용하게 했습니다. 가능하다면 월요일부터 수요일까지 팀원들에게 휴가를 주고 싶습니다. 목요일부터 출근하여 단위 테스트 보완을 하여 금요일까지 완료하는 것으로 하려고 합니다." 물론 부사장님과 본부장님께는 이미 허락을 받아 놓은 상태이다. "그래도 되겠어? 나중에 문제 생기는 것 아니지?" 본부장님이 한 마디 한다. "예" 회사는 OK. 본부장님이 처음 듣는 얘기인 것처럼 허락을 해 준다. 이고객도 "문제만 발생하지 않는다면 좋습니다." 드디어 약속을 지켰다. 여름 휴가를 2일로 단축하면서 개발이 끝나면 휴가를 주기로 약속했기 때문이다.

팀원들의 얼굴이 활짝 핀다. "휴가도 비공식적으로 드리는 휴가입니다. 푹 쉬다 오세요. 이제 본격적인 전쟁이 시작된 것 아시죠? 준비를 단단히 해야 할 것입니다. 지금까지 시간과 인해 전술이었다면 앞으로는 기 싸움입니다. 머리를 푹 쉬게 해 두세요. 건배!" 정말 많이 먹었다. 3차가 아닌 4차까지 왔다. 노래방에 갔다가 다시 소주 집으로 가서 본부장님 및 피엘들과 4차를 했다. 수요일까지는 편안하게 쉴 수 있을 것이라는 생각에 모두들 최고로 많이 마시고 있는 것이다.

택시를 타고 집으로 가면서 그래도 좋은 고객이라는 생각을 했다. 어떤 회사 고객들은 자신이 퇴근하는 시간까지는 절대로 가지 못하게 한다. 말은 하지 않지만 자신이 퇴근하기 전에 우리가 퇴근을 하면 그 다음 날부터 사사건건 걸고 넘어진다. 뭐가 그렇게 억울한지 부사장이나 영업이 오면 "어떻게 프로젝트를 하는 팀이 고객보다 일찍 퇴근할 수 있습니까? 이게 말이 됩니까?" 등과 같은 하소연을 한다. 자기가 일찍 가야 할 때는 퇴근 시간 1시간 전에도 퇴근을 하면서 우리 팀원이 급하게 가려고 하면 딴지를 걸고, 이해가 가지 않는 고객들이 있기에, 지금의 고객들이 더 고마워진다.

작성일 : 10월 8일 PM

M+6 W28 — **개발:** 단위 테스트 보완 / **테스트:** 2차 데이터 이행

휴가는 역시 좋다

월요일 주간 보고에 참석하여 팀원들의 휴가를 보고했다. 모두들 부러워하는 표정이다. 특히 아직까지 설계 승인도 받지 못한 업무 PM은 아예 고개를 숙이고 있다. 설계 승인뿐 아니라 개발은 60%도 진척되지 못한 상태다. Majorsoft 사에도 휴가에 관해 미리 얘기를 해 두었기에 별 다른 지적 없이 주간 보고를 종료했다. 나는 운이 좋은 피엠이다. 짧은 기간에도 불구하고 팀원들은 물론이고 고객들도 계획이 지켜지도록 열심히 해 주었기 때문이다. 물론 죽어라 노력해도 안 되는 경우가 많다. 목요일에 모두들 밝아진 표정으로 출근을 했다. 5일을 연속해서 쉬었으니 5개월간 쌓여온 피로는 풀렸을 것이다.

후반전 시작: 기와 정치의 전쟁

이제 후반전이 시작된 것이다. 팀원들에게 얘기했듯이 전반전은 사람과 시간과의 전쟁이었다면 후반전은 기와 정치 전쟁이다. 지금까지는 팀원들이 싸워 준 것이라면 이제부터는 나의 싸움인 것이다. 내가 지면 팀원뿐 아니라 본사도 피곤해진다. 지금부터 2개월은 하나를 움직여도 공격과 수비가 되는 수를 두어야 한다. 오픈과 철수라는 두 목표를 향해 전략을 수립하고, 전술을 펼쳐야 한다. 너무 심각한가?

신규 기능 추가 건, 협상과 불발

이 고객이 화요일에 전화를 해서 수요일에 출근을 하라고 했다. '혹시 시간이 되나요?' 아니면 '급하게 말씀드릴 것이 있는데 출근 가능하시겠습니까?' 어차피 출근할 것 이렇게 얘기하면 얼마나 좋은가? 무조건 출근하란다.

수요일에 출근을 하니 새로운 일이 기다리고 있었다. 노사 협의에 따라 새로운 규정이 생겼다는 것이다. 이 규정을 적용하려면 그룹웨어에 새로운 기능이 필요한데, 이를 개발해 달라는 것이었다. 이번 추가되는 부분에 대해서 비용을 지불하겠다고 하며, 개발하는 과정이니 가능하지 않겠느냐는 얘기였다. 부담은 가지만 돈을 지불하겠다는 데 하지 않을 수도 없고, 막상 개발하려고 하니 지금 진행되고 있는 일에 지장을 주지 않을 까 걱정이 되기도 했다.

수요일에 작성한 회의록을 본부장님과 부사장님께 보내고, 피엘들과도 목요일에 미팅을 했다. 별로 어렵지 않은 기능이고, 테스트까지 3MM면 될 것 같다는 의견이었다. 요구를 정의한 후 3MM 내에서 처리가 가능하면 개발을 하고, 넘어서면 유지 보수 기간에 하자는 의견이었다. 요건 정의하고, 가능 인력 산정을 해 보니 약 3MM로 가능한 것으로 결론이 났다. 그러나 문제는 다른 업무와의 인터페이스였다. 추가로 3개의 인터페이스가 연결되어야 하고, 그 중 한 개는 다른 인터페이스 연동 방식인 EAI로는 연결이 되지 않아 직접 DB를 참조하는 방식의 연동으로 처리를 해야 했다.

본사에 새로운 요구 조건과 인원 계획을 전달했다. 부사장님과 본부장님은 추가 인력 투입에 대해 비관적인 생각이었다. 그렇다고 현재 투입된 인력을 이용하기에는 벅찬 상태였다. 협의한 결과 고객에게는 5MM로 견적을 넣고, 받아들이지 않으면 하지 말자는 것이었다. 개발과 테스트 그리고 인터페이스 개발까지는 3MM로 가능하지만 유지 보수 등 개발 후 과정에 2MM를 추가하는 것으로 한 것이었다.

견적서를 주니, 몇 개 되지도 않는 기능을 개발하는데 왜 그렇게 많이 드냐고 따진다. 설명을 한다. "말씀하신 것처럼 기능 개발에는 몇 일이면 됩니다. 저희가 기능 개발만 하고, 테스트, 인터페이스, 유지 보수를 하지 않는다는 조건이면 공짜로 해드리겠습니다. 그러나 개발한 소프트웨어에 대해 유지 보수까지 하기를 원하신다면 견적 금액을 주셔도 저희는 남는 것 하나도 없습니다. 지금 프로젝트를 수행하고 있기 때문에 수익 없이 해 드리는 것입니다." "지금 같이 하고 있는 인력을 이용해서 하자는 것인데, 너무 비쌉니다." 이고객은 자꾸 금액을 낮추려고 한다. "그렇게 말씀하시면 우리는 수익도 남지 않는 것 괜히 유지 보수만 힘들어집니다. 하지 않겠습니다."라고 강하게 대응했다.

사실 새로운 기능을 돈을 주고 하겠다는 고객의 생각이 기특하긴 하지만, '이런 부 수익을 주는 우리를 고마워해야 한다.'라는 표정으로 돈 한푼 남지 않게 계산된 견적 금액에서 더 깎자고 하면 '을'이나 '병'은 '감개무량 하옵니다.'하면서 고마워할 줄 알았나 보다. 소프트웨어 개발을 정말 개발로 끝난다고 생각하는 사람들이 많다. 소프트웨어 개발을 코딩으로만 생각한다면 PM으로서는 정말 좋은 일이다. 그러나 코딩 후에 발생하는 업무들에 더 많은 비용이 들어간다는 것을 알아야 한다. 결국 없었던 얘기가 되었고, 유지 보수 기간에 다시 개발 여부를 타진해 보기로 했다. 이고객도 부담스러웠던 것이다.

다른 업무 개발 지연 예상; 자체 통합 테스트 준비

개발도 완료되었고, 2차 데이터 이행도 개발이 완료되어 시간이 넉넉한 만큼 빨리 진행되었다. 단위 테스트와 보완도 100% 완료되었다. 고객의 승인만 받으면 되는 상황이다. 이제부터는 테스트에 집중해야 한다. 다음 주부터 본격적으로 인터페이스 테스트부터 시작하여 테스트를 수행해야 하는데, 인터페이스 테스트를 수행할 수 있는 여건이 되지 않았다. 인터페이스 테스트를 하려면 연동되는 다른 업무가 완료되어야 하는데, 아직 완료되지 않은 업무들이 있어 인터페이스 테스트가 불가능한 것이다.

작업 이름	현황	기간	계획시작날짜	계획완료날짜	실제 시작 날짜	완료율	계획진척율	실적진척율	공정준수율
☐ NormalClient GroupWare 재구축 Project	◎	211 일	10-05-03 (월)	11-02-28 (월)	10-05-03 (월)	73%	79.88	79.93	100.06
☐ 계발	◎	211 일	10-05-03 (월)	11-02-28 (월)	10-05-03 (월)	75%	80.74	80.79	100.06
⊞ 준비	◎	4 일	10-05-03 (월)	10-05-07 (금)	10-05-03 (월)	100%	100	100	100
⊞ 요구분석	◎	17.25 일	10-05-10 (월)	10-06-01 (화)	10-05-10 (월)	100%	100	100	100
⊞ 설계	◎	35 일	10-06-01 (화)	10-07-20 (화)	10-06-01 (화)	100%	100	100	100
☐ 개발	◎	58 일	10-07-20 (화)	10-10-15 (금)	10-07-20 (화)	100%	100	100	100
프로그램 개발	◎	48 일	10-07-20 (화)	10-10-01 (금)	10-07-20 (화)	100%	100	100	100
인터페이스 개발	◎	15 일	10-08-10 (화)	10-09-29 (수)	10-08-10 (화)	100%	100	100	100
단위테스트	◎	48 일	10-07-27 (화)	10-10-08 (금)	10-07-27 (화)	100%	100	100	100
단위테스트 보완	◎	48 일	10-08-03 (화)	10-10-15 (금)	10-08-03 (화)	100%	100	100	100
☐ 테스트		37 일	10-10-15 (금)	10-12-07 (화)	10-10-15 (금)	3%	0.52	0.83	161.29
2차 데이터 이행(테스트)	◎	1 일	10-10-15 (금)	10-10-18 (월)	10-10-15 (금)	100%	62	100	161.29
인터페이스 연동 테스트		5 일	10-10-18 (월)	10-10-25 (월)	미정	0%	0	0	
통합테스트		5 일	10-10-25 (월)	10-11-01 (월)	미정	0%	0	0	
통합테스트결과 보완		5 일	10-11-01 (월)	10-11-08 (월)	미정	0%	0	0	
시스템 테스트		2 일	10-11-08 (월)	10-11-10 (수)	미정	0%	0	0	
시스템테스트결과 보완		5 일	10-11-10 (수)	10-11-17 (수)	미정	0%	0	0	
추진단 테스트		5 일	10-11-19 (금)	10-11-26 (금)	미정	0%	0	0	
추진단 테스트결과 보완		5 일	10-11-26 (금)	10-12-03 (금)	미정	0%	0	0	
인수인계 테스트		2 일	10-12-03 (금)	10-12-07 (화)	미정	0%	0	0	

[그림 27] 10월 15일 기준 WBS 현황

지난 주 수행 팀 주간 보고 회의에서 보니 우리와 연동되는 몇 가지 업무 중 통합 테스트 전까지 완료 가능한 업무는 1개만 있었고, 다른 업무는 모두 통합 테스트 일정 이후에 개발이 완료되어 약 2~3주의 지연이 예상되었다. 따라서 그룹웨어만 완료한다고 해서 통합 테스트가 가능한 것이 아니었다. 이렇게 되면 전체 일정에 문제가 발생할 것이다. 통합 테스트 준비를 위해 WBS에는 없었지만 우리 자체적인 통합 테스트를 금주에 수행했다. 타 업무에 연동되는 부분은 EAI까지 도착하는 지 여부와 EAI를 통해 전달되는 정보를 받아들여 동작하는 여부로 테스트를 진행했다.

고객들에 의한 단위 테스트가 금주에 완료됨에 따라 그룹웨어는 보기에는 완벽한 시스템의 모습을 갖추게 되었다. 고객의 단위 테스트와 자체 통합 테스트를 진행하면서 나타난 오류와 결함을 보완했다. 이로써 통합 테스트를 위한 준비를 완료한 것이다.

작성일: 10월 15일 PM

M+6 W29 테스트: 2차 데이터 이행, 인터페이스 연동 테스트

고객사의 창사 기념일

월요일은 고객사의 창사 기념일이었다. 개발 기간이었으면 꿈도 꾸지 못했겠지만 개발이 완료된 상황에서 고객사가 휴무인 날은 우리도 휴무다. 지연되고 있는 팀을 제외한 몇 개의 팀은 모두 휴일로 푹 쉬었다. 우리도 토요일부터 내리 3일을 쉬게 되었다. 바쁘던 개발이 종료되면서 장기(?)로 쉬게 되자 이상한 기분이 들었다. 쉬는 것이 불안해 지는 것이었다. 다른 프로젝트 같으면 지금도 바빠야 한다. 정신 없이 오류 수정하고, 변경 혹은 추가된 요구를 수용하느냐, 수용 불가로 하느냐 등으로 기 싸움을 하고 있어야 하는 기간인데, 너무 쉽게 진행되니 불안해 지는 것이다.

문서 현행화

이번 주에는 계획상 특별한 일정이 없어, 문서 현행화에 모두 투입되었다. 요구 정의서는 계속 업데이트되어 왔는데, 프로세스 정의서와 화면 설계서, 요구 사항 추적표는 설계 단계에서 완성된 상태로 방치되어 있다. 보통 프로젝트에서는 마지막 감리 준비를 하면서 현행화를 실시하는 데, 정말 하기 싫은 일 중의 하나다. 물론 CMMI 혹은 스파이스 등의 국제 기준에 따르면 요구가 변경되거나, 개발을 하면서 설계가 변경되면, 설계부터 변경하고 프로그램을 변경하는 것을 권고하지만, 이는 실제 프로젝트를 진행하면서 정말 따르기 어려운 권고 중의 하나이다.

개발이 종료되고 보면 처음에 했던 설계가 변경되어야 할 것들이 오히려 거꾸로 나타나고, 이에 따라 요구 사항 추적표가 엉망이 되어 버리는 것이다. 이에 따라 다시 요구 사항 정의서부터 정리하여, 화면 설계서, 상세 설계서, 프로그램 ID까지 재 정리를 해야 한다. 이 뿐인가? 정리를 하다 보면 요구 사항에 없었던 것들이 프로그램에 나타나기도 하고, 요구 사항에 있는 항목이 상세 설계서부터 사라지기도 한다. 결국 모든 문서의 정합성을 맞추기 위해서는 사라진 상세 설계서 작성도 해야 하고, 이에 따른 프로그램도 새로 하거나, 기존 프로그램을 수정해야 하는 이상한 단계를 거치게 되는 것이다. 정말 소프트웨어 공학에서 말하는 설계를 잘못해서 이런 상황이 발생하는 것일까? 설계를 잘하면 이런 이상한 단계는 없어지는 것일까? 그런데 이해가 가지 않는 것은 아무리 설계 단계를 오래 하고 검증을 해도, 이런 이상한 일을 하지 않은 적이 없다는 것이다. 능력이 없는 것일까?

80% 고지에서 늘어지는 팀원들

감리를 준비하기 위해서 이런 작업을 하면 야근을 해서라도 1주일이면 끝나는데, 1 주일을 해도 끝내지 못했다. 처음 계획은 이번 주에 완료하고 다음 주부터는 자체적으로 시스템 테스트를 진행하는 것이었는데, 역시 시간이 있으니까 사람들이 늘어진다. 다음 주부터는 할당량을 주고 강제적으로 진행해야 할 것 같다.

주간 보고를 하면서 현황의 우는 얼굴에 대해 말이 있었으나, 우리가 어떻게 할 수 있는 태스크가 아니어서 별 다른 문제 없이 지나갔다. 이제 80%의 고지를 넘었다. 20%가 남은 상황에서 통합 테스트를 수행하면 또 어떻게 될지 모른다. 파레토의 법칙이 나타날 것이다. 20%만 남았지만 80%의 자원을 사용해야 할지 모른다. 어디에선가 화장실에서 읽은 문장이 생각난다. "최선을 기대하고, 최악을 준비해라."

작업 이름	현황	기간	계획시작날짜	계획완료날짜	실제 시작 날짜	완료율	계획진척률	실적진척률	공정준수율
⊟ NormalClient GroupWare 재구축 Project	☺	211 일	10-05-03 (월)	11-02-28 (월)	10-05-03 (월)	73%	82.13	80.03	97.44
⊟ 개발	☺	211 일	10-05-03 (월)	11-02-28 (월)	10-05-03 (월)	75%	82.97	80.79	97.38
⊞ 준비	☺	4 일	10-05-03 (월)	10-05-07 (금)	10-05-03 (월)	100%	100	100	100
⊞ 요구분석	☺	17.25 일	10-05-10 (월)	10-06-01 (화)	10-05-10 (월)	100%	100	100	100
⊞ 설계	☺	35 일	10-06-01 (화)	10-07-20 (화)	10-06-01 (화)	100%	100	100	100
⊞ 개발	☺	58 일	10-07-20 (화)	10-10-15 (금)	10-07-20 (화)	100%	100	100	100
⊟ 테스트	☺	37 일	10-10-15 (금)	10-12-07 (화)	10-10-15 (금)	3%	14.25	0.83	5.85
2차 데이터 이행(테스트)		1 일	10-10-15 (금)	10-10-18 (월)	10-10-15 (금)	100%	100	100	100
인터페이스 연동 테스트	☺	5 일	10-10-18 (월)	10-10-25 (월)		0%	92	0	0
통합테스트	—	5 일	10-10-25 (월)	10-11-01 (월)	미정	0%	0	0	0
통합테스트결과 보완	—	5 일	10-11-01 (월)	10-11-08 (월)	미정	0%	0	0	0
시스템 테스트	—	2 일	10-11-08 (월)	10-11-10 (수)	미정	0%	0	0	0
시스템테스트결과 보완	—	5 일	10-11-10 (수)	10-11-17 (수)	미정	0%	0	0	0
추진단 테스트	—	5 일	10-11-19 (금)	10-11-26 (금)	미정	0%	0	0	0
추진단 테스트결과 보완	—	5 일	10-11-26 (금)	10-12-03 (금)	미정	0%	0	0	0
인수인계 테스트	—	2 일	10-12-03 (금)	10-12-07 (화)	미정	0%	0	0	0

[그림 28] 10월 22일 기준 WBS 현황

작성일: 10월 22일 PM

M+6 W30 테스트: 2차 데이터 이행[지연], 인터페이스 연동 테스트[지연]

다른 업무 지연-통합 테스트 일정 연기

월요일 수행 팀 주간 보고에서 문제가 나타났다. 몇 개 업무의 개발 지연으로 오픈 일정에 문제가 발생한 것이다. 12월까지는 테스트가 완료되어야 하는데, 몇 개 업무의 WBS를 현실적으로 변경하니 1월 중순까지 테스트가 진행되어야 한다는 결론이 난 것이었다. 허피엠은 고객에게 공문을 보내 2월 1일 오픈으로 연기하는 것으로 결정을 내렸다고 했다. 예상하고 있었던 문제가 발생한 것이다. 이렇게 되면 오픈일까지 현재의 인력을 유지해야 하고 7MM가 더 늘어나게 된다. 9MM 추가된 상황으로 시뮬레이션을 해보니 68MM에서 75MM로 늘어나고, 금액도 약 3억 5천만원에서 3억 8천8백만원으로 늘어난다. 겨우 29백만원의 순이익이 나는 것도 모두 없어지고 적자 프로젝트가 되는 것이다. 이것도 순수 인건비만 계산한 것이라, 다른 비용을 합하면 2천만원이 넘게 적자가 날 것이다.

그랜드 오픈 연기로 비용 상승

이슈로 등록을 하고, 본사에 보고를 했다. 역시 부사장님이 바로 달려 오셨다. 시뮬레이션 결과를 보여드리고, 예산 시뮬레이션도 보여드렸다. 예상한 것과 같이 답은 안 된다는 것이었다. 지금까지의 진행 상황을 리스트화하여 보고서를 작성하고, 앞으로의 업무를 리스트화한 액션 리스트를 작성하여, 우리가 1월 오픈으로 계획했던 이상으로는 인력을 투입할 수 없다는 자료들을 준비했다. 추가된 7MM의 인건비와 비용을 산출하여, 부사장님, 나, 허피엠, 사업 관리자가 모였다.

"이 프로젝트에서 순이익을 바라지 않고 시작했습니다. 그런데 우리 잘못도 아닌 오픈일 변경으로 오히려 적자가 나게 되었습니다." 부사장님은 자료를 근거로 이야기를 시작했다. "저희는 액션 리스트에 있는 액티비티를 모두 종료하면, 계획된 인력은 계획된 날짜에 철수할 것입니다." "고객이 받아들이지 않을 것입니다." 허피엠은 고객을 이유로 철수는 불가능하다고 했다. "그럼 추가된 인건비를 Majorsoft사에서 보전해 주십시오." "우리가 왜 보전을 해 드려야 합니까?" 계속 같은 얘기만 주고 받았다. 결론이 나지 않은 상태에서 회의가 끝났고, 부사장님은 나에게 저녁을 같이 먹자고 했다.

성명	등급	2010								2011			MM	표준단가	합계
		5월	6월	7월	8월	9월	10월	11월	12월	1월	2월	3월			
김피엠	특급	1	1	1	1	1	1	1	1	1	1		10	8,000	80,000
박피엘	고급	1	1	1	1	1	1	1	1	1	1	1	11	6,500	71,500
최피엘	고급		1	1	1	1	1	1	1	1	1		9	6,500	58,500
은개발	중급		0.5	1	1	1	1	1	1	1	1		8.5	5,000	42,500
강개발	초급		0.5	1	1	1	1	1	1	1	1	1	9.5	4,000	38,000
주디자인	고급			1	1								2	6,500	13,000
		2	4	6	6	5	5	5	5	5	5	2	50		303,500
		14,500	25,500	36,500	36,500	30,000	30,000	30,000	30,000	30,000	30,000	10,500			
정개발	중급			1	1	1	1	1	1	1	1		8	4,200	33,600
장개발	초급			1	1	1	1	1	1	1	1		8	3,800	30,400
하개발	초급			1	1	1	1	1	1	1			7	1,867	13,067
배코더	중급				1	1							2	4,000	8,000
		0	0	3	4	4	3	3	3	3	2	0	25		85,067
		0	0	9866.67	13866.7	13866.7	9866.67	9866.67	9866.67	9866.67	8000	0			
MM		2	4	9	10	9	8	8	8	8	7	2	75		
금액		14,500	25,500	46,367	50,367	43,867	39,867	39,867	39,867	39,867	38,000	10,500			388,567

[표 24] 2월 오픈의 경우 인력 시뮬레이션

Majorsoft사에서 추가된 인건비를 보전해 주지 않으면 계획대로 인력을 철수시키는 것이 현재 상황에서 가능한지를 나에게 물어 보았다. 지연되고 있는 다른 업무로 인해 인터페이스 테스트와 통합 테스트가 지연되고 있으며, 단위 테스트 결과도 아직 고객에게서 승인을 받지 못했다고 말씀드렸다. 다른 업무가 완료되어야 다음 단계의 수행이 가능하며, 다른 업무가 1월 중순까지 테스트를 한다고 하면 우리는 시스템 테스트를 먼저 진행하고, 인터페이스 테스트를 통합 테스트에 포함시켜 진행해야 한다, 그리고 인수 인계 테스트를 오픈 후에 진행하면 계획대로 철수가 가능할 것 같다고 말씀드렸다.

오픈일 지연: 책임지는 사람은 없고, 손해만…

오픈 일자 지연에 대한 공문이 발송되었고, 고객은 패널티에 대한 얘기를 하기 시작했다. 고객은 오픈일 변경은 절대 안 된다는 입장이었다. 지루한 협의 끝에 오픈은 연기하지 않되, 오픈 전에 해야 할 몇 가지 업무를 오픈 후에 진행하는 것으로 결정이 되었다. 즉, 문서상으로는 오픈에 필요한 모든 것이 통과된 것이지만 실제로는 오픈 후에, 승인된 업무를 진행해야 하는 것이다. 이것이 정치적인 논리이다. 물론 그렇게 한다고 해서 큰 문제가 발생하는 것은 아니지만, 모두 면피를 하는 것이다. 추진단은 오픈일을 지켰으니 윗분들에게 할 말이 있고, Majorsoft사와 수행 팀은 패널티 없이 정상적인 완료로 보이게 되는 것이다.

그런데 추진단에서 오픈 후에 안정화 기간을 1개월 늘여 달라고 했다. 아니 공식적으로 요청을 해 왔다. 지연된 업무가 어떻게 될지 모르기 때문에 오픈 후에 안정화 기간을 늘여 달라는 것이었다. '이런 당황스러운 경우가 어디에 있는가? 또 2MM가 추가되어야 한다.' 우리는 그렇게 못한다고 얘기를 했고, 안정화 기간은 Majorsoft사에서 진행하라고 했다. 2MM가 추가되면 약 천만원이 늘어나고 결국 순이익은 천만원대로 떨어지게 된다. 거기에다 오픈 후에 2명이 남기로 했으나 이고객은 오픈 후 2월까지는 모두 남아 있어야 한다는 것이다. 2MM가 아닌 8MM가 늘어 나는 것이다. 결국 2월 오픈과 다른 것이 하나도 없다. 우리는 절대 불가였다.

목요일에 다시 회의를 했다. 허피엠도 약간 양보를 하기로 한 것 같았다. 추가 인건비의 반을 Majorsoft사에서 지불하고, 나머지 반은 우리가 손해 보는 방안을 제시했다. 그렇게는 어려우니 하개발을 11월 말에 철수하고, 다른 개발자들을 12월에 철수하는 방안을 제시했다. 그렇게 되면 나와 피엘들 그리고 개발 2명을 합하여 5명이 2월까지 남게 되지만 다른 개발자를 빨리 철수함으로써 그나마 예산에 타격이 없도록 할 수 있는 방안이었다. 피엘들만 남아 있어도 충분히 통합 테스트 진행 및 오류 조치가 가능하기 때문에 서로 금액적 부담 없이 진행 가능한 방안이었다. 허피엠은 좋다고 했으나, 사업 관리자는 어렵다는 입장이었다.

"고객이 요청하면 무조건 해 주실 건가요? 우리는 정상적으로 개발을 완료했고, 일정대로라면 이번 주에는 통합 테스트가 진행됐어야 합니다. 그런데 고객이 요구했다고 해서 공식 문서도 아닌 문서에 고객의 승인을 받으라고 하면 곤란합니다." 강하게 나가야 한다. 여기에서 지면 적자가 나는 것이다. 사업 관리는 "다른 업무 때문에 이런 상황이 된 것은 죄송스럽게 생각합니다. 그러나 전체 일정이 이렇게 된 상황에서 완료되었으니 무조건 나가겠다고 하면 고객을 납득시키기 힘들어집니다. 특히 다른 사람도 아닌 이고객이 요청한 내용이라 저희가 어떻게 할 수 없는 상황입니다. 이고객을 나피엠이 설득한다면 저희는 받아들이겠습니다." "저희가 왜 설득을 합니까? WBS에도 없는 것이고, 저희는 계획에 따라 진행을 했고, 만약 이런 방향으로 몰고 간다면 저희는 처음 계획대로 진행하겠습니다."

야단맞는 개발 지연 업무 담당 고객, 그래도 재떨이는 없다

어쩔 수 없는 상황이었다. Majorsoft사에서도 무조건 안 된다고 하기에는 그룹웨어 개발이 정상적으로 진행되어 온 것이다. 다른 얘기를 꺼낸다. "좋습니다. 고객과 협의해 보겠습니다. 그런데 액션 리스트를 보니 WBS에 있는 액티비티만 목록에 있던데, 현재 걸린 이슈 등을 포함해서 작성해 주십시오. 자료가 완성되면 고객과 철수 문제를 협의해 보겠습니다." "알겠습니다. 내일까지 작성해 드리겠습니다."

월간 보고를 진행하면서 기획 이사는 아직 완료되지 못한 추진단 업무 담당을 심하게 야단쳤다. "다른 업무는 모두 개발 완료되어 기다리고 있는데 아직 완료하지 못한 당신들 업무 때문에 오픈 연기까지 검토되었습니다. 이렇게 일할 겁니까? 개발 팀을 컨트롤하지 못하고 있기 때문입니까? 1개월 전만 해도 사장님께 보고하면서 정상 오픈이 가능하다고 말씀드렸다가 오픈 연기 공문이 와서 지난 주에 얼마나 곤란했는지 아십니까? 무조건 통합 테스트 11월에 완료하세요. 통합 테스트 전까지 개발하지 못하는 업무 있으면 담당자는 옷 벗을 각오하시고요." 이 고객은 표정을 심각하게 하고 있지만 속으로는 웃고 있을 것이다. 월간 보고도 안정되게 진행했고, 특히 WBS의 우는 얼굴이 그룹웨어의 지연이 아니라 다른 업무의 지연으로 발생한 것이라고 보고하면서 미안해 하는 표정까지, 연기력이 아주 좋았다.

요즘은 고객들도 참 양반이라는 생각이 든다. 초기에 내가 피엠을 할 때는 이런 경우 재떨이가 날아오거나, 정강이 차이는 것이 다반사였다. 그때는 왜 그렇게 심하게 했는지 지금은 이해가 가지 않지만, 그때는 그것이 당연하다고 생각했었다. 모두들 그렇게 해서 나도 그렇게 생각한 것인가? 하여튼 지금은 말로만 하고 넘어 가는 것을 보면서 세상 좋아 졌구나 싶다. 내가 나이를 너무 많이 먹었나?

월간 보고를 끝내고 나오면서 개발이 지연된 추진단 담당자는 각 개발 피엠들에게 엄청난 파워의 눈총을 쏘았다. 피엠들은 고개를 숙이고 "죄송합니다."라는 말만 했다. 나도 저렇게 될 수 있었다.

단위 테스트 승인

좋은 분위기를 틈타 단위 테스트 승인을 해 달라고 이고객, 고고객, 구고객에게 말했다. 어쩐 일인지 모두들 아무 말 없이 사인을 해 주었다. 드디어 액션 리스트에서 우리가 가장 걱정했던 액티비티가 '완료'되는 순간이었다. 이제 Majorsoft사의 사업 관리자에게도 할 말이 생겼다. 지금까지 공이 우리에게 있었다면 이제는 Majorsoft사에게 공이 넘어 간 것이다.

목요일 회의가 끝나고 회의록과 함께 이고객에게 철수 문제를 미리 얘기해 두었다. 이고객은 안 된다는 것이었다. 추진단 사업 관리에서 오픈 후 1개월 내에는 인력 철수를 하지 못하게 했다는 것이다. 이건 고객의 입장이다. 우리는 고객과 직접 계약하지 않았다. 고객과 Majorsoft사와 얘기를 해야 하는 문제지 우리의 문제가 아니다. 그렇다고 발을 빼고 있으면 뒤통수 맞는다.

작성일: 10월 29일 **PM**

'공공기관에서 프로젝트 금액을 현실에 맞게 조정해 주어야 한다. 대기업이 재 발주하는 환경을 바꾸어야 한다' 등 환경에 대해 말하는 사람들이 많았다. 개발자뿐 아니라 소프트웨어 개발업체 대표들도 이구동성으로 말한다.

진화론에서는 환경에 적응하지 못하면 도태된다고 한다. 어떤 방법으로든 환경에 적응을 해야 살아 남는 것이다. 현재의 소프트웨어 업계를 보면 도태되기 시작한 것 같다. 서로 제살 깎아먹기 식으로 대립하고, 소규모 업체들은 소리 소문 없이 사라져 버린다. 결국 환경이 바뀌길 기다리다가 도태되고 만 것이다.

물론 저자도 제안서 작성이나 기능 점수 도입과 같은 환경 변화를 원하고, 이를 기다리고 있는 사람 중의 하나다. 그러나 환경을 바꾸는 노력도 해야 하지만 지금의 환경에서도 살아 남기 위해 현재 하고 있는 노력과는 다른 노력을 기울여야 한다는 것이 필자의 생각이다. 대부분 업체에서 하고 있는 노력을 보면 비용 절감부터 시작하여 프로세스 개선까지 다양하다. 이러한 노력은 누구나 할 수 있고, 알고 있어, 많은 업체들이 이미 해 본 것이다. 결과는? 이러한 노력을 해도 별 다른 차이가 없다는 것이 문제다.

그렇다면 다른 각도에서 한 번 검토해 보는 것은 어떨까?「괴짜 경영학」에서 헤이세이 건설에 대한 글을 읽어 보면서, 소프트웨어도 가능하지 않을까 하는 생각을 많이 해 보았다. 결국 문제는 헤이세이와 같이 가치를 만들 자신도, 고객으로부터 인정 받을 수 있다는 자신도 없다는 것이 아닐까 생각한다.

기술, 프로세스, 사람 이렇게 3개가 유기적으로 결합되어야 발전을 할 수 있다. 회사는 프로세스 정립을 위해 많은 비용과 시간을 들이고 있다. 기술의 발전은 정말 빨라서 쉽게 따라잡을 수 없다. 사람이 발전하려면 많은 비용과 시간이 들어가야 한다. 당연하다. 그런데 대부분의 회사들이 들이는 노력을 보면 프로세스에 집중되어 있다. 가장 쉽기 때문일 것이다.

앞으로는 "사람에 집중해 보는 것"이 어떨까?

이 또한 앞에서 말한 것과 같을 것이다. 레드 오션이라도, 블루 오션을 찾으려 쫓아 다니는 것보다, 나를 바꾸는 것이 더 쉽고, 저렴하고, 빠르게 발전할 수 있는 방법이 아닐까?

M+7

- W31 테스트: 통합 테스트[지연], 통합 테스트 결과 보완[지연]
- W32 테스트: 인터페이스 연동 테스트, 통합 테스트
- W33 테스트: 인터페이스 연동 테스트, 통합 테스트
- W34 테스트: 통합 테스트, 통합 테스트 결과 보완

M+7 W31 테스트: 통합 테스트[지연], 통합 테스트 결과 보완[지연]

고객 일부 교체-사인 주체 변경

걱정하던 일이 벌어지고 말았다. 고객의 정기 인사 이동에 따라 고고객과 구고객 모두 다른 부서로 발령이 난 것이다. 한 가지 다행인 것은 이고객도 발령이 났지만 전보는 프로젝트 종료 후로 연기된 것이었다. 우리로서는 다행이지만 이고객의 기분이 좋지 않은 것은 당연하다. 인사 이동에 대한 얘기가 나올 때부터 프로젝트에서 제외된다고 기분 좋아하던 이고객이 아니던가? 사실 이렇게 되면 우리도 다행이라고만 생각할 수 없는 상황이 된다. 이고객 같은 경우 아무 것도 아닌 것 가지고 계속 트집을 잡는 경우가 대부분이기 때문이다. 자기가 가고 싶은 곳이 있는데 하기 싫어하는 프로젝트가 종료되어야 갈 수 있다고 하니 자기도 짜증이 나는 것이다.

구고객은 전산 운영 팀이라 이동 발령은 생각하지도 않았는데, 전산 운영 팀 안에서 다른 시스템 운영으로 발령이 났다. 부서는 같지만 맡아야 하는 업무가 다르게 되어 다른 부서로 발령된 것과 같은 셈이다. 이렇게 되면 통합 테스트부터 문제가 발생할 것이다. 고고객과 구고객은 통합 테스트 결과에 책임이 없어지고, 새로 발령된 현업과 전산 관리자가 통합 테스트에 사인을 해야 하는데, 통합 테스트 결과는 뒷전이고 자신이 운영하게 될 시스템에 대한 요구의 변경이 추가될 것이다. 프로세스가 바뀌는 경우도 있으나 드물게 나타나고, 대부분이 화면 변경 및 기능적인 요소들이 많아진다. 그래도 새로 발령난 현업이 업무에 대해 알고 있으면 요구 변경으로 끝나지만 업무 자체를 모르면, 사인을 하지 않으려고 한다. 자신이 업무도 모르는 상황에서 잘 되었는지도 모르면서 사인을 할 바보는 없는 것이다.

결국 이슈로 등록을 하고, 본사에도 보고를 했다. 1개월 전부터 알았지만 공식적인 상황이 아니었기에 공식적인 대응이 없었고, 비공식적으로도 가능하면 발생하지 않을 것만 기대했지, 이런 위험에는 대응 방안이 없는 것이다. 위험 관리의 한계라고 해야 하나? 혹시 위험을 뻔히 아는데도 아무 것도 하지 못하는 나 같은 피엠이 아닌, 이러한 상황에 대해서 대응안이 있는 분은 메일로 연락 주시면 정말 감사 드리겠습니다.

고객사의 발령을 막을 수는 없다. 그러나 이러한 고객사의 발령으로 인해 진행해 오던 프로젝트가 전혀 다른 방향으로 흘러갈 수 있다는 것을 고객들은 모르는 것일까? 정말 궁금하다. 더 이상한 것은 프로젝트가 이렇게 뒤틀려 버리면 시스템 품질에도 엄청난 영향을 준다는 것이다. 지금까지 그래도 일관성을 가지고 개발되어 오던 시스템이 바뀐 현업에 의해 마지막에 누더기가 되어 버리는 것이다. 몇 백억의 돈을 쏟아 부어 만드는 시스템이면서 이런 상황을 제공하는 고객들에 대해서는 '정말 돈 많구나'라는 생각밖에 들지 않는 것은 내가 이상해서인가?

Majorsoft사 및 모든 협력 업체 대표자들이 모였다. 상황이 상황인지라 모두들 심각했다. 그러나 아무리 대화를 해도 Majorsoft사에서 적극적인 대응을 하지 않으면 안 된다는 얘기 외에는 뾰족한 대안이 없는 것이다. 자주 당하는 일이면서도 당하게 되면 속수무책으로 당하는 것이다.

신고객은 힘이 넘친다. 나피엠은?

새로 발령이 난 현업들에게 인사를 갔다. 가상으로 진행되는 프로젝트에서 새로운 고객들 이름을 만들기도 지치고, 외우기도 힘드니 이제부터는 그냥 신고객이라고 칭하겠다. 걱정한 것과 같이, 만나자 말자 "이 업무는 처음 담당하게 되었습니다. 잘 부탁 드립니다."라고 공손하게 얘기를 한다. 이 말이 우리에게는 "이 업무 처음 담당하게 되었습니다. 사인해 드리기 어려울 것 같습니다."로 들린다. 새로운 프로젝트를 시작하는 것이 더 낳은 상황이다. "축하 드립니다. 승진하면서 부서를 옮기셨다면서요, 앞으로 잘 부탁 드리겠습니다."라고 우리도 답을 한다. 정말 우리가 부탁해야 할 상황이다.

주간 보고 회의에서도 이고객은 '난 모르겠다. 너희들 알아서 해라'라는 표정이다. 신고객들은 모두 주간 보고서를 보면서 이것 저것 물어본다. 프로젝트 팀원들이 변경되면 인수 인계를 철저하게 하고, 새로 들어온 팀원들에게 지금까지의 문서를 학습하게 한다. 그런데 고객사에서는 그런 경우가 거의 없다. 물론 자신이 담당해야 할 업무에 대해서는 인수 인계를 하는 것 같은데, 같이 진행하고 있는 수 백 억 짜리 프로젝트에 대해서는 인수 인계를 하지 않는 것이다. 인수 인계가 없으면 담당자는 당연히 제출된 프로젝트 산출물을 통해 기본적인 학습을 해야 하는 것이 당연한 것 아닌가? 도대체 무슨 생각을 하면서 업무를 인수 인계하는지 모르겠다.

주간 보고 회의가 5시간이 넘게 진행되었다. 프로젝트에 대해서 처음부터 지금까지의 역사와 진행되어 온 상황을 모두 보고를 해야 했다. 정말 짜증이다. 현황에서도 우는 얼굴 때문에 한참을 설명해야 했다. "제가 알기로는 그룹웨어는 정상적으로 진행이 된 것으로 알고 있었는데, 왜 공정 진척율이 92.31% 밖에 되지 않는지 이상하네요." 다시 설명을 해야 했다. "회의에 오기 전에 개발된 화면을 조금 보고 왔는데, 왜 그렇게 했는지 이해가 가지 않는 것이 몇 개 있어서 드리는 질문인데…" 저녁 시간이다. 이고객이 저녁 먹으러 가자고 했다.

작업 이름	현황	기간	계획시작날짜	계획완료날짜	실제 시작 날짜	완료율	계획진척률	실적진척률	공정준수율
⊟ NormalClient GroupWare 재구축 Project		211 일	10-05-03 (월)	11-02-28 (월)	10-05-03 (월)	73%	86.7	80.03	92.31
⊟ 계발		211 일	10-05-03 (월)	11-02-28 (월)	10-05-03 (월)	75%	87.7	80.79	92.12
준비		4 일	10-05-03 (월)	10-05-07 (금)	10-05-03 (월)	100%	100	100	100
⊞ 요구분석		17.25 일	10-05-10 (월)	10-06-01 (화)	10-05-10 (월)	100%	100	100	100
⊞ 설계		35 일	10-06-01 (화)	10-07-20 (화)	10-06-01 (화)	100%	100	100	100
⊞ 개발		58 일	10-07-20 (화)	10-10-15 (금)	10-07-20 (화)	100%	100	100	100
⊟ 테스트		37 일	10-10-15 (금)	10-12-07 (화)	10-10-15 (금)	3%	43.42	0.83	1.92
2차 데이터 이행(테스트)		1 일	10-10-15 (금)	10-10-18 (월)	10-10-15 (금)	100%	100	100	100
인터페이스 연동 테스트		5 일	10-10-18 (월)	10-10-25 (월)	미정	0%	100	0	0
통합테스트		5 일	10-10-25 (월)	10-11-01 (월)	미정	0%	100	0	0
통합테스트결과 보완		5 일	10-11-01 (월)	10-11-08 (월)	미정	0%	92	0	0
시스템 테스트		2 일	10-11-08 (월)	10-11-10 (수)	미정	0%	0	0	0
시스템테스트결과 보완		5 일	10-11-10 (수)	10-11-17 (수)	미정	0%	0	0	0
추진단 테스트		5 일	10-11-19 (금)	10-11-26 (금)	미정	0%	0	0	0
추진단 테스트결과 보완		5 일	10-11-26 (금)	10-12-03 (금)	미정	0%	0	0	0
인수인계 테스트		2 일	10-12-03 (금)	10-12-07 (화)	미정	0%	0	0	0

[그림 29] 11월 5일 기준 WBS 현황

신고객들과 이고객 그리고 피엘들과 저녁을 같이 먹었다. 말이 저녁이지 접대다. 신고객들 중 한 명은 이제 막 대리를 단 친구다. 그런데 말하는 것을 보면 나를 하인으로 생각하는 모양이다. 속에서 다양한 단어가 나온다. 앞으로 정말 망막하다. 술이 들어가니 더 막장이다. "앞으로 잘 부탁합니다. 왜 술을 안 따르는 거예요. 나를 무시하는 거야?" 나오는 대로 막 한다. '고객이 왕이다.'라는 마케팅 도서를 믿는 모양이다. 한 번 제대로 걸리기를 빈다. 시간이 지나면서 도저히 참지 못해 이고객에게 끝내자고 하고, 모두 나왔다. 뒤로 이런 소리가 들린다. "벌써 끝나요? 이제 시작인데?" 바깥 바람이 싸늘해졌다.

작성일: 11월 5일 PM

M+7 W32   테스트: 인터페이스 연동 테스트, 통합 테스트

시작하지도 못한 통합 테스트; 자체 시스템 테스트 진행

문서 산출물 현행화를 완료했는데, 통합 테스트가 아직 시작되지도 못했다. 정말 큰일이다. 어쩔 수 없이 자체적으로 시스템 테스트를 진행했다. 몇 개 모듈을 제외하고는 모두 통과되었으나, 통과하지 못한 모듈에서는 시스템 성능에 심각한 지연이 나타났다. 100명까지는 문제가 없었으나, 100명이 넘는 인원이 동시에 접속하면서 병목 현상이 나타난 것이었다. 프로그램 소스를 분석해 보니 SQL에 문제가 있었다. SQL을 튜닝하고 다시 테스트 하니 100명이 넘어도 안정적으로 작동되었다. 시간이 없었으면 실제 시스템 테스트를 진행하면서 발견되었을 것이고, Majorsoft사의 품질 담당자가 한 소리 했을 것이다.

내부 시스템 테스트와 동료 테스트 진행

시스템 테스트도 진행하고 계속 단위 테스트하면서 느긋하게 일하니 팀원들도 나사가 풀린 것 같다. 저녁 7시가 되면 퇴근하고, 아침에도 조금씩 늦게 오는 팀원들이 점차 늘어나고 있었다. 매일 출근 서명을 해야 하는데, 몇 명이 지각을 하면서 다른 팀들에 눈치가 보이기 시작했다. 고객들도 눈치를 주기 시작했다.

팀원들을 모아놓고 지각하지 말 것을 요구했다. 그러나 이것으로는 부족하다. 무엇인가를 해야 한다는 생각이 들어 전체 프로그램에 대해 동료 테스트를 진행하도록 했다. 만약 테스트한 곳에서 나중에 오류가 나타나면 테스트 진행했던 팀원이 1개 오류 당 100원씩 벌금을 내기로 했다. 역시 테스트를 시작하면서 오류들이 줄줄이 나왔다. 대부분이 정상적인 프로세스가 아닌 비정상적인 프로세스로 테스트를 진행하면서 나타난 것이다. 수요일 하루만 해도 40여 개의 오류가 테스트 내역에서 목록에 나타났다. 다시 금요일은 오류에 대한 수정을 하는 날로 지정하고, 월요일부터 목요일까지는 동료 테스트를 하기로 했다.

신고객 공부시키기

동료 테스트를 수행하면서 신고객들과 같이 진행을 했다. 통합 테스트를 해야 하는데 뭘 알아야 테스트를 할 것 아닌가? 기획 실장과 전산 실장의 허락을 받아 신고객들을 매일 오후 2시부터 5시까지 추진단에서 일할 수 있도록 조치를 한 것이다. 승낙해 주지 않으면 통합 테스트를 하지 않겠다고 우기기도 하고 부탁도 하면서 승낙을 받은 것이라, 정말 '빡세게' 진행했다. 처음에는 따라오던 신고객들이 점차 지쳐갔다. 매일 숙제도 내라고 피엘들에게 주문을 한 상태라 아마 집에 가서도 쉬지 못 했을 것이다.

이번 주 주간 보고도 거의 6시간을 넘겨서 했다. 이제 시스템에 대해 조금 알게 된 신고객들이 화면을 보면서 별별 얘기를 다 했기 때문이었다. 심지어는 프로세스에 대해 "이렇게 하면 운영하기가 불편할 텐데 왜 이렇게 설계를 하셨습니까?"라는 질문까지 아무 생각 없이 물어왔다. 이고객을 쳐다보자 "선임자가 한 일을 가지고 이래라 저래라 하지 마라. 선임자는 바보라서 그렇게 했겠냐?" 이고객이 내가 하고 싶은 말을 해 준다. 프로세스에 대해서는 더 이상 말하지 않지만 이것 저것 정말 많이도 물어 본다. "부탁이 있습니다. 여기는 주간 보고를 하는 자리이고, 피엘들과 제가 6시간이나 매달릴 시간도 없습니다. 앞으로 업무적인 부분은 미리 저희가 제출한 문서를 보시고 질문을 해주시기 바랍니다." 정중하게 얘기하지만 내 얼굴은 그런 표정이 아닐 것이다.

다행히 이고객도 한마디 한다. "일을 맡았으면 공부를 해라. 문서는 괜히 만들었냐?" 신고객들은 자존심이 상한 것 같았다. 신고객이 자존심 상하면 어떤가? 당장은 내가 통쾌한데. 그러나 앞으로는 점점 힘들어 질 것이다. 이런 쓸데 없는 기능 변경과 화면 구성 변경 때문에 통합 테스트는 물론 앞으로 진행될 모든 테스트 승인을 쉽게 해 줄 것 같지 않기 때문이다.

나피엠의 소고: 고객과 대기업과 중소기업의 상생 방안

프로젝트 현황도 좋지 않았다. 물론 우리가 어떻게 할 수 있는 상황은 아니지만, 계속 이런 식으로 진행되면 우리도 2월 오픈을 준비해야 하는 상황이 되는 것이다. 몇 주를 끌고 있지만 아직도 어떻게 할 지 결론이 나지 않았다. 우리가 제안한 내용을 추진단 사업 관리에 얘기를 했고, 사업 관리에서는 '안 된다' 였다. 어떻게 하라는 것인가? 자신들이 얘기하면 무조건 들어줘야 한다는 것인가? '갑'이라는 것만으로 이렇게 막무가내로 해도 되나? 지금 당장으로 보면 고객이 '갑'이지만, 조금만 바꿔보면 우리도 고객이 만든 제품을 구입할 수 있는 잠재 고객인데, 결국 '갑'인데...

Majorsoft사도 그렇다. 규모 때문에 마더를 서게 되었고, 관리 때문에 전체 프로젝트 금액의 20% 이상을 가져가면서도 이런 상황이 오면 '난 모르겠다' 혹은 '법 대로 하자'는 것이다. 문제가 발생했을 때 이를 관리하는 것이 관리지, 잘 되고 있는 상황이면 운영이지 관리가 아니다. 20% 이상이나 가져가면 그에 상응하는 책임을 져야 할 것 아닌가? 작은 기업들은 자기들 보다 작은 연봉으로 죽어라 일하고도 이번 달 월급 받을 수 있을까 걱정인데, 큰 기업 다닌다고 폼 내면서 아무 것도 책임지지 않고, 아무 것도 관리하지 못하는 대기업을 보면 그래도 되나 싶다.

이런 구조는 없어져야 한다. 자기들은 아무 것도 하지 않으면서 중소기업만 죽이는 지금의 방법이 지속된다면 결국 대기업도 망할 것이다. 스스로, 관리 외에는 할 수 있는 것이 없는데 중소기업들 다 죽고 나면 대기업 혼자서 관리만 하고 있을 것인가? 관리도 제대로 못하면서? 대기업은 말 그대로 대기업이니 해외에 나가서 정말 큰 기업들과 싸워야 한다.

소프트웨어도 건설에서 하고 있는 CM(Construction Management)와 같이 Portfolio 관리 전문 기업 혹은 Program 관리 전문 기업을 사업 관리로 선택하고, 다른 기업은 실제 기술을 보유하고 있는 기업을 관리 사업체가 선택하든지 고객사가 선택하는 것이 좋을 것이다. 계약은 고객이 직접 하는 방법이 좋을 것이다. 지금도 대기업은 프로젝트 금액의 20~30%를 사업 관리 명목으로 가져가고 있으며, 사업 관리 외에는 별로 하는 것도 없으니 오히려 고객 입장에서도 더 저렴하게 시스템을 구축할 수 있을 것이다.

인터페이스 테스트와 통합 테스트 시작

드디어 인터페이스 테스트가 가능하게 되었다. 다른 업무들이 밤을 새면서 일을 하더니 인터페이스와 통합 테스트가 가능한 정도까지 개발이 된 것이다. 화요일부터는 본격적으로 인터페이스 테스트가 실시되었다. 인터페이스 테스트를 하자마자 바로 에러가 났다. 20개의 결재를 올렸고, 승인 10개, 반려 10개를 했는데, EAI에서 다른 업무가 보낸 건수가 10개가 되지 않았고, 우리가 보낸 것 중 되돌아 온 것은 1개에 불과했다. EAI를 기준으로 원인을 찾기 시작했다.

데이터 전달에 문제가 있었다. EAI에서 처음 규정한 규약 중 하나를 빼먹고 개발을 한 것이었다. 해당 업무 담당자들이 급하게 변경하여 다시 테스트를 해보니 20개의 데이터가 모두 정상적으로 연결되었다. 다른 업무들과 인터페이스 테스트를 하니 계속 문제가 나타났다. 인터페이스에서 문제가 나타나면 원인을 찾기가 어렵다. 다른 회사에서 개발한 시스템들과 같이 테스트를 하는 것이라 어디에서 문제가 발생했는지 찾기가 어렵기 때문이다. 또한 회사별로 자존심 싸움도 있어, 우리 시스템에는 문제가 없다고 생각하는 것이 문제를 더 키우는 것이다.

고객들의 입장에서는 어디에서 문제가 난 것이 중요한 것이 아니라, 빨리 원인을 찾아 해결하는 것이 중요한 일로 생각하는데, 경험상 고객들 사이에서도 자존심 싸움이 있어 "우리 업무에서는 문제가 없다고 합니다. 아마 이 업무에서 문제가 있을 것입니다."라고 개발 회사에서 제시한 근거 없는 원인 분석의 결과를 그대로 말한다. 적어도 자신들의 시스템이면 "어디에서 문제가 되었든 원인을 찾으세요. 빨리 조치하는 것이 중요한 것 아닙니까? 내가 담당한 부분에서 문제가 생겼다면 수정하면 될 것 아닙니까?" 얼마나 좋은가? 내 시스템을 다른 사람들이 만들고 있다면 그렇게 할 것 같다. 이래서 '갑'을 못하는 것일까?

신고객의 통합 테스트는 언제?

인터페이스 33개 중 제대로 테스트가 종료된 것은 7개였다. 나머지는 모두 오류가 나서 원인 규명과 보완에 매달리다 보니 완료되지 못했다. 인터페이스 연동 테스트도 21%의 진척율을 보이고, 다른 테스트는 시작도 못 한 것이다. 또한 인터페이스 테스트가 진행되면 같이 진행하기로 했던 통합 테스트도 60% 이상 되었어야 했으나, 신고객들이 시스템 사용법을 알지 못해 테스트가 진행되지 못하고, 계속 시스템을 설명하는 수준에 머물러 있었던 것이다. 이렇게 진행되면 다음 주에도 통합 테스트가 완료되지 못할 것 같다.

주간 보고에서 통합 테스트 문제를 이슈로 제기하자 이고객은 신고객들에게 다음 주까지 완류한 것을 지시했다. 이고객이 한다고 그렇게 될 것이라고 기대하지는 않지만 말이라도 고맙다. 이고객은 발령 부서로 전보되지 않은 것 때문에 아직도 힘이 없다. 프로젝트가 끝날 때까지는 계속 그럴 것 같다. "시스템에 대해 교육을 하는 것처럼 진행하면 통합 테스트가 진행되지 못합니다. 피엘들이 하나 하나 하는 것을 보시고 그대로 따라 하는 방법으로 변경했으면 합니다. 원래는 피엘들은 지켜보고 신고객님들이 업무 프로세스에 따라 진행해야 하는 것인데, 거꾸로 해야 할 것 같습니다." 이렇게 내가 말하자, 신고객들은 "안 됩니다. 가능하면 빨리 진행할 테니 지정된 방법으로 진행하겠습니다."라고 한다. "그렇게 합시다. 다음 주에는 통합 테스트가 종료될 수 있도록 만 해주세요." 틀린 말은 아니니 나도 반박할 수가 없는 것이다.

[그림 30] 11월 12일 기준 WBS 현황

버퍼로 잡은 일정 모두 사라짐; WBS 일정 변경

주간 보고에서 고객들의 승인을 받고, 허피엠과 총괄에게 변경 요청서를 제출했다. WBS 일정을 변경해야 했기 때문이었다. 계속 이렇게 빨간 얼굴이 나오면 아무래도 좋지 않다. 이유가 있고, 그 이유가 우리의 귀책 사유가 아닐 때 변경을 해버려야, 나중에 문제가 되지 않는다. 공정 준수율이 97.79%가 되었다. 그게 중요한 것이 아니다. 버퍼로 두었던 20여 일이 모두 사라져 버렸다. 3차 데이터 이행과 그랜드 오픈 일정에 차이가 없어져 버린 것이다. 그랜드 오픈은 일부러 변경하지 않았다. 우리가 제안한 안으로 밀어 붙이기로 부사장님과 얘기가 되었기 때문이었다.

작업 이름	현황	기간	계획시작날짜	계획완료날짜	실제 시작 날짜	완료율	계획진척율	실적진척율	공정준수율
□ NormalClient GroupWare 재구축 Project	☺	211 일	10-05-03 (월)	11-02-28 (월)	10-05-03 (월)	74%	82.8	80.97	97.79
□ 개발	☺	211 일	10-05-03 (월)	11-02-28 (월)	10-05-03 (월)	76%	83.66	81.76	97.74
⊞ 준비	☺	4 일	10-05-03 (월)	10-05-07 (금)	10-05-03 (월)	100%	100	100	100
⊞ 요구분석	☺	17.25 일	10-05-10 (월)	10-06-01 (화)	10-05-10 (월)	100%	100	100	100
⊞ 설계	☺	35 일	10-06-01 (화)	10-07-20 (화)	10-06-01 (화)	100%	100	100	100
⊞ 개발	☺	58 일	10-07-20 (화)	10-10-15 (금)	10-07-20 (화)	100%	100	100	100
□ 테스트	☺	51.75 일	10-10-15 (금)	10-12-28 (화)	10-10-15 (금)	9%	18.48	6.81	36.87
2차 데이터 이행(테스트)	☺	1 일	10-10-15 (금)	10-10-18 (월)	10-10-15 (금)	100%	100	100	100
인터페이스 연동 테스트	●	5 일	10-11-09 (화)	10-11-16 (화)	10-11-09 (화)	21%	78	21	26.92
통합테스트	●	5 일	10-11-09 (화)	10-11-22 (월)	10-11-09 (화)	20%	43	20	46.51
통합테스트결과 보완	─	5 일	10-11-22 (월)	10-11-29 (월)	미정	0%	0	0	0
시스템 테스트	─	2 일	10-11-29 (월)	10-12-01 (수)	미정	0%	0	0	0
시스템테스트결과 보완	─	5 일	10-12-01 (수)	10-12-08 (수)	미정	0%	0	0	0
추진단 테스트	─	5 일	10-12-10 (금)	10-12-17 (금)	미정	0%	0	0	0
추진단 테스트결과 보완	─	5 일	10-12-17 (금)	10-12-24 (금)	미정	0%	0	0	0
인수인계 테스트	─	2 일	10-12-24 (금)	10-12-28 (화)	미정	0%	0	0	0
□ 이행	─	3 일	10-12-28 (화)	10-12-31 (금)	미정	0%	0	0	0
운영환경 설정	─	1 일	10-12-28 (화)	10-12-29 (수)	미정	0%	0	0	0
3차 데이터 이행(최종)	─	2 일	10-12-29 (수)	10-12-31 (금)	미정	0%	0	0	0
그랜드 오픈	─	0 일	11-01-03 (월)	11-01-03 (월)	미정	0%	0	0	0
안정화	─	40 일	11-01-03 (월)	11-02-28 (월)	미정	0%	0	0	0

[그림 31] 변경에 따른 WBS 현황

작성일: 11월 12일 PM

M+7 W33 테스트: 인터페이스 연동 테스트, 통합 테스트

통합 테스트 고객 비협조-일일 리포팅으로 대처

통합 테스트 일정을 변경하여 변경된 일정에 따라 진행하려고 했으나 역시 그대로 진행되지 않았다. 제 시간에 와서 테스트를 해도 이번 주 내에 끝날 수 있을까 걱정했는데, 이제 테스트 계획 시간에 오지도 않는다. 전화를 하면 바쁘단다. 어쩔 수 없이 수요일부터는 일일 리포팅을 했다. 월요일부터 시작하여 수요일까지 계획된 일정과 실제로 수행한 시간과 내용, 수행하지 못한 시간과 내용을 리포트로 작성하여 추진단 사업 총괄, 수행 팀 사업 총괄, 기획실, 전산실까지 돌려 버린 것이다. 목요일이 되자 제 시간에 모두 나타났다. 신고객들뿐 아니라 팀장들까지 나왔다.

마지막 기 싸움. 승패는?

"아무런 협의도 없이 이런 리포트를 회사에 뿌리면 어떻게 합니까? 일이 바빠서 그런 것이지, 오지 않으려고 한 것도 아닌데. 앞으로는 주의해 주십시오." 나를 보자마자 기획 팀장이 한 마디 한다. '주의'라는 말에 말을 길게 하고 싶어진다. "저희는 고객님들을 기다리면서 아무 것도 하지 못하고 있습니다. 또 지난 주 금요일에 제가 이번 주에 할 계획표를 만들어서 이렇게 해도 되는지 팀장님까지 확인 메일을 보내지 않았습니까? 그리고 이 프로젝트는 저희만 하는 것입니까? 사용하실 분은 여러분들입니다. 테스트가 진행되지 않는다고 저희가 계속 여기에 남아서 지켜보고만 있을 것이라고 생각하십니까? 저희도 돈을 벌어야 하는 회사의 직원입니다. 돈이 안 되면 할 수 없습니다. 나가야지, 그렇지 않습니까? 오늘도 내일도, 프로젝트가 종료될 때까지 매일 리포트를 올릴 것이니 당연히 해야 할 일을 하지 않으면서 저희에게만 이래라 저래라 하지 마십시오." 내가 생각해도 지금까지 얘기한 것 중에 가장 강경한 것 같다.

"그러면 좋습니다. 이렇게 나오면 우리도 생각이 있습니다. 일정을 변경하겠습니다." 기획 팀장이 세게 나온다. 팀원과 같이 있는 자리에서 할 얘기가 아니었던 것이다. 따로 팀장님들만 있을 때 얘기를 했어야 하는데 너무 성급한 것이었나 싶다. 그래도 나온 말을 어떻게 하겠는가? "변경하십시오. 하지만 이번 주 넘기는 일정은 저희는 받아들이지 않겠습니다. 지난 주 변경된 일정은 여러분뿐 아니라 추진단과 수행사 사업 관리 팀으로부터 승인을 받은 일정입니다. 팀장님이 이번 주에 종료하지 못하는 일정으로 변경하길 원하시면 추진단과 수행사 사업 관리 팀까지 사인을 받아 오시기 바랍니다." 나도 지면 안 된다. 져야 할 아무런 근거가 없는 것이다. 내 주장이 틀렸는가?

"이렇게 나오시는 겁니까? 갑을 어떻게 알고..." 팀장이 나간다. 신고객들도 팀장을 따라 나간다. 이고객은 "나피엠 너무 하는 것 아냐? 내 입장도 있지." 하면서 나가 버린다. 아무런 생각이 없다. 그러나 잘 못했다는 생각은 들지 않는다. 우선 영업에게 전화를 걸어 자초지종을 설명하고, 부사장님과 본부장님에게 전화를 걸어 상황을 설명했다. 영업은 "좀 참지. 또 불려 가겠네" 하고 끊어 버리고, 부사장님과 본부장님은 말이라도 잘했다고 했다. 허피엠에게도 말을 해 두었다. 틀림 없이 영업과 부사장님한테 전화를 걸어 불평을 할 것이고, 허피엠에게 따질 것이다. 미리 알려줘야 대비를 할 수 있다. 특별히 대비할 것도 없지만…

역시 기획 팀장이 부사장님에게 전화를 걸어서 내가 이런 얘기까지 들어야 하느냐는 얘기를 했다고 한다. 정말 부끄러운 줄 모른다는 생각이 든다. 회의록을 작성해서 기획 팀장과 참석한 사람들에게 이메일로 먼저 보내고, 찾아가 사인을 부탁했다. 아무도 사인하지 않았다. 사인하지 않는다고 문제될 것은 없다. 이메일로 발송되었기 때문에 근거는 남은 것이다. 사인을 하지 않는다고 자기들이 한 말을 하지 않았다고 할 수는 없을 것이다.

미안한 일이 아니지만 미안해야 하는 나피엠

금요일에 터졌다. 추진단 사업 관리와 수행사 사업 관리가 나에게 몰려와 진짜 고객들에게 기획 팀장이 얘기한 내용을 말했냐는 것이었다. "기획 팀장이 한 얘기가 뭔지 알아야 제가 한 얘기인지 아닌지 알 것 같습니다." 조용하게 얘기했다. "그룹웨어는 예정된 일정에 나가려고 하니 남은 테스트 일정을 나피엠이 작성한 일정에 따라 신고객들이 움직여야 한다고 얘기하던데요." 수행사 사업 관리가 말해 주었다. 정말 말이라는 것이 해석하기 나름이라는 생각이 든다. "아닙니다. 여기 회의록 있습니다. 아직 사인을 해주지 않았지만 메일로는 모두 발송했습니다." 내가 보여준 회의록을 읽더니 수행사 사업 관리는 "그래도 너무 했네. 찾아 가서 죄송하다고 하십시오."라고 한다. 추진단 사업 관리는 "내가 기획 팀장과 오해를 풀 수 있도록 자리를 만들 테니 미안한 일이 아니지만 미안하다고 하세요."라고 한다. 와! 지금까지 본 사업 관리가 아닌 것 같다.

통합 테스트 30% 진행, 100%이어야 하는데… 마지막 방법을?

통합 테스트는 30%만 진행되었다. 목요일 회의가 끝난 후 금요일에도 신고객들은 나타나지 않았다. 통합 테스트를 우리가 하는 것이면 어떻게 하겠지만 고객이 해야 하는 일인데 고객이 나타나지 않으니 진행이 되지 않는 것이다. 사용하지 않으려 했던 마지막 방법을 사용할 때가 된 것인가? 안 된다. 마지막 방법은 생각에서 지워야 한다. 다음 주까지 이렇게 진행되면 우리 문제가 된다. 정말 이해가 되지 않는 상황이다. 자기들이 돈을 주면서 만들어 달라고 하는 시스템을 개발하고 있는데, 자기들이 원하는 형태로 만들어졌는지 테스트를 해 달라고 하는데도 하지 않고 있는 것이다. 자기들 돈을 지불했으면 그렇게 했을까?

마지막 방법은 지금까지 한 번 사용해 보았고, 다행히 고객 측의 임원이 용서를 해 주어서 잘 되었지만 앞으로는 절대 사용하지 않으려 한다. 그런데 큰 문제가 발생하면 사용하고픈 욕구가 생기곤 한다. 어떤 방법인지는 알려주지 않으려 한다. 별로 좋은 방법도 아니고, 앞으로 나도 사용하지 않으려 하기 때문이다.

작업 이름	현황	기간	계획시작날짜	계획완료날짜	실제 시작 날짜	완료율	계획진척율	실적진척율	공정준수율
⊟ NormalClient GroupWare 재구축 Project	☺	211 일	10-05-03 (월)	11-02-28 (월)	10-05-03 (월)	75%	84.58	82.45	97.49
⊟ 개발	☺	211 일	10-05-03 (월)	11-02-28 (월)	10-05-03 (월)	77%	85.5	83.3	97.43
⊞ 준비	☺	4 일	10-05-03 (월)	10-05-07 (금)	10-05-03 (월)	100%	100	100	100
⊞ 요구분석	☺	17.25 일	10-05-10 (월)	10-06-01 (화)	10-05-10 (월)	100%	100	100	100
⊞ 설계	☺	35 일	10-06-01 (화)	10-07-20 (화)	10-06-01 (화)	100%	100	100	100
⊞ 개발	☺	58 일	10-07-20 (화)	10-10-15 (금)	10-07-20 (화)	100%	100	100	100
⊟ 테스트	☹	51.75 일	10-10-15 (금)	10-12-28 (화)	10-10-15 (금)	18%	29.85	16.29	54.57
2차 데이터 이행(테스트)		1 일	10-10-15 (금)	10-10-18 (월)	10-10-15 (금)	100%	100	100	100
인터페이스 연동 테스트	☹	5 일	10-11-09 (화)	10-11-16 (화)	10-11-09 (화)	76%	100	76	76
통합테스트		5 일	10-11-09 (화)	10-11-22 (월)	10-11-09 (화)	30%	99	30	30.3
통합테스트결과 보완	—	5 일	10-11-22 (월)	10-11-29 (월)	미정	0%	0	0	0
시스템 테스트		2 일	10-11-29 (월)	10-12-01 (수)	미정	0%	0	0	0
시스템테스트결과 보완	—	5 일	10-12-01 (수)	10-12-08 (수)	미정	0%	0	0	0
추진단 테스트		5 일	10-12-10 (금)	10-12-17 (금)	미정	0%	0	0	0
추진단 테스트결과 보완	—	5 일	10-12-17 (금)	10-12-24 (금)	미정	0%	0	0	0
인수인계 테스트		2 일	10-12-24 (금)	10-12-28 (화)	미정	0%	0	0	0

[그림 32] 11월 19일 기준 WBS 현황

작성일: 11월 19일 PM

M+7 W34 테스트: 통합 테스트, 통합 테스트 결과 보완

통합 테스트 계속 정체-신고객 비협조

통합 테스트 보완이 종료되는 다음 주 월요일까지는 통합 테스트가 완료되었어야 하지만 이번 주에는 신고객들이 한번도 나타나지 않았다. 이렇게 하면 우리 문제가 될 것으로 생각한 모양이다. 사업 관리가 월요일 저녁에 기획 팀장과 자리를 만든다고 하여 저녁을 먹으로 갔더니 결국 그 자리에도 나오지 않았다. 생각했던 것보다 마음이 많이 상한 모양이다. 화요일에 팀장 자리까지 찾아 죄송하다고 했으나 냉담했다.

추진단에서도 기획 팀장의 태도에 당황한 것 같았다. 화요일에 찾아 뵙기까지 했는데도 아무런 대응이 없자, 추진단 사업 관리가 다시 나를 찾아 왔다. "해결할 방안은 자네가 찾아가서 백배 사죄하는 것일세. 사업은 진행되어야 하지 않겠나?" 갑이다. 나는 을도 아닌 병이다. 참아야 한다. 다시 찾아 갔다. "죄송합니다. 다음부터는 이런 일 없게 하겠습니다." 꾹 참고 말한다. "내가 제일 싫어하는 사람이 말을 해 놓고 '죄송하다' 라고 말하는 사람인지 알지, 신고객!" 나에게 대놓고 얘기도 하지 않는다. "죄송합니다. 저의 개인적인 일로 프로젝트 전체에 영향을 주고 있습니다. 저를 용서하지 않아도 되니 일만 진행될 수 있도록 해주시기 바랍니다." 그래도 냉담하다.

다음 날에도 신고객이 나타나지 않았다. 정말 너무 하는 것 아닌가? 추진단 사업 관리와 허피엠, 수행사 사업 관리와 회의를 했다. 신고객이 이번 주에 나타나지 않으면 우리도 기획 이사에게 현재의 상황을 보고하고 기획 팀장을 압박하는 방법 외에는 다른 방법이 없다는 것에 합의하였다. 드디어 목요일 오후에 추진단 총괄이 기획 이사 면담을 신청하였고, 금요일 오전에 가능하다는 연락을 받았다. 처음 회의록부터 지금까지의 상황을 정리한 문서까지 관련 문서를 모두 모아서 추진단 총괄에게 전달했다.

마지막 기 싸움의 승자와 패자는? 통합 테스트 다시 시작

추진단 총괄은 다음날 문서를 들고 기획 이사를 면담하러 들어갔고, 혹시나 해서 사업 관리들과 나는 밖에서 대기를 하고 있었다. 몇 분이 지난 후 바로 총괄이 나오고, 기획 이사 비서가 기획 팀장에게 전화를 걸어 이사님이 부른다는 메시지를 전하는 것을 들었다. 오후 주간 보고 자리에 기획 팀장이 나타났다. "이 고객님 다음부터 이런 일로 이사님을 찾아가면 프로젝트고 뭐고 나는 참여도 하지 않을 테니 그렇게 아십시오."라고 하며 다음 주부터 통합 테스트에 참여하겠다는 얘기를 했다. 돌아 가든 바로 가든 서울로 가면 되는 것이다.

철수를 위한 최소 요건: 공정 준수율 100%

다음 주까지 통합 테스트 완료할 수 있는 일정을 잡고 바로 추진단 테스트 일정에 돌입하기로 했다. 시스템 테스트는 전산 운영 팀에서 해야 할 일이기에 추진단 테스트와 동시에 진행하기로 했다. 그렇게 되면 인수 인계 테스트 전까지는 계획된 일정에 맞출 수 있을 것이다.

WBS 변경은 하지 않기로 했다. 변경한 지 얼마 되지도 않았는데 또 변경한다는 것이 모두에게 부담이 되었던 것이다. 공정 준수율이 96.37%로 나쁘지도 좋지도 않다. 오픈일이 다가오면 100%가 되어야 한다. 100%가 되지 않았다는 것은 오픈 준비가 되지 않았다는 말과 같기 때문이다. 다른 업무는 몰라도 그룹웨어는 무조건 맞추어야 한다. 그래야 계획대로 철수할 명분이 생기기 때문이다.

작업 이름	현황	기간	계획시작날짜	계획완료날짜	실제 시작 날짜	완료율	계획진척률	실적진척률	공정준수율
⊟ NormalClient GroupWare 재구축 Project	☺	211 일	10-05-03 (월)	11-02-28 (월)	10-05-03 (월)	75%	86.84	83.69	96.37
⊟ 개발	☺	211 일	10-05-03 (월)	11-02-28 (월)	10-05-03 (월)	78%	87.85	84.58	96.28
⊞ 준비		4 일	10-05-03 (월)	10-05-07 (금)	10-05-03 (월)	100%	100	100	100
⊞ 요구분석		17.25 일	10-05-10 (월)	10-06-01 (화)	10-05-10 (월)	100%	100	100	100
⊞ 설계		35 일	10-06-01 (화)	10-07-20 (화)	10-06-01 (화)	100%	100	100	100
⊞ 개발		58 일	10-07-20 (화)	10-10-15 (금)	10-07-20 (화)	100%	100	100	100
⊟ 테스트	☹	51.75 일	10-10-15 (금)	10-12-28 (화)	10-10-15 (금)	26%	44.29	24.17	54.56
2차 데이터 이행(테스트)		1 일	10-10-15 (금)	10-10-18 (월)	10-10-15 (금)	100%	100	100	100
인터페이스 연동 테스트		5 일	10-11-09 (화)	10-11-16 (화)	10-11-09 (화)	100%	100	100	100
통합테스트		5 일	10-11-09 (화)	10-11-22 (월)	10-11-09 (화)	30%	100	30	30
통합테스트결과 보완		5 일	10-11-22 (월)	10-11-29 (월)	10-11-22 (월)	30%	98	30	30.61
시스템 테스트		2 일	10-11-29 (월)	10-12-01 (수)	미정	0%	0	0	0
시스템테스트결과 보완		5 일	10-12-01 (수)	10-12-08 (수)	미정	0%	0	0	0
추진단 테스트		5 일	10-12-10 (금)	10-12-17 (금)	미정	0%	0	0	0
추진단 테스트결과 보완		5 일	10-12-17 (금)	10-12-24 (금)	미정	0%	0	0	0
인수인계 테스트		2 일	10-12-24 (금)	10-12-28 (화)	미정	0%	0	0	0

[그림 33] 11월 26일 기준 WBS 현황

작성일: 11월 26일 PM

나피엠의 제안 8 (11월)

우리나라의 대규모 프로젝트들은 흔히 말하는 5개의 메이저 회사에서 나누어 먹고 있다. 또한 5개 회사의 규모와 소프트웨어 업계에서 욕을 듣는 규모가 비슷한 것 같다. 소프트웨어 업계에서 5개 메이저 회사에서 그나마 도움을 준 것은 – 도움인지 문제인지 모르겠지만 – 대부분의 제안서를 보면 거의 대부분이 판에 박힌 듯 똑같다는 것이다. 많은 업체들이 5개 메이저 회사의 제안서를 복사해서 사용하는 것도 하나의 이유이고, 대부분의 고객이 이들 회사의 제안서에 익숙해져 있다는 것도 또 다른 이유일 것이다.

하여튼 이러한 도움을 제외하고는 소프트웨어 업계에서 위의 업체들이 도움을 주는 것은 하나 없는 것 같다. 오히려 소프트웨어 업계를 자신의 배를 불리기 위해 이용하는 존재일 뿐이라고 생각한다. 예를 하나 들어 보자. 100억 규모의 프로젝트가 있다. 여기에서 관리 목적으로 30%인 30억을 가져간다. 그리고는 PM, 사업 관리, 품질 관리 등 4~5명이 프로젝트 룸에 상주한다. 그리고 프로젝트 룸 대여비와 여러 가지 각종 부대 비용을 지불한다. 고객이 제공하는 공간을 사용하면 프로젝트 룸 대여비는 필요할까? 나머지 70억 중에서 그때 그때 다르겠지만 20~30억은 하드웨어 구매 금액이 될 것이다. 여기에서도 작지만 수익을 남길 것이다. 그러면 실제 개발을 하는 중소 업체들은 많아야 50억으로 실제 개발을 해야 한다. 이러니 중소기업까지 수익이 돌아오겠는가? 보통, 소프트웨어 업계의 수익율이 10~15%인데, 이미 그 정도의 수익율을 가져가 버렸으니 남아 있을 리가 없을 것이다.

얼마 전 뉴스를 보니 5대 메이저 회사 중 하나에서 2009년 매출액이 증가했고, 수익율이 10%가 넘는다는 기사가 나왔었다. 다른 사람들은 어떻게 보는 지 모르겠지만 대규모 사업을 같이 수행했던 중소기업의 입장에서는 대기업이라는 이름을 이용해서 중소기업의 순이익을 가져가서 그렇게 수익이 남는다고 생각할 수 밖에 없다. 나만 그렇게 생각하는 것인가?

실제 기술이 있는 중소기업을 살리기 위해서도, 말뿐인 분리 발주 말고 실제적인 대책이 필요하다. 하나의 방법이 중소기업으로만 구성된 컨소시엄이 될 것이다. 그런데 중소기업으로 구성된 프로젝트 팀은 – 내가 판단할 때에는 – 아직 대규모 프로젝트를 관리할 만한 능력이 되지 않는다. 따라서 대기업이 장악하고 있는 관리 부분을 전문 업체로 이동시켜야 한다. 건축에서 말하는 CM(Construction Management) 회사가 대규모 프로젝트를 관리하는 전문 업체로 참여하여 각 회사의 전문성을 살리는 방법이 하나일 것이다.

그래야 전문적인 관리도 가능하고, 고객들이 가장 원하는 금액도 낮아지고, 중소기업들은 품질을 높이는 시도라도 할 수 있지 않을까? 또한 장기적으로는 대기업에게도 유용하지 않을까?

M+8

- W35 테스트: 통합 테스트 결과 보완, 시스템 테스트, 시스템 테스트 결과 보완
- W36 테스트: 시스템 테스트 결과 보완, 추진단 테스트
- W37 테스트: 추진단 테스트, 추진단 테스트 보완
- W38 테스트: 추진단 테스트 보완, 인수 인계 테스트
- W39 테스트: 인수 인계 테스트
  이행: 운영 환경 설정, 3차 데이터 이행

M+8 W35 테스트: 통합 테스트 결과 보완, 시스템 테스트, 시스템 테스트 결과 보완

테스트 진척율이 꼴찌! 이유는?

다시 월간 보고를 했다. 이 프로젝트의 마지막 월간 보고인 것이다. 몇 년이 지난 것 같다. 마지막 월간 보고라 추진단의 담당자가 아닌 수행사 각 피엠이 하기로 했다. 기획 이사는 여전히 참석하여 자리를 지키고 있었다. 그룹웨어 차례가 되었다. 전체 스케줄에서 현재의 위치를 보고하고, 계획 진척율과 실적 진척율을 보고하고, 계획 대비 진행한 업무, 그리고 현재의 이슈 및 대책 순으로 보고를 했다. 보고가 끝나고 기획 이사가 한 마디 했다. 다른 업무는 공정 준수율이 99% 가까이 되는데 왜 그룹웨어는 97%밖에 안 되느냐는 것이었다.

작업 이름	현황	기간	계획시작날짜	계획완료날짜	실제 시작 날짜	완료율	계획진척율	실적진척율	공정준수율
☐ NormalClient GroupWare 재구축 Project	☺	211 일	10-05-03 (월)	11-02-28 (월)	10-05-03 (월)	78%	89.23	87.01	97.52
☐ 개발	☺	211 일	10-05-03 (월)	11-02-28 (월)	10-05-03 (월)	80%	90.19	87.89	97.45
⊞ 준비	☺	4 일	10-05-03 (월)	10-05-07 (금)	10-05-03 (월)	100%	100	100	100
⊞ 요구분석	☺	17,25 일	10-05-10 (월)	10-06-01 (화)	10-05-10 (월)	100%	100	100	100
⊞ 설계	☺	35 일	10-06-01 (화)	10-07-20 (화)	10-06-01 (화)	100%	100	100	100
⊞ 개발	☺	58 일	10-07-20 (화)	10-10-15 (금)	10-07-20 (화)	100%	100	100	100
☐ 테스트	☹	51,75 일	10-10-15 (금)	10-12-28 (화)	10-10-15 (금)	46%	58.73	44.58	75.91
2차 데이터 이행(테스트)		1 일	10-10-15 (금)	10-10-18 (월)	10-10-15 (금)	100%	100	100	100
인터페이스 연동 테스트		5 일	10-11-09 (화)	10-11-16 (화)	10-11-09 (화)	100%	100	100	100
통합테스트		5 일	10-11-09 (화)	10-11-22 (월)	10-11-09 (화)	100%	100	100	100
통합테스트결과 보완		5 일	10-11-22 (월)	10-11-29 (월)	10-11-22 (월)	100%	100	100	100
시스템 테스트		2 일	10-11-29 (월)	10-12-01 (수)	미정	0%	100	0	0
시스템테스트결과 보완	☹	5 일	10-12-01 (수)	10-12-08 (수)	미정	0%	57	0	0
추진단 테스트		5 일	10-12-10 (금)	10-12-17 (금)	미정	0%	0	0	0
추진단 테스트결과 보완		5 일	10-12-17 (금)	10-12-24 (금)	미정	0%	0	0	0
인수인계 테스트		5 일	10-12-24 (금)		미정	0%	0	0	0
☐ 이행		3 일	10-12-28 (화)	10-12-31 (금)	미정	0%	0	0	0

[그림 34] 12월 3일 기준 WBS 현황

'어 이상하다. 그럴 리가 없는데? 다른 업무가 우리보다 더 늦었는데 어떻게 더 빠르게 진행되고 있지?' 정말 앞에서 보고한 업무를 보니 모두들 99% 아니면 100%이다. 우리만 지연되고 있는 것이다. "통합 테스트가 지연되면서 금주 예정이었던 시스템 테스트를 진행하지 못했습니다."라고 하자 "다른 업무는 통합 테스트를 했는데, 그룹웨어만 하지 않았다는 것이 말이 되느냐? 통합 테스트를 수행한 것이 맞느냐?" 당황해서 다른 추진단을 쳐다보자 모든 추진단 담당들이 이고객을 쳐다보고 있었다. '뭐지 저건?'

"다음 주까지 공정 준수율을 100%로 맞추어 오픈에 지장이 없도록 하겠습니다." "지금까지 그룹웨어가 잘 되고 있다고 보고를 받았는데 문제가 있구만." 하고는 다른 업무로 넘어가자고 한다. 자리에 앉아서도 이해가 되지 않는다. 다음 업무 보고가 끝이 날 때쯤 대강 짐작이 왔다. 서류상으로 오픈에 문제가 없게 하기 위해 추진단과 수행사가 WBS를 변경한 것이다. 아직 하지도 않은 액티비티를 시스템 오픈에 문제가 없도록 100% 가까이 진행한 것처럼 한 것이다. 그런데 이상한 것은 왜 이런 얘기가 나에게는 없었지? 당연히 다른 업무의 통합 테스트가 이미 진행되었으면, 우리도 진행된 것으로 되어야 하는 것이다.

"수고 많으셨습니다. 오픈에 문제가 없도록 마지막까지 최선을 다해주시길 바랍니다." 기획 이사의 총평이 끝나고 이유를 알게 되었다. 이고객도 같이 협의를 하고 깜빡 한 것이었다. 계획상으로는 우리도 100%가 되었어야 했는데, 이고객이 나에게 말을 하지 않은 것이었다. 어떻게 봉합을 했는지 모르겠지만 이후로 별 다른 얘기는 없었다.

작성일: 12월 3일 **PM**

M+8 W36 테스트: 시스템 테스트 결과 보완, 추진단 테스트

테스트 순항 - 진짜 공정 준수율 100%

통합 테스트는 고객이 완료한 것으로 되었고, 통합 테스트 보완도 토요일과 일요일에 출근하여 마무리하면서 지난 주 모두 완료되었다. 통합 테스트 보완과 함께 매뉴얼 작성도 같이 했다. 금주에는 시스템 테스트와 추진단 테스트가 진행되었는데 시스템 테스트는 우리가 먼저 진행한 결과 문제 없이 통과되었다. 다른 업무는 몰라도 우리는 진짜 공정 준수율이 100%가 넘었다. 통합 테스트는 고객이 진행했기에 승인을 받을 필요가 없다고 하여 공식적으로 지나갔고, 통합 테스트 결과도 월요일 보완 결과서를 통해 완료 승인을 받았다.

시스템 테스트는 Majorsoft사에서 일괄로 진행해서, 일괄로 승인을 받기로 했기 때문에 우리 일정과는 상관이 없어졌다. 이제 추진단 테스트와 인수 인계 테스트만 진행되고 결과에 대해 승인만 받으면 공식적인 산출물 승인은 완료될 것이다. 예상했던 것과 같이 통합 테스트를 진행하면서 오류는 몇 개 나오지 않았으나 개선과 변경이 80여 개가 발생했다. 그 중 우리가 변경이나 개선이 가능하다고 판단한 것은 63개였고, 나머지 18개는 변경에 대한 부담이 너무 많아 변경하지 않는 것으로 작성했다. 63개에 대해서는 지난 주 조치가 완료되었기 때문에 문제가 없었으나, 18개에 대한 것이 문제였다.

변경 건 무조건 개발 요청, 마지막 이슈인가?

통합 테스트 결과 조치 계획 리스트를 보던 신고객들이 18개에 대해 변경해주지 않으면 인수 인계 테스트 사인을 하지 않겠다고 나온 것이다. 항상 이렇다. '자기들이 원하는 것을 해주지 않으면 우리도 해주지 않겠다.' 오류도 아닌 틀림없는 변경인데도 아무런 협의 없이 무조건 해 달라는 것이다. 자꾸 얘기하면 귀찮으니 그냥 지나가겠다. 안 좋은 소리만 나올 것 같다. 또 다시 이슈가 발생한 것이다. 피엘들과 협의를 해 봐도 18개를 변경 개발하기에는 기간도 그렇고 지금까지의 요구 조건과 다른 부분이 많아 변경이 어렵다는 결론이었다. 그렇지만 우리가 무조건 안 된다고 하기에는 문제가 있어 보여 18개 중에서 추진단 테스트와 인수 인계 테스트가 종료될 때까지 개발 가능한 것을 검토해 보았다. 특히 요건 변경이 아닌 항목 위주로 다시 검토를 해보니 11개를 제외한 7개에 대한 것은 인수 인계 테스트 종료 때까지 변경 개발이 가능하다는 검토 결과가 나왔고, 이를 다시 고객들에게 자료로 제출했다.

그러나 신고객들로부터 11개도 모두 변경 개발 해달라는 요청이 왔다. 정말 짜증나는 고객이다. 자기들이 우리에게 얘기를 해서 개발한 것을 다시 사람이 바뀌었다고 바꾸어 달라고 하면 어떻게 하는가? 그것도 개발이 완료된 상태에서 가능한 것까지 들어 주었는데도 또 다시 밤을 새고, 휴일 근무를 하면서 자기들이 요건 변경한 것을 해달라고 하는 것이다. 안 되는 것은 안 되는 것이다. 개발 단계까지는 고객이 말한 것은 가능한 범위까지는 해주려고 노력하지만 마지막에 와서 이런 식으로 밀어 붙이면 우리도 할 수 없는 것이다.

테스트 워크샵 출발

결국 12월 7일 테스트 워크샵을 떠나면서까지 문제가 해결되지 않았다. 원래는 추진단 테스트 기간이 워크샵과 겹쳐야 하는데, 일정이 지연되면서 워크샵 기간이 추진단 테스트를 앞서게 된 것이다. 그러나 워크샵은 미리 예약한 것도 있고 해서 변경이 불가능했다. 연말이라 다른 날은 예약이 되지 않는 것이었다. 어쩔 수 없이 추진단 테스트를 당겨 진행하기로 하고 가능하면 완료하는 것을 목표로 워크샵을 갔다.

나피엠의 소고: 워크샵

이번 프로젝트는 워크샵이 2번 밖에 없는 것이 마음에 들었다. 큰 프로젝트의 경우 4번을 가는데, 착수 워크샵, 분석·설계 워크샵, 테스트 워크샵, 종료 워크샵으로 이루어진다. 적으면 3번까지 가는데 테스트 워크샵이 제외되거나 종료 워크샵이 제외된다. 그런데 이 중에서 가장 쓸데 없는 것이 착수 워크샵과 종료 워크샵이다. 사실 착수 워크샵에 가서 뭘 하겠는가? 알지도 못하는 사람들끼리 만나서 서로 얼굴을 익히는 것이 전부다. 어차피 프로젝트 진행하면서 계속 볼 사람들을 미리 만난다고 뭐가 달라지겠는가? 착수 워크샵은 말 그대로 놀자판이다. 착수 보고하고 나면 할 일이 없기 때문에 고객 접대로 하루가 가버린다. 다 그렇다는 것은 아니다. 요즘 들어 착수 워크샵에서도 많은 업무를 처리하는 경우가 있었다. 그러나 아직도 많은 착수 워크샵이 술과 향연으로만 진행되는 경우가 많다. 종료 워크샵도 같은 방법으로 진행된다. 특히 종료 워크샵은 종료 사인을 받고 가는 경우와 종료 사인을 받으러 가는 경우가 있는데, 종료 사인을 받으러 가면 그야 말로 가관이다.

고객은 고객대로 놀자 판이고, 각 회사 영업까지 따라와서 최고급 술을 사오고, 필요하면 부근의 술집으로 접대를 하면서 사인을 부탁하고 다닌다. 결국 돌아오는 날 버스를 타기 전에 사업 관리가 뛰어다니면서 각 업무별로 승인 받은 결과를 확인하고, 승인 받지 못한 업무 피엠은 죽어라 쫓아 다니면서 승인을 부탁하는 것이다. 이런 워크샵은 필요도 없고, 정말 가기 싫은 워크샵이다.

테스트 워크샵 시작

방을 배정 받고 정리하면서, 테스트 일정을 살펴 보았다. 테스트 룸이 한정되어 있어 업무별로 하나의 방으로 배정되어 있었다. 우리는 하나의 방에서 2개의 테스트를 진행해야 했다. 이고객과 워크샵 때문에 이고객이 지원을 요청한 기획실 황고객이 업무를 나누어 진행하기로 한 것이다. 황고객은 추진단도 아닌데, 왜 추진단 테스트에 포함되어 있는지 궁금하지만 빨리 진행될 수 있다는 장점 때문에 아무런 말을 하지 않았다. 통합 테스트를 진행한 것과 같은 방법으로 진행을 하면서 워크샵에 오지 않은 전산 운영은 본사에서 시스템 테스트를 하는 방법으로 진행되었다.

미리 말했지만 시스템 테스트는 이상 없이 종료되었다. 다른 업무는 몇 가지 결함이 발견되었으나 우리 업무는 결함 정도가 미약해 특별한 지적 사항이 없었던 것이다. 추진단 테스트도 통합 테스트와 같은 시나리오로 진행이 되어, 하루 종일 테스트를 하고 저녁 식사 후에 결과에 대한 보완 작업을 진행하는데 저녁 9시가 되면 술 한잔 할 수 있는 상황으로 진행되었다. 개발을 서두르고 테스트 준비한 것이 다행이었다.

신고객 사용자 교육; 추가 요구 사항과 요건 변경

워크샵 마지막 전날 바로 오늘이다. 아침에 신고객들이 도착했다. 사용자 교육이 있기 때문이다. 매뉴얼 작성 시간이 없을 것 같아 지난 토요일과 일요일에 모두 출근하여 매뉴얼 작성 작업을 하였다. 화면 설계서가 있었기에 화면 설계서를 기준으로 하여 복사하여 붙이는 수준으로 진행하니 휴일 근무로 완료되었다. 고객들을 대상으로 교육을 진행하면서 또 다른 요구 사항들이 접수되었다. 대부분이 화면에 나타나는 항목에 대한 변경이라 내일까지 변경하면 완료될 것이다. 그러나 몇 개 항목은 또 다른 추가 요구 사항이거나 요건 변경이었다. 이렇게 자꾸 변경하면 시스템도 누더기가 되어 간다. 누더기가 되면 당연히 유지보수도 어려워진다. 제발 한 번 정의를 했으면 변경하지 않았으면 좋겠다.

금요일 오후에 주간 보고 회의를 진행했다. 추진단 테스트에서 전체 업무 중 절반이 종료되고, 보완되어 각각 50%의 진척율을 보였다. 이고객도 만족하는 눈치였고, 신고객도 예전 술자리부터 나에게 좋지 않았던 감정을 어제의 술자리에서 풀면서 기분이 좋은 것 같았다.

작업 이름	현황	기간	계획시작날짜	계획완료날짜	실제 시작 날짜	완료율	계획진척률	실적진척률	공정준수율
⊟ NormalClient GroupWare 재구축 Project	☺	211 일	10-05-03 (월)	11-02-28 (월)	10-05-03 (월)	81%	90.58	91.35	100.86
⊟ 개발	☺	211 일	10-05-03 (월)	11-02-28 (월)	10-05-03 (월)	84%	91.59	92.39	100.88
⊞ 준비	☺	4 일	10-05-03 (월)	10-05-07 (금)	10-05-03 (월)	100%	100	100	100
⊞ 요구분석	☺	17.25 일	10-05-10 (월)	10-06-01 (화)	10-05-10 (월)	100%	100	100	100
⊞ 설계	☺	35 일	10-06-01 (화)	10-07-20 (화)	10-06-01 (화)	100%	100	100	100
⊞ 개발	☺	58 일	10-07-20 (화)	10-10-15 (금)	10-07-20 (화)	100%	100	100	100
⊟ 테스트	☺	51.75 일	10-10-15 (금)	10-12-28 (화)	10-10-15 (금)	80%	67.33	72.29	107.36
2차 데이터 이행(테스트)	☺	1 일	10-10-15 (금)	10-10-18 (월)	10-10-15 (금)	100%	100	100	100
인터페이스 연동 테스트	☺	5 일	10-11-09 (화)	10-11-16 (화)	10-11-09 (화)	100%	100	100	100
통합테스트	☺	5 일	10-11-09 (화)	10-11-22 (월)	10-11-09 (화)	100%	100	100	100
통합테스트결과 보완	☺	5 일	10-11-22 (월)	10-11-29 (월)	10-11-22 (월)	100%	100	100	100
시스템 테스트	☺	2 일	10-11-29 (월)	10-12-01 (수)	10-11-29 (월)	100%	100	100	100
시스템테스트결과 보완	☺	5 일	10-12-01 (수)	10-12-08 (수)	10-12-01 (수)	100%	100	100	100
추진단 테스트	☺	5 일	10-12-10 (금)	10-12-17 (금)	10-12-10 (금)	50%	16	50	312.5
추진단 테스트결과 보완	—	5 일	10-12-17 (금)	10-12-24 (금)	10-12-17 (금)	50%	0	0	0
인수인계 테스트	—	2 일	10-12-24 (금)	10-12-28 (화)	미정	0%	0	0	0

[그림 35] 12월 10일 기준 WBS 현황

신고객과 잠깐 화해

저녁에 술을 마시면서 기분 좋은 신고객에게 인수 인계 테스트에 대한 승인을 부탁했다. 지금 해 달라는 것이 아니라 인수 인계 테스트에 문제가 없으면 바로 승인을 해달라는 부탁을 한 것이다. 문제가 생기면 바로 조치하거나 인수 인계 테스트 기간 내에 조치를 할 테니 인수 인계 테스트가 끝나면 바로 승인을 부탁한 것이다. 그러나 신고객의 표정은 굳어졌다. 아직도 해결하지 못한 11개의 미결 항목과 오늘 교육을 하면서 나타난 새로운 요구 조건에 대해 언제까지 해 줄 수 있느냐는 것이었다. "죄송하지만 11개 항목과 오늘 접수된 추가 및 요건 변경 건에 대해 고고객과 구고객에게 승인을 받아 오시면 시스템 오픈 후에 안정화 기간에 변경을 하도록 하겠습니다. 통합 테스트까지 종료된 상황에서 요구사항 정의서를 변경하는 것도 어렵고, 이에 따르는 다른 산출물 변경이 어렵습니다. 따라서 이 문제는 승인 받아 오시면 오픈 후 안정화로 처리하도록 하겠습니다."라고 하자. "왜 자꾸 이러세요. 저한테 무슨 불만 있습니까? 제가 해달라고 하면 나피엠님은 자꾸 딴지를 거시는 것 같은데, 정말 인수 인계 사인 해드리지 않을 것입니다." 위에서와 같은 얘기라 그만 하겠다.

작성일: 12월 10일 **PM**

M+8 W37 테스트: 추진단 테스트, 추진단 테스트 보완

마지막 감리: 미흡을 보통으로

토요일 오전까지 진행하여 그룹웨어 추진단 테스트는 80% 이상이 진행되었고, 이번 주 월요일과 화요일에 마무리하여 완료되었다. 수요일에는 보완 작업까지 완료하여 목요일에는 결과 조치에 대한 테스트까지 완료하였다. 보완 작업을 하면서 7개의 변경된 부분에 대한 문서 현행화를 진행하면서 14일 감리 착수 보고 전까지 완료하였다.

감리가 시작되면서 감리 대응 외에는 할 일이 없었다. 감리 결과, 데이터베이스에서 1개의 미흡이 또 나왔다. 지난 번에 권고한 것에 대해 우리는 변경이 불가능하다고 했는데도 같은 문제로 또 미흡을 준 것이다. 또 해당 감리사와 지루한 싸움이 시작되었고, 결국 기획 팀장까지 나서서야 보통으로 변경되었다.

마지막 마무리를 향해서

주간 보고는 간단하게 끝이 났다. 이제 와서는 별 다른 이슈가 없는 한 계속 같은 업무에 대한 보고일 뿐이다. 공정 준수율도 100%가 넘어 섰다. 고객들도 같이 힘써준 결과다. 특히 통합 테스트 진행 과정에서 기획 팀장과의 기 싸움을 목격했던 신고객의 태도가 많이 달라지면서 고객과의 커뮤니케이션도 활발해지고, 이슈도 하나씩 해결되면서 인수 인계 테스트를 위한 조건들이 완료되어 가고 있다. 하지만 아직도 11개 추가 및 요건 변경 건은 해결되지 않은 상태로 남아 있다. 몇 번 회의를 했지만 합의가 되지 않은 것이다. 다음 주까지 같은 상황이면 어떻게라도 해결을 해야 할 것이다.

작업 이름	현황	기간	계획시작날짜	계획완료날짜	실제 시작 날짜	완료율	계획진 척률	실적진 척률	공정준 수율
⊟ NormalClient GroupWare 재구축 Project	☺	211 일	10-05-03 (월)	11-02-28 (월)	10-05-03 (월)	86%	93.42	95.69	102.43
⊟ 개발	☺	211 일	10-05-03 (월)	11-02-28 (월)	10-05-03 (월)	85%	94	95.94	102.07
⊞ 준비	☺	4 일	10-05-03 (월)	10-05-07 (금)	10-05-03 (월)	100%	100	100	100
⊞ 요구분석	☺	17.25 일	10-05-10 (월)	10-06-01 (화)	10-05-10 (월)	100%	100	100	100
⊞ 설계	☺	35 일	10-06-01 (화)	10-07-20 (화)	10-06-01 (화)	100%	100	100	100
⊞ 개발	☺	58 일	10-07-20 (화)	10-10-15 (금)	10-07-20 (화)	100%	100	100	100
⊟ 테스트	☺	51.75 일	10-10-15 (금)	10-12-28 (화)	10-10-15 (금)	94%	82.21	94.17	114.55
2차 데이터 이행(테스트)	☺	1 일	10-10-15 (금)	10-10-18 (월)	10-10-15 (금)	100%	100	100	100
인터페이스 연동 테스트	☺	5 일	10-11-09 (화)	10-11-16 (화)	10-11-09 (화)	100%	100	100	100
통합테스트	☺	5 일	10-11-09 (화)	10-11-22 (월)	10-11-09 (화)	100%	100	100	100
통합테스트결과 보완	☺	5 일	10-11-22 (월)	10-11-22 (월)	10-11-22 (월)	100%	100	100	100
시스템 테스트	☺	2 일	10-11-29 (월)	10-12-01 (수)	10-11-29 (월)	100%	100	100	100
시스템테스트결과 보완	☺	5 일	10-12-01 (수)	10-12-08 (수)	10-12-01 (수)	100%	100	100	100
추진단 테스트	☺	5 일	10-12-10 (금)	10-12-17 (금)	10-12-10 (금)	100%	100	100	100
추진단 테스트결과 보완	☺	5 일	10-12-17 (금)	10-12-24 (금)	10-12-17 (금)	100%	18	100	555.56
인수인계 테스트	☹	2 일	10-12-24 (금)	10-12-28 (화)	미정	0%	0	0	0

[그림 36] 12월 17일 기준 WBS 현황

작성일: 12월 17일 PM

M+8 W38 테스트: 추진단 테스트 보완, 인수 인계 테스트

추가 변경 건 자동 해결

즐거운 크리스마스 이브다. 화요일에 11개 추가 및 요건 변경과 추진단 테스트에서 나온 5개의 추가 항목이 더해진 16개에 대해 생각지도 않은 방향으로 해결되었다. 노조에서 11개 추가에 대해 반대 의견을 제시하면서, 노조의 협의를 거치지 않아 추가하지 않는 것으로 된 것이다. 나머지에 대해서는 안정화 기간에 하는 것으로 신고객들과 협의가 되었다. 정말 즐거운 크리스마스다.

나피엠의 소고: 소프트웨어 기업과 노조

지금까지 15년이 넘게 소프트웨어 업종에 있으면서 노동 조합에 가입해 본적이 없다. 노동 조합이 있는 업체들이나 공공기관을 보면 부럽다. 노동 조합의 행위보다 누군가가 나를 대신해서 나의 권리를 찾아 준다는 것이 부럽다. 어떤 공공기관은 복수 노조까지 있어, 정책 하나를 변경하려면 두 노조의 협의를 받아내야 하는 복잡한 과정을 거친 경험도 있다. Majorsoft사와 같은 대기업은 노조가 있을까? 한 번도 물어보지 않았는데, 왜 소프트웨어 업종에서는 노조라는 말을 들어 본적이 없을까? 하긴 노조에 가입하면 회사에서 쫓겨 날 수도 있을 것 같다. 야근과 철야는 일상이고, 휴일 근무를 해야 하는 환경에서 노조가 이런 환경을 문제 삼아 소위 말하는 파업을 할 수 도 있을 것이다. 이런 상황을 좋아할 회사가 어디에 있겠는가?

대부분의 업무 완료

그룹웨어 혹은 다른 업무와 연계되어야 할 모듈 중심으로 먼저 개발이 되어 통합 테스트는 종료되었지만 아직도 개발이 완료되지 않은 업무들은 크리스마스 연휴도 없이 출근하여 일정을 맞추어야 한다. 크리스마스가 토요일이어서 결국 일요일까지 출근하여 개발을 진행해야 하는 것이다. 출근해야 하는 업무 개발자들을 보니 남의 일 같지 않았다. 우리도 조금만 늦었어도 즐거운 크리스마스가 아니라 불쌍한 출근 일이 되었을 것이다.

우리는 오전에 주간 보고를 하고, 오후에는 개인별로 빨리 퇴근할 사람들은 빨리 퇴근할 수 있도록 조치해 주었다. 일찍 퇴근할 사람들은 나에게 리스트를 제출하라고 했고, 회사에는 공식적인 휴가 신청을 하지 않고, 본부장님과 부사장님께 보고만 하고 추진단과 수행사에는 회사에 공식적으로 반차를 제출한 것으로 얘기를 했기 때문이었다. 이 정도의 휴가는 피엠 권한으로 가능한 것 아닌가?

특히 16개의 추가 및 요건 변경 건이 잘 처리됨에 따라 지지 부진하던 인수 인계 테스트도 탄력이 붙어 전체 업무 거의 대부분이 완료되었다. 다음 주 월요일에 몇 개만 진행하면 완료가 되고, 지금의 분위기와 낮은 에러율이면 고객 사인을 받는 것도 쉽게 진행될 것이라는 생각이 든다. 그러나 어떻게 될지는 뚜껑을 열어봐야 안다.

작업 이름	현황	기간	계획시작날짜	계획완료날짜	실제 시작 날짜	완료율	계획진척율	실적진척율	공정준수율
⊟ NormalClient GroupWare 재구축 Project	☺	211 일	10-05-03 (월)	11-02-28 (월)	10-05-03 (월)	86%	96.14	96.28	100.15
⊟ 개발	☺	211 일	10-05-03 (월)	11-02-28 (월)	10-05-03 (월)	86%	96.36	96.42	100.06
⊞ 준비	☺	4 일	10-05-03 (월)	10-05-07 (금)	10-05-03 (월)	100%	100	100	100
⊞ 요구분석	☺	17.25 일	10-05-10 (월)	10-06-01 (화)	10-05-10 (월)	100%	100	100	100
⊞ 설계	☺	35 일	10-06-01 (화)	10-07-20 (화)	10-06-01 (화)	100%	100	100	100
⊞ 개발	☺	58 일	10-07-20 (화)	10-10-15 (금)	10-07-20 (화)	100%	100	100	100
⊟ 테스트	☺	51.75 일	10-10-15 (금)	10-12-28 (화)	10-10-15 (금)	97%	96.73	97.08	100.36
2차 데이터 이행(테스트)	☺	1 일	10-10-15 (금)	10-10-18 (월)	10-10-15 (금)	100%	100	100	100
인터페이스 연동 테스트	☺	5 일	10-11-09 (화)	10-11-16 (화)	10-11-09 (화)	100%	100	100	100
통합테스트	☺	5 일	10-11-09 (화)	10-11-22 (월)	10-11-09 (화)	100%	100	100	100
통합테스트결과 보완	☺	5 일	10-11-22 (월)	10-11-29 (월)	10-11-22 (월)	100%	100	100	100
시스템 테스트	☺	2 일	10-11-29 (월)	10-12-01 (수)	10-11-29 (월)	100%	100	100	100
시스템테스트결과 보완	☺	5 일	10-12-01 (수)	10-12-08 (수)	10-12-01 (수)	100%	100	100	100
추진단 테스트	☺	5 일	10-12-10 (금)	10-12-17 (금)	10-12-10 (금)	100%	100	100	100
추진단 테스트결과 보완	☺	5 일	10-12-17 (금)	10-12-24 (금)	10-12-17 (금)	100%	100	100	100
인수인계 테스트	☺	2 일	10-12-24 (금)	10-12-28 (화)	10-12-24 (금)	50%	44	50	113.64

[그림 37] 12월 24일 기준 WBS 현황

작성일: 12월 24일 PM

> **M+8 W39**
> **테스트:** 인수 인계 테스트
> **이행:** 운영 환경 설정, 3차 데이터 이행

인수 인계 테스트 종료, 인수 인계 사인

월요일에 인수 인계 테스트도 종료되고, 화요일에는 인수 인계 사인까지 받았다. 사이가 좋지 않았던 기획 실장과도 크리스마스 전에 소주 한잔하면서 서로에 대해 쌓인 것들도 다 털어내면서, 기획실과도 사이가 좋아졌다. 내가 싫어하는 말이지만 과정이 힘들어도 결과가 좋으면 좋은 것이다.

모든 업무의 개발 종료(서류상)

월간 보고를 진행하면서 기획 이사의 얼굴에도 웃음이 피어났다 서류상으로는 모든 업무의 개발이 완료된 것이다. 문서상이 아닌 실제 종료된 업무는 4개였다. 그러나 이 사실을 기획 이사는 알지 못한다. 사실을 알았으면 아마 추진단 전체가 뒤집어졌을 것이다. 오픈 후 어떻게 될지 모르겠지만 불안한 오픈이 될 것이다. 아직 개발이 완료되지도 않았는데 테스트를 제대로 했겠는가? 보통 프로젝트에서 이런 상황이면 오픈 연기를 검토하는 것이 일반적인데, 여기는 일정에 대한 고객들의 관심이 높아 추진단도 감히 연기에 대해 윗분들에게 말을 하지 못하는 것이다. 이렇게 오픈하는 경우 오픈 후에 계속 문제가 발생해 결국 시스템을 닫고 다시 오픈일을 결정하는 상황이 오는 경우가 많다. 그런데 극히 드물긴 하지만 어떤 프로젝트에서는 같은 상황인데도 오픈 후에 문제가 거의 생기지 않은 경우도 있었다.

오픈 준비: 24시간 대기

연말이지만 1월 3일 오픈이 있어 전체 수행사 인력과 추진단 담당은 오늘 저녁부터 1월 4일까지 모두 대기 상태로 들어갔다. 전체 인력이 24시간 교대로 오픈을 위한 준비를 하는 것이다. 몇 일 되지 않는 기간이지만 4일간을 시간대로 나누어 해야 할 일과 담당자, 완료 요건 등의 계획서를 작성하여 진행하게 된다. 이 계획서를 작성하느라 일주일이 넘게 걸렸는데, 오늘 저녁부터 마무리를 시작하는 것이다. 오픈 바로 전은 아주 중요한 경기를 앞둔 선수 같은 느낌이다. 설레기도 하고, 두렵기도 하고, 빨리 오픈이 되었으면 하다가도, 몇 일만 더 있었으면 하는 생각이 시간마다 바뀐다. 추진단의 결정에 의해 12월 30일, 어제 완료 보고가 계획되어 있었으나 오픈 후에 완료 보고를 하기로 했다.

작성일: 12월 31일 **PM**

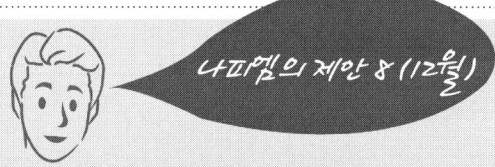

방법론과 방법론에 따라 작성된 WBS에 의거해서 요구 분석을 한다. 요구 분석 단계에서 나오는 주요 산출물이 요구 사항 정의서일 것이다. 요구 사항 정의서는 말 그대로 RFP, 제안서, 과업 수행 계획서 등의 기초 자료에서 나타난 요구 사항들과, 고객과의 면담 혹은 프로세스 분석을 통해 나타난 요구 사항들을 정리한 문서다. 따라서 요구 사항 정의서가 정의되고, 고객의 승인을 받은 후 설계에 들어가면 요구 사항 정의 및 분석 단계는 종료되는 것이다.

문제는 고객들이 요구 사항 정의 및 분석 단계에서는 자신들이 무엇을 원하고 있는지도 잘 모르는 경우가 많다는 것이다. 이것까지는 이해가 된다. 여기에서 하나만 따지고 다음으로 넘어가자. 자신들이 원하는 것을 자신들이 모르는 것이 개발 팀의 잘못인가?

설계를 하면 설계를 담당한 회사의 직원이 아니면 IT 전문가라 하더라도 정확하게 설계했는지 분석하기 어렵다. 개발에 들어가면 단위 모듈별로 개발되고 있어 전체 그림을 보기가 어렵다. 물론 방법론에 따라 일정한 주기로 리뷰를 하는 방법도 있지만, 리뷰를 준비하는 자체가 또 다른 추가 업무가 되는 경우가 많아 이것도 현실적으로 하기 어렵다. - 방안은 있다. -

따라서 고객이 다시 시스템을 눈으로 볼 수 있는 것은 프로젝트가 2/3 정도 지난 테스트 단계일 것이다. 고객은 그 기간 동안 개발 팀과 미팅을 하면서, 혼자 공부를 하면서 시스템에 대해 알기 시작하고, 어떤 고객은 개발 팀보다 더 많은 지식을 쌓는 경우도 보았다. 따라서 테스트를 시작하면서 드디어 고객들은 자신들의 요구를 말하기 시작한다.

여기에는 두 가지 문제점이 있다. 첫째, 자신들이 인정한 WBS상에서의 요구 분석 단계를 무시한다는 것이다. 두 번째는 후반부 요구 변경으로 인한 프로그램의 변경이 불가피함으로써, 시스템의 품질에 막대한 영향을 준다는 것이다. 이러한 상황에서도 좋은 품질의 제품을 만들 수 있다면 문제가 없을 텐데, 현실은 그렇지 않다.

안정되고 높은 품질의 시스템을 만드는 것이 프로젝트 팀의 목표이고 존재 이유다. 프로젝트 팀 내부적인 능력 부재와 원인으로 인해 원하는 품질의 제품이 나오지 않는다면 문제가 되겠지만, 앞에서 얘기한 두 가지의 이유도 한 몫 한다면 누구에게 잘못을 따져야 할까? 무조건 '을'만 잘못한 것인가?

M+9

- W40 이행: 그랜드 오픈, 안정화
- W41 이행: 안정화
- W42 이행: 안정화
- W43 이행: 안정화

M+9 W40 이행: 그랜드 오픈, 안정화

오픈; 오류 수정

12월 31일부터 시작하여 2011년 1월 3일 오픈까지 우리 팀은 모두 대기 상태로, 집에 가지 않고 찜질방에서 잠을 자면서 오픈 준비를 했다. 1월 3일 오전 8시 드디어 시스템이 오픈되었다. 대부분 출근 전이라 문제가 없었지만, 8시 30분 가까이 되자 전화가 빗발치기 시작했다. 특히 일 출장 등 근태 신청서가 밀리면서 기존과 달라진 방식 때문에 문의 전화가 쏟아졌고, 에러가 나는 상황도 계속 접수되었다. 그룹웨어에서만 1월 3일 하루 동안 300여 통의 문의 전화와 50여건의 에러가 접수되었다. 낮에는 접수 때문에 정신이 없었는데, 저녁 9시가 지나자 전화가 뜸해지기 시작했고, 10시가 지나면서 전화가 오지 않았다. 50여 건의 에러를 분석해 보니, 대부분이 에러보다는 시스템에 대한 불완전한 이해로 인한 문제였다.

우리가 진짜 에러라고 할 수 있는 기능상 오류는 3건, 인터페이스 오류는 7건, 사용자가 발견한 이상한 오류 2건 등 총 12건이 오류로 분류되었다. 내일 아침에도 비슷한 상황이 벌어질 것이다. 12건 중 10건의 오류를 수정했다. 2건은 발생되는 경우를 우리가 보지 못했고, 같은 상황을 재현해도 오류가 발생하지 않아, 원인 분석조차 하지 못했다. 몇 일 두고 보면 브라우저 버전 혹은 OS에 따른 오류인지를 분석할 수 있을 것이다.

금주도 찜질방에서 일주일을 보냈다. 화요일까지는 빗발치던 전화가 수요일부터 점차 줄어 들더니, 어제와 오늘은 몇 건의 문의를 제외하고는 전화가 거의 없었다. Cut-Over 계획에 따라 2일 동안 에러 건수가 0건이면 대기 1명을 제외한 팀원들은 퇴근할 수 있었다. 따라서 오늘 저녁은 대기 1명을 제외하고는 집에 갈 수 있을 것이다. 오픈 일주일 만에 안정화에 들어가는 경우도 그렇게 많지 않은 경우다. 적어도 3주 이상은 지켜봐야 하는데, 개발을 빨리 하고, 테스트에 집중한 효과가 나오는 것 같아 기쁘다. 내일 토요일과 일요일 대기 조를 짜서 작성하고, 주간 보고를 시작했다.

그룹웨어 공정 준수율 100%, 관리 프로세스의 우는 얼굴 하나

공정 준수율이 100%이다. 개발 프로세스는 안정화 기간에 돌입함에 따라 전체가 100%가 맞지만 관리 프로세스에는 우는 얼굴이 하나 있다. 완료 보고가 되지 않은 것이다. 완료 보고를 하지 않아 전체가 100%가 되어야 하는데, 계속 늦어지고 있다. 그룹웨어는 1주일 내에 안정화 되었지만 다른 업무는 아직도 밤새면서 개발을 하는 날이 많다. 따라서 해당 업무들이 모두 완료되어야 완료 보고를 할 수 있을 것이다.

완료 보고 전 인원 철수 동의 받기

문제는 완료 보고를 하기 전에 인원 철수를 서둘러야 하는데, 인원 철수에 대한 고객의 동의를 받지 못하고 있다. 이미 몇 명의 팀원은 다른 프로젝트 투입이 결정되어, 해당 날짜 전에 철수를 시켜야 한다. 프로젝트 투입되기 전에 몇 일이라도 휴가를 보내고 다른 프로젝트에 투입이 되어야 하기 때문이다.

작업 이름	현황	기간	계획시작날짜	계획완료날짜	실제 시작 날짜	완료율	계획진척률	실적진척률	공정준수율
⊟ NormalClient GroupWare 재구축 Project	☺	211일	10-05-03 (월)	11-02-28 (월)	10-05-03 (월)	90%	97.7	97.7	100
⊟ 개발	☺	211일	10-05-03 (월)	11-02-28 (월)	10-05-03 (월)	89%	97.62	97.62	100
⊞ 준비	☺	4일	10-05-03 (월)	10-05-07 (금)	10-05-03 (월)	100%	100	100	100
⊞ 요구분석	☺	17.25일	10-05-10 (월)	10-06-01 (화)	10-05-10 (월)	100%	100	100	100
⊞ 설계	☺	35일	10-06-01 (화)	10-07-20 (화)	10-06-01 (화)	100%	100	100	100
⊞ 개발	☺	58일	10-07-20 (화)	10-10-15 (금)	10-07-20 (화)	100%	100	100	100
⊞ 테스트	☺	51.75일	10-10-15 (금)	10-12-28 (화)	10-10-15 (금)	100%	100	100	100
⊟ 이행	☺	3일	10-12-28 (화)	10-12-31 (금)	10-12-28 (화)	100%	100	100	100
운영환경 설정	☺	1일	10-12-28 (화)	10-12-28 (화)	10-12-28 (화)	100%	100	100	100
3차 데이터 이행(최종)	☺	2일	10-12-29 (수)	10-12-31 (금)	10-12-29 (수)	100%	100	100	100
그랜드 오픈	☺	0일	11-01-03 (월)	11-01-03 (월)	11-01-03 (월)	100%	100	100	100
안정화		40일	11-01-03 (월)	11-02-28 (월)	11-01-03 (월)	12%	12	12	100

[그림 38] 1월 7일 기준 WBS 현황

작업 이름	현황	기간	계획시작날짜	계획완료날짜	실제 시작 날짜	완료율	계획진척률	실적진척률	공정준수율
⊟ 관리		173일	10-05-03 (월)	11-01-05 (수)	10-05-03 (월)	99%	100	100	100
⊞ 계획서 작성		2일	10-05-03 (월)	10-05-05 (수)	10-05-03 (월)	100%	100	100	100
⊟ 보고		166일	10-05-06 (목)	10-12-30 (목)	10-05-06 (목)	0%	0	0	0
착수보고		0일	10-05-06 (목)	10-05-06 (목)	10-05-06 (목)	100%	100	100	100
중간보고(분석/설계)		0일	10-07-02 (금)	10-07-02 (금)	10-07-02 (금)	100%	100	100	100
완료보고		0일	10-12-30 (목)	10-12-30 (목)	미정	0%	0	0	0
⊟ 월간보고		150일	10-05-28 (금)	10-12-30 (목)	10-05-28 (금)	100%	0	0	0
5월		0일	10-05-28 (금)	10-05-28 (금)	10-05-28 (금)	100%	100	100	100
6월		0일	10-07-02 (금)	10-07-02 (금)	10-07-02 (금)	100%	100	100	100
7월		0일	10-07-30 (금)	10-07-30 (금)	10-07-30 (금)	100%	100	100	100
8월		0일	10-09-03 (금)	10-09-03 (금)	10-09-03 (금)	100%	100	100	100
9월		0일	10-10-01 (금)	10-10-01 (금)	10-10-01 (금)	100%	100	100	100
10월		0일	10-10-29 (금)	10-10-29 (금)	10-10-29 (금)	100%	100	100	100
11월		0일	10-12-03 (금)	10-12-03 (금)	10-12-03 (금)	100%	100	100	100
12월		0일	10-12-30 (목)	10-12-30 (목)	10-12-30 (목)	100%	100	100	100
⊟ 품질관리		171일	10-05-05 (수)	11-01-05 (수)	10-05-05 (수)	100%	100	100	100
⊟ 감리		115.75일	10-07-12 (월)	10-12-28 (화)	10-07-12 (월)	100%	100	100	100
1차 감리(분석/설계)		10일	10-07-12 (월)	10-07-26 (월)	10-07-12 (월)	100%	100	100	100
2차 감리(완료)		10일	10-12-14 (화)	10-12-28 (화)	10-12-14 (화)	100%	100	100	100
⊟ 품질관리		114.75일	10-07-21 (수)	11-01-05 (수)	10-07-21 (수)	100%	100	100	100
1차 품질관리(분석/설계)		2일	10-07-21 (수)	10-07-23 (금)	10-07-21 (수)	100%	100	100	100
2차 품질관리(완료)		2일	11-01-03 (월)	11-01-05 (수)	11-01-03 (월)	100%	100	100	100
⊟ 요구사항추적표 작성		145일	10-05-05 (수)	10-11-30 (화)	10-05-05 (수)	100%	100	100	100
1차 업데이트(관리계획)		1일	10-05-05 (수)	10-05-06 (목)	10-05-05 (수)	100%	100	100	100
2차 업데이트(분석)		1일	10-06-01 (화)	10-06-02 (수)	10-06-01 (화)	100%	100	100	100
3차 업데이트(설계)		1일	10-07-20 (화)	10-07-21 (수)	10-07-20 (화)	100%	100	100	100
4차 업데이트(개발)		1일	10-10-15 (금)	10-10-18 (월)	10-10-15 (금)	100%	100	100	100
5차 업데이트(단위시험)		1일	10-10-15 (금)	10-10-18 (월)	10-10-15 (금)	100%	100	100	100
6차 업데이트(통합시험)		1일	10-11-29 (월)	10-11-30 (화)	10-11-29 (월)	100%	100	100	100
⊟ 교육		162일	10-05-07 (금)	10-12-27 (월)	10-05-07 (금)	100%	100	100	100
패키지 교육		1일	10-05-07 (금)	10-05-10 (월)	10-05-07 (금)	100%	100	100	100
매뉴얼 작성		3일	10-12-03 (금)	10-12-08 (수)	10-12-03 (금)	100%	100	100	100
사용자 교육		2일	10-12-10 (금)	10-12-14 (화)	10-12-10 (금)	100%	100	100	100
운영자 교육		1일	10-12-24 (금)	10-12-27 (월)	10-12-24 (금)	100%	100	100	100
⊟ 워크샵		136.13일	10-05-28 (금)	10-12-10 (금)	10-05-28 (금)	100%	100	100	100
분석 워크샵		2일	10-05-28 (금)	10-05-29 (토)	10-05-28 (금)	100%	100	100	100

[그림 39] 1월 7일 기준 관리 영역 WBS 현황

본사의 종료 품질 관리 생략

본사의 품질 관리가 계획되어 있었는데, 시스템이 오픈된 상황이라 별 다른 관리 없이 종료되었다. 오픈 전에 품질 관리를 했어야 하는데, 일정을 못 잡은 것이다. 우리로서는 편했지만 괜히 품질 관리 팀만 할 일 없이 되어 버린 것이다. 그런데 또 다르게 생각해 보면 오픈 전에 모든 팀원들이 정신 없는데, 품질 관리를 한다고 들어오는 것도 상당한 부담이다. 그럼 언제 종료 품질 관리를 해야 할까?

작성일: 1월 7일

M+9 W41 이행: 안정화

인력 철수 계획 승인

Majorsoft사와 협의하여 그룹웨어 인력은 계획과 같이 철수하되, 2월 안정화 기간에 1명의 개발자를 추가 잔류시키기로 했다. 인력에 대한 비용은 Majorsoft사와 우리가 반반씩 부담하기로 했다. 고객은 절대 안 된다고 했지만, 이제는 우리를 잡아 놓을 근거가 없는 것이다. 물론 Majorsoft사에서도 가능하면 고객이 원하는 방식으로 우리가 가길 원했다. 그러나 Majorsoft사에서도 우리를 잡아 놓을 근거가 없기에, 허피엠이 나서서 우리의 철수를 고객에게 설득시킨 것이다.

나피엠의 철수 시점은?

문제는 나였다. 종료 보고와 최종 검수를 해야 하는데, 적어도 종료 보고까지는 남아 있으라는 것이었다. 다행히 1월 내에 종료 보고를 하면 문제가 되지 않겠지만, 지금 상황으로 볼 때 빨라도 2월 중순이 될 것 같다. 종료 보고가 늦어지면서 최종 검수 사인을 종료 보고 때 하기로 결정된 것이다. 이를 거꾸로 하면 최종 검수 사인 하는 날이 종료 보고를 하는 날이 되는 것이다. 본사에 이 상황을 보고하고, 혹시 내가 해야 할 다음 프로젝트에는 문제가 없는지 확인을 했다. 다행히 2월 중순까지는 다른 프로젝트 투입이 결정되어 있지 않았다.

최종 계산: 순이익 2천만원, 미친 짓이다

그러나 내 비용도 문제다. 프로젝트에 투입된 인력 중 나의 인건비가 가장 비싸다. 2월 중순까지 체류하면 0.5MM가 더 늘어나는 것이고, 이는 결국 400만원 추가 투입되는 것이다. 또한 미리 합의가 되었던 개발자 1명에 대한 추가 투입을 합하면 거의 천만원이 된다. 결국 순이익 3천만원 돈에서 또 1천만원이 빠지고, 2천만원도 안 되는 순이익을 남기기 위해 8개월을 죽어라 일했던 것이다. 허탈하다. 어떤 미친 장사꾼이 이런 이익 남기려고 이렇게 고생하겠는가? 굶어 죽는 것 보다는 낫지 않느냐고 하면 할 말 없다. 그러나 이것이 정말 '미친 짓이다.'

작성일: 1월 14일 **PM**

M+9 W42　이행: 안정화

에러 2개는 무료 백신 프로그램 때문

지난 주부터 금주까지 접수된 에러가 3개였다. 그 중에는 오픈 첫 주에 발생했으나 같은 상황을 재현하지 못해 해결 못했던 에러 2개가 포함되어 있었다. 같은 에러가 나는 컴퓨터를 분석해 보니 회사에서 제공하지 않은, 일반 무료 백신 프로그램을 설치한 컴퓨터에서 발생한 것으로 판명되었다. 무료 백신 프로그램을 삭제하니 문제 없이 돌아갔다. 이렇게 해결은 했지만 아직도 이해가 가지 않는다. 백신 프로그램과 웹으로 운영되는 그룹웨어가 무슨 상관 관계가 있어 충돌을 일으킬까? 정말 알 수 없는 문제였다.

작성일: 1월 28일

 **이행:** 안정화

잔류 인원 확정

드디어 오늘 주간 보고를 하고, 나와 3명의 잔류 개발자를 제외하고는 오늘 저녁 짐을 싸 본사로 혹은 다른 프로젝트로 철수했다. 실제로 짐을 싸는 것은 다음 주 월요일이 될 것이다. 오늘은 마지막 회식이 있는 날이고, 아직 날짜가 말일이 되지 않았기 때문에 말일까지는 자리를 지켜야 하기 때문이다. 그러나 다음 주 월요일에 일을 하지는 못하기 때문에 실제로는 마지막 날인 것이다. 정말 다행스럽게 1명과 나를 제외한 다른 사람들은 예정된 일정에 철수를 하게 되어, 이미 다른 프로젝트 투입이 결정된 팀원이나 다른 일을 계획하고 있는 팀원들이 계획대로 일을 할 수 있다는 것이다.

주간 보고도 오늘이 마지막이었다. 다음 주부터 업무별 주간 보고는 없어지고, 수행 팀 주간 보고만 참석하면 된다. WBS에서 남은 액티비티로 '종료보고'만 있기 때문에 주간 보고 할 일이 없는 것이다. 지금은 빨리 종료 보고를 하고, 검수가 되기만 기다리고 있는 것이다.

프로젝트의 마지막 회식

팀원들과 회식을 하면서 그래도 좋은 프로젝트라는데 모두들 동의를 했다. 계획된 일정과, 비교적 좋은 고객, 그리고 평범한 마더를 만나서 오픈까지 별 문제 없이 진행되고, 이제 모두들 다른 프로젝트에서 일하기 위해 계획된 날짜에 떠나게 되는 프로젝트는 지금까지 많기 않았기 때문이었다. 모두들 수고했다는 좋은 얘기와, 이고객에 대한 심심한 위로 – 추진단이 해체되지 않고 있어 발령은 났으나 아직도 추진단에 있다.– 를 안주 삼아 갈 때 까지 가 볼 생각이다.

지금까지 프로젝트를 수행하기 위해 노력해 준 모든 분들께 감사를 드린다. 아디오스 프로젝트.

작성일: 1월 28일 **PM**

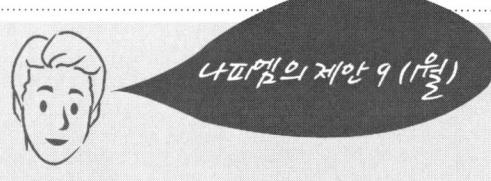
나피엠의 제안 9 (월)

본 프로젝트에서도 그렇지만 대부분의 중소 업체들이 프로젝트에서 일년 동안 열심히 해서 얻는 수익이라는 것이 구멍 가게의 일년 수익보다 못한 경우가 많다. 적게는 10여명부터 많게는 100명 가까이 되는 기업에서 매일 점심을 먹기 위해 가는 식당보다 더 작은 수익에, 일년을 벌어도 겨우 월급 주는 정도로 살고 있다면 누가 믿겠는가?

먹고 살겠다고 오늘도 수 많은 업체들이 창업을 하고, 기존의 업체들은 열심히 일을 하고 있을 것이다. 여기에서 한 가지 의문이 생긴다. 금액적인 것은 이미 몇 차례 말한 바가 있어 여기에서는 그만 거론하고, '업체들이 고객에게 제공하는 가치가 무엇인가?'이다. 제품에 대한 것은 알고 있다. 뛰어난 제품도 있고 그저 그런 제품도 있다. 문제는 이러한 제품이 고객에게 제공하는 가치가 무엇인가 하는 것이다.

대부분 '고객에게 최상의 가치를 제공합니다.'라고 한다. 그런데 무슨 뜻인지 알고 하는 것인지, 남들이 사용하니까 사용하는 것인지 구분이 안 되는 경우가 많았다. 가치라는 것이 무엇인가? 제품을 넘어서는 다른 무엇이다. 다른 무엇은 제품의 기능으로만 설명되는 것은 아닐 것이다.

「드릴을 팔려면 구멍을 팔아라」라는 책이 있다. 제목에서 알 수 있듯이, 드릴이라는 유형의 제품을 팔려면 그 드릴로 하는 일, 즉 구멍을 팔라는 것이다. 그런데 소프트웨어는 제품에 대해 설명하라고 하면 가장 먼저 제품의 대표 기능부터 설명을 시작한다. 구멍을 파는 것도, 제품 자체를 팔려는 것도 아닌, 제품에 대한 일부 기능을 팔려고 하는 것이다.

팔려고 하는 기능을 비교해 보면 경쟁사와 차별화 되는 것이 거의 없다. 이런 상태에서 제품을 제 값에 팔려고 하는 것 자체가 이상한 것 아닌가? 가치를 제공하지도 못하는 제품을 누가 제 값을 주고 사겠는가?

회사뿐 아니다. 소프트웨어 개발자와 관리자도 자기 자신을 팔아야 한다. 자기 자신을 팔기 위해 무슨 노력을 하고 있는가? 자신의 상품 가치를 계속 낮추면서도 높은 금액을 요구하고 있지는 않은지 스스로 점검해 보아야 한다. 당신이 당신을 산다면 얼마의 부가 가치를 인정하겠는가?

가치를 판매하지 않으면 우리는 구멍 가게를 하는 것이 더 편하고, 수익이라도 올릴 수 있을 것이다.

M+10~M+12

● 마무리: 종료 보고와 검수 사인

M+10 ~M+12   마무리: 종료 보고와 검수 사인

2월 중순: 모든 업무의 개발 및 테스트 완료

생각했던 것과 같이 2월 중순에 모든 업무에 대한 개발 및 테스트가 완료되었다. 어떤 업무는 1월 3일 오픈 때 업무의 2/3만 오픈하고 나머지는 오픈 후에 하기로 되어 있어 테스트도 1월 말이 되어 진행되었다. 아직도 안정화가 되어 있지 않은 업무도 있다. 그러나 지연에 따른 패널티를 물지 않으려면 적어도 2월 중순에는 종료가 되어야 하기에 다음 고도화를 약속하면서 종료 보고를 하기로 한 것이다.

종료 보고: 문서상으로 완벽한 보고

2월 중순 종료 보고를 했고, 문서상으로는 완벽한 프로젝트였다. 모두들 기분이 좋았고, 특히 이고객과 같이 발령이 났으나 프로젝트가 종료되지 않아 전보가 나지 않았던 추진단 담당자들은 모두들 정말 기뻐했다. 내 생각으로는 이런 사람들의 바램 때문에, 늦었지만 예정대로 종료 보고를 할 수 있었을 것이다.

검수 사인: 잔금에 대한 세금 계산서 발행, 지금은?

종료 보고를 하고 검수 사인을 원했으나 검수 사인은 안정화가 완료된 후 한다는 고객사의 내부 결정에 따라 이 글을 적고 있는 오늘 드디어 사인을 받았다. 안정화 되지 않은 업무들 때문에 고객들로서는 불안했을 것이다. 검수 사인을 받으면 더 이상 갑과 을의 관계가 아니기 때문에, 그래도 갑일 때 완료하기를 바라는 것이다. 검수 사인을 받음으로써 우리는 잔금 1억 9천 6백만원(전체 금액의 40%)에 대한 세금 계산서를 발행할 수 있었다. 프로젝트가 끝나고도 2개월이 지나서야 잔금을 받을 수 있는 것이다. 오늘 검수를 받았으니, 언제쯤 지급이 될까? 지급이 바로 되리라는 보장이 없어 실제로는 잔금을 받는 날이 또 1개월 후가 될 수도 있다. 고객분들과 Majorsoft사에 부탁하는데 30, 30, 40 대신 제발 40, 40, 20으로 하면 안 될까? 나머지 40% 때문에 우리와 회사는 항상 빚을 져야 한다.

본사 종료 보고: 최종 순이익은 1,800만원. 2.7%. 10%는?

2월 중순 종료 보고 후 본사 종료 보고 준비를 위해 순이익을 계산해 보니, 4억 9천만원 프로젝트에서 1,800만원이 나왔다. 2.7%의 순이익인 것이다. 적자가 나지 않아 다행이라고 생각하겠지만, 처음에 계약서를 담보로 은행에서 돈을 빌렸다면 이미 적자가 났을 것이다. 프로젝트 초반에 돈을 빌리지는 않았지만, 내 생각으로는 나머지 40%를 미리 집행하기 위해 다른 프로젝트에서 끌어다 쓴 비용과 이자를 계산해 보면 결국 적자일 것이다. 다시 물어보지만 누가 죽어라 일하고 이런 순이익을 기대할까? 이런 순이익이 나는 것을 알면서 죽어라 일하는 우리는 정상인걸까?

비겁한 변명: 결어

나는 지금까지 NewERP 프로젝트를 실패로 종료한 것에 대한 비겁한 변명을 했다. 앞으로도 이런 변명을 계속하게 될지, 아니면 내가 이런 변명을 하지 않을 다른 방법을 찾던지 할 것이다. 다만, 한 가지 바라는 것은 제발 이런 비겁한 변명을 하지 않았으면 하는 것이다.

작성일: 4월 어느 날 **PM**

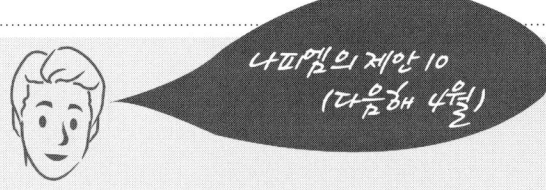

나피엠의 제안 10
(다음해 4월)

프로젝트 관리에 대한 교육을 받기 위해 여러 가지 교육 과정을 다녀보면, PMP 자격증 준비반이 되어 버리는 경우가 많다. 제목은 '실무 프로젝트 관리', '고급 PMO 과정', '중급 프로젝트 관리자 과정' 등 말로는 중급 이상 혹은 실무 프로젝트 관리자 과정이라고 되어 있으나, PMBOK에서 벗어나지 못한다.

프로젝트 관리에는 리더십, 마케팅, 고객 대응, 문서 작성 등 다양한 분야의 교육이 필요한데, 계속 PMBOK에서 말하는 Knowledge Area에 한정되고, 이마저도 PMBOK에서 벗어나지 못한다. 그냥 'PMP 준비 과정' 혹은 'PMBOK 학습 과정'으로 하면 될 것을 괜히 사람 헷갈리게 하고, 괜한 기대를 갖게 하는지 모르겠다. 대부분이 중소기업 지원 과정이라 교육비가 저렴한 것은 좋지만 교육비가 비싸더라도 제발 제대로 된 프로젝트 관리자 과정이 있었으면 한다.

현재 일하고 있는 프로젝트 관리자 중에서 프로젝트 관리자가 되기 위해 필요한 교육이 PMBOK면 충분하다고 생각하는 사람이 있는지 모르겠지만, 지금까지의 경험으로는 수학에서 구구단만 외운 사람에게 전자기장 이론을 수학적으로 이해하라는 것과 같았다.

건축 공학이나 기계 공학 등의 필요에 의해 만들어졌던 PMBOK가 마치 프로젝트 관리의 전체를 알려주는 것처럼 과장된 것처럼 보이는데, 소프트웨어 업계에서는 PMBOK라는 도서 하나에 너무 목을 매달고 있다는 것이 문제인 것 같다. PMBOK에서 제시하는 것은 그러한 분야가 있으며, 각 분야를 더 공부해야 한다는 것이다. 품질 관리 하나만 해도 몇 년을 공부했으나 아직도 실전 응용에 어려움을 겪고 있다. 커뮤니케이션은 어떤가? 위험 관리는 어떤가?

한 대학교의 글로벌 프로젝트 경영대학원 과정만 해도 기본 과정으로 기업 금융, 고객 만족과 브랜드 경영 기업과 회계, 인재 경영과 리더십, 서비스 운영과 경영 과학, 정보 기술과 기술 혁신 등으로 이루어져 있으며, 전공에는 기술 전략, 기술 가치 평가, 신기술, 신제품 마케팅 등 다양한 교과목으로 구성되어 있다. 이 정도는 되지 않더라도 프로젝트 관리에 대한 교육을 더 전문적이고, 집중적으로 해야 할 필요가 있으며, 이에 대해 좀 더 체계적인 교육 프로그램이 마련되어야 할 것이다. 관리자 스스로 전문가가 되고 싶은 부분에 대해 더 많은 공부를 해야 할 것이다.

마무리

에필로그: 또 다른 변명의 시작, 그리고 밝은 미래를 꿈꾸며

본사로 철수해 보니 본사에도 많은 변화가 있었다. 변화가 좋은 방향이면 좋았을 것인데, 좋지 않은 방향으로 변화를 한 것 같았다.

지금까지 중소기업을 다니면서 회사가 망하는 전조를 보면 거의 비슷하다. 어느 날 갑자기 소위 최고의 스펙으로 무장한 임원들이 사무실을 하나씩 차지하고 높은 의자에 앉아 있다. 부사장급 혹은, 재무와 홍보에 임원들이 들어 온 것이다. 1년 동안 프로젝트 수행하여 몇 억의 순이익을 남기는 회사에서 임원 몇 명이 들어와서 억대 연봉을 받기 시작하면 있던 순이익도 모두 임원 주머니로 들어가버려, 프로젝트에서 죽어라 일하는 직원들은 저절로 힘이 빠진다. 회사에서는 이익이 나지 않으니 실제 돈을 만드는 PM들과 영업만 들볶는다. 임원이 들어왔다고 프로젝트에 더 많은 수익을 남기는 경우는 한 번도 본 적도 없고, 들어 본 적도 없다.

대부분의 신규 임원들은 대기업에서 부장으로 있다가 상무 혹은 부사장급으로 중소기업에 들어 온다. 내가 예전에 본 어떤 임원은 나를 부르더니 커다란 명함통 2개를 보여주며, '일만 잘하면 따오는 것은 걱정하지 말라'는 정말 마음에 드는 제안을 했었다. 8개월 후 그 임원은 쓸쓸히 떠났다. 대부분의 임원들도 모두 같은 방법으로 떠난다. 그들은 중소기업의 생리를 잘 모른다. 대기업은 내가 할 일이 정해져 있고, 내가 할 일만 하면 다른 지원 부서나 다른 직원이 그 다음 업무나 전 업무를 해 주지만, 중소기업에서는 자기가 모든 것을 해야 한다. 영업 같은 경우 대기업에서 온 사람들이 정말 오해를 하고 있는 것 중 하나가 자신이 잘해서 영업이 잘되었다고 생각하는 것이다. 실제로는 기업의 이름 때문에 영업이 잘 되었다는 것을 중소기업에 와서 쓸쓸히 떠날 때가 되어서야 알게 되는 것이다.

또 다른 망할 것 같은 전조는 실력 있는 직원들이 회사를 떠나고, 사장이나 임원은 사람은 얼마든지 있다고 생각하는 상황이다. 위의 두 가지 경우가 합해지면 100% 망한다.

우리 회사도 새로운 부사장이 한 명, 관리에 한 명 이렇게 두 명의 임원이 새로 들어 왔다. 얼마나 받고 들어왔을까? 부사장은 적어도 억대는 될 것이다. 그 뿐인가? 법인 카드에 자동차 유지비에… 개발자 몇 명을 유지할 수 있는 충분한 금액이 두 명에게 지출된다. 우리는 죽어라 프로젝트 뛰고 프로젝트에서 순이익을 남겨도, 연말 결산을 보면 적자 나거나, 돈돈인 힘 빠지는 상황이 벌어질 것이 눈에 선하다. 일하고 싶은 마음이 없어진다. 실력 있던 직원 몇 명도 자리에 없다. TypicalSoft사도 이제 망할 때가 된 것이다. 이번 프로젝트를 하고 나서 다른 회사를 알아보아야겠다.

오늘은 내가 투입된 다른 프로젝트의 착수 보고일이다. 1주간의 꿀맛 같은 휴가를 보낸 후, 몇 개의 제안서 작업을 하고, 그 중에서 수주된 프로젝트를 위해 지금 고객사의 대강당에 앉아, 새로운 '을'사의 피엠이 착수 보고하는 것을 듣고 있다. 역시 교과서를 읽는 것 같다. 또 다른 여정의 시작인 것이다. 아니 또 다른 비겁한 변명 거리를 만들기 위한 첫 걸음일 수도 있다.

그러나 조금이라도 밝은 미래를 위해 내가 생각하고 있는 방법론을 부록에서 제시한다. 현재 소프트웨어 프로젝트에서 일하고 있는 관리자 그리고 개발자, 앞으로 관리자나 개발자가 될 모든 사람들의 염원인 대한민국 소프트웨어 개발 프로젝트의 밝은 미래를 꿈꾸며…

작성일: 6월 어느 날 **PM**

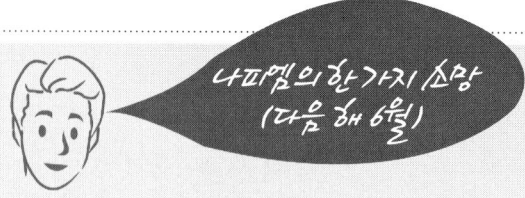

80년대 말과 90년대 초와 같이 젊고 능력 있는 재원들이 소프트웨어 공학과 컴퓨터 공학 분야에서 서로 일하려 하는 우리나라의 미래를 꿈꾸며….

부록

- 부록 1: DOPA 방법론
- 부록 2: 프로젝트 챠터 샘플

부록 1. DOPA 방법론

여기에 제시된 DOPA(Design, Open to Public(Pool) & Assemble) 방법론은 아직 완성되지 않은 방법론이며, 앞으로 발전시켜 나갈 것이다. 본 방법론을 사용하려면 저자의 허락을 받아야 한다. 특히, 국내에서의 사용은 절대 불허한다. 그러나 해외 시장에서의 사용은 환영이다. 법적인 제약이 어떻게 되는지 모르겠지만, 저자의 허락 없이 DOPA 방법론을 사용할 경우 가능한 범위까지는 제재를 취할 것이다. 관심 있는 분들의 많은 이용 부탁드린다.

DOPA 방법론은 기본적으로 일반 Waterfall 방법론과 같다. 기술적으로는 CBD 방법론을 이용하는 것이 편할 것이다. 단, 한 가지 다른 점이 있다면 개발을 내부 직원이 아닌 대한민국 모든 개발자(주부, 할아버지, 할머니, 초중고등학생, 대학생 등 프로그램 가능한 모든 국민)를 이용하는 것이다. 한글을 안다면 외국인도 가능할 것이다. 간략한 프로세스는 다음과 같다.

1. 요구 정의와 분석을 하고, 요구에 따라 시스템 기본 설계를 그린다.
2. 기본 설계를 기본 틀로 하여 전체 시스템 구성도를 그린다(Design).
3. 시스템 구성도를 분류하여 최소 단위의 모듈로 구분한다.
4. 최소 단위의 모듈과 모듈에 대한 스펙, 그리고 전체 Layer 구조를 기술하여 홈페이지에 올리고, 보안이 필요하다면 등록된 개발자, 보안이 필요 없다면 모든 개발자들에게 오픈한다(Open to Public(Pool)). 모듈별

로 개발하겠다는 인력에 대한 제한을 두는 것이 좋을 것이다.
5. 개발자들이 해당 Layer와 스펙을 기준으로 개발한 모듈을 해당 업체 홈페이지에 올린다.
6. 해당 업체는 모듈에 대한 평가를 해, 시스템에 가장 적합한 모듈을 선택한 후 해당 모듈을 개발한 개발자에게 개발 보수를 지급한다. 필자 생각은 기능 점수 1점 당 만원이 어떨까 한다.
7. 해당 업체는 전체 모듈을 모아 하나의 시스템으로 제작한다(Assemble). 즉, 개발 업체는 제조업에서의 자동차 조립과 같은 역할을 한다. 디자인과 기능을 설계하고, 이를 협력 업체(일반 대중 혹은 회사 인력 풀)에 내려 주고, 협력 업체는 부품을 만들어 다시 제조사에 보내면, 이를 조립하여 완성된 제품으로 만들어, 판매하는 형식이다. 이를 위해서는 기본 설계에 대한 정확한 검증, 개발된 모듈에 대한 평가 방법, 개발자에 대한 개발 보수 지급 방법, 그리고, 품질 관리에 대한 철저한 이해와 관리 체계가 있어야 할 것이다.

이 방법론의 장점은 다음과 같다.

1. 개발자들이 단순 개발보다는 기본 설계(Architecture)를 함으로써 부가가치를 창출하고 개발자로서의 꿈을 실현할 수 있다.
2. 또한, 실질적인 품질 관리에 대한 전문적인 역량을 갖춘 컨설팅 분야로도 발전할 수 있다.
3. 회사는 부가가치가 높은 설계와 품질 관리에 집중된 최소화된 인력을 유지할 수 있어 수익률을 높일 수 있다.
4. 회사는 프로젝트에서 자주 등장하고, 선택되는 모듈 개발자를 자사의 정직원으로 채용하거나, 협력 개발자로 둘 수 있는 평가의 기회를 갖는다.
5. 또 다른 부가적인 이익으로는 고객의 참여도 가능하다는 것이다. 고객들

도 일반인이다. 따라서 참여를 유도하면 가장 든든하고, 시스템을 가장 잘 아는 개발자를 참여시키게 되는 것이다.

6. 프로젝트를 위한 별도의 큰 공간보다는 작은 공간으로도 프로젝트 진행이 가능함으로써 프로젝트 관리 비용도 줄어들 것이다.
7. 국가적으로 개발 인력 풀을 관리하면, 특별한 시험이나 평가 없이 개발자들에 대한 모듈 선택율에 따른 자동 평가 시스템을 갖추게 될 것이다.
8. 또한 많은 개발자들이 출근할 필요 없이 자택 혹은 다른 근무지에서 일을 함으로써 요즘 가장 큰 이슈인, 환경에도 많은 도움이 될 것이다.
9. 또한 50대 이상의 시니어, 가정 주부, 중고등학생 등 쉽게 취업하지 못하는 개발자들이 능력만 있다면 집에서도 쉽게 개발 아르바이트를 할 수 있어, 청장년 실업 등에 조그만 도움이 될 수 있을 것이다.

이를 위해서 국가는 MM로 되어 있는 소프트웨어 개발 대가를 기능 점수로 바꾸어야 한다. 최근 들어 많은 프로젝트에서 기능 점수를 기준으로 한다고 하지만 실제로는 MM를 기준으로 가격을 책정하고, 부수적인 자료로 기능 점수를 이용하고 있는 것이 현실이다. 공공 프로젝트를 '을'을 자처하는 대기업보다는 Portfolio 혹은 Program 관리 전문 업체와 계약을 하고, 실제 시스템을 개발했거나 개발할 중소기업과 직접 혹은 관리 전문 업체를 통해 계약을 하는 방법으로 진행한다면, 국가적으로 소프트웨어 업계의 발전은 물론, 전문화된 고급 관리자 및 업체 양성에 더 많은 투자를 할 수 있을 것이다. 이를 통해 국내 소프트웨어 업계의 수준을 한 단계 높일 수 있을 것이고, 소프트웨어에 진출하지 않으려 하는 많은 가능성 있는 젊은 사람들에게 소프트웨어에 대한 미래를 제시할 수 있을 것이다. 또한 가장 친환경적인 방법이 아닌가? 라는 생각을 한다.

부록 2. 프로젝트 챠터 샘플

Project Charter

- 프로젝트 Name : NewERP Groupware 개발

- 프로젝트 Code : 20100402

- Date : 2010.04.30

PM	나피엠	
총괄	000 부사장	
대표이사	000 대표이사	
경영지원팀장	000 부장	

1. 프로젝트 요약

국내 시장에서의 발전을 기반으로 동남아로 진출하고 있는 NormalClient사가 지금까지 운영하던 MIS, CRM, 그룹웨어 등이 분리 개발, 운영되고 있어, 운영에 많은 인원과 비용이 들어감에도 실제 업무에 많은 도움을 주지 못하고 있다는 현실을 반영하여, NewERP를 통해 전사통합시스템을 구축하면서 10년 넘게 사용하고 있는 그룹웨어를 새로이 개발하고자 하는 프로젝트이다.

2. 프로젝트 목적

NormalClient사에서 사용하던 그룹웨어는 10년 전 500명의 임직원을 대상으로 자체 개발한 것으로 현재 1,300여명인 임직원이 이용하기에는 H/W 성능부터 기능상의 문제점이 많아 이를 개선하고자, NewERP 프로젝트와 함께 고객이 원하는 기능으로 그룹웨어를 개발하고자 한다.

3. 프로젝트 범위

그룹웨어 개발 및 인사, 급여, 교육, 복리후생 등 연계

4. 고객

NormalClient

- 대표이사: 김대표
- 종업원 수: 1,300명(2009년 12월 기준)
- 매출액: 2,400억원(2009년 기준)
- 계열사: 4개사(NormalClient Manufacturer, Service, Logistics, AS)

5. 기간

- 개발: 2010.05.03 ~ 2010.12.31(총 8개월)
- 그랜드 오픈: 2011년 1월 3일
- 안정화: 2011.1.1 ~ 2011.02.28(총 2개월)
- 무상 유지보수: 2011.03.01 ~ 2011.06.31(4개월)

6. 주요 인력 및 예상 투입 인원

- 총괄: 김부장 부사장
- PM: 나피엠
- 분석 및 설계: 박피엘, 최피엘
- 개발: 은개발, 강개발, 정개발, 장개발, 조개발
- 디자인: 주디자인, 배코더
- 예상 MM: 67MM(무상 유지보수 4MM 제외)

7. 계약금 및 예산

- 계약금: 500,000천원(VAT 제외), 금액 조정 문제로 계약 지연
- 예산: 464,374천원(패키지 금액 및 소프트웨어 구매 50,000천원, 인건비 353,450천원, 비용 10,924천원)
- 이익금: 35,626천원(7.1%)

8. History 및 주요 마일스톤

- 2010.04.05: RFP 접수
- 2010.04.09: 제안서 제출
- 2010.04.15: 제안 PT
- 2010.04.29: 프로젝트 팀 구성
- 2010.05.03: 착수 보고
- 2010.05.06: 프로젝트 착수 계획 보고
- 2010.06.03: 분석 완료
- 2010.07.22: 설계 완료
- 2010.11.04: 개발 완료
- 2011.01.03: 그랜드 오픈
- 2011.02.28: 안정화 완료
- 2011.06.31: 무상 유지보수 완료

본 프로젝트를 수행하기 위해 필요한 자원 및 예산 등의 집행을 위해 공식적으로 프로젝트를 재가하여 주시기 바랍니다.

ㄱ

가격 협상 94
감리 118, 125, 248
감리 결과 조치 계획서 136
감리 착수 보고 123
강제 구매 145
개발 133
개발 부서 103
개발 속도 166, 177
개발자 채용 169
개발 지연 147, 151
검수 사인 270
결함 149
계획 수립 18
고객 교체 218
고객 면담 58, 59
고객 패키지 교육 56
그랜드 오픈 258
근무 시간 101
기능 점수 107

ㄴ

내부 PT 130
내부 시스템 테스트 222
내부 프로세스 80
노동 조합 250

ㄷ

단위 테스트 137, 167, 198
단위 테스트 결과서 21
단위 테스트 계획서 21
단위 테스트 내역서 161
단위 테스트 보완 144, 198
단위 테스트 승인 215
데이터 이행 202, 253
데이터 이행 계획 83
데이터 이행 설계 101
동료 테스트 222

ㅁ

마무리 270
매뉴얼 242
면담 계획서 58
모듈 기능 정의서 20
문서 현행화 207

ㅂ

방법론 47, 48, 280
버그 149
버퍼 183, 228
변경 관리 119
보고서 139
보상 121
본 20
본사 착수 보고 37

분석 리뷰 미팅 75

ㅅ

사업 관리 225
사용자 화면 148
사인 79, 83, 218
산출물 양식 47
산출물 현행화 200
상세 설계 리뷰 117
상세 설계서 47, 119
상세 요구 정의 72
상세 요구 정의서 76
설계 승인 133
소프트웨어 가격 정책 99
소프트웨어 개발자 142
소프트웨어 공학 196
소프트웨어 기업 250
소프트웨어 업계 195
소프트웨어 품질 123, 149
수익율 237
순이익 158, 263, 271
시스템 테스트 240
시스템 테스트 결과 보완 ... 240
신규 기능 추가 203

ㅇ

안정화 258
야근 시간 101

업무 정의서 60
업무 흐름도 75
업무 흐름 정의 64, 75
에러 149
예산 41, 74, 159
오류 수정 258
오픈 210, 254, 258
요건 변경 191, 246
요구 분석 56, 255
요구 사항 정의 72
요구 사항 정의서 ... 47, 75, 255
요구 사항 추적표 119
요구 정의 회의 76
운영 환경 설정 253
워크샵 75, 244
위험 관리 94
이슈 보고서 결과 119
이행 253
인건비 계획 39
인력 계획 41, 159
인력 철수 259, 262
인력 투입 계획서 74
인력 투입 계획표 42
인수 인계 사인 253
인수 인계 테스트 212, 247
인터페이스 개발 149
인터페이스 계획 83
인터페이스 문제 151
인터페이스 설계 101

인터페이스 연동 테스트　207, 222
인터페이스 테스트 ……… 226
일일 리포팅 ……………… 230

ㅈ

작업 진행 관리 변경……… 182
잔류 인원 ………………… 265
제안서 …………………… 24
제안서 PT ………………… 31
제안 요약서 ……………… 25
종료 보고 ………………… 270
주간 보고 ………………… 54
중간 보고 ………………… 113
중간 보고 회의…………… 131

ㅊ

착수 보고 ………………… 52
철야 ……………………… 118
추가 개발 ………………… 65, 73
추가 변경 ………………… 250
추진단 테스트 …………… 242
추진단 테스트 보완 … 248, 250

ㅌ

테스트 …………………… 202
테스트 결과서 …………… 47
테스트 계획 ……………… 110
테스트 계획서 …………… 47

테스트 워크샵 …………… 244
테스트 진척율 …………… 240
통합 테스트 ………… 205, 222
통합 테스트 결과 보완…… 234

ㅍ

파워포인트 디자이너 …… 119
품질 관리 팀……………… 134
프로그래머 요건 ………… 162
프로그램 개발 …………… 133
프로그램 완료 …………… 198
프로젝트 관리 계획서 … 42, 46
프로젝트 예산 표 ………… 39
프로젝트 챠터 ………… 42, 284
프로젝트 팀 ……………… 35
프로젝트 품질 …………… 123

ㅎ

현행화 …………………… 207
형상 관리 ………………… 119
화면 설계 ……………… 83, 88
화면 설계 리뷰…………… 93
화면 설계서 …………… 47, 119
회의 ……………………… 112
회의록 …………………… 89
휴가 ……… 141, 172, 190, 199
휴일 ……………………… 185

A
AS-IS 업무 흐름도 60

C
CCB 74, 158
CM 237
CMMI 50

D
DOPA 방법론 280

E
EAI 226

F
Function Point 107

I
ISO 9126 149
ISP 129

M
MM 21

P
PL 117
PM 117
Portfolio 관리 전문 기업 ... 225
Program 관리 전문 기업 ... 225

R
RFP 18
rolling wave 방식 92

S
SPICE 49

U
UML 116, 162

W
WBS 40
WBS 일정 변경 228